高职高专制冷与空调专业系列教材
编审委员会

高职高专“十一五”规划教材

制冷设备维修工考证实训

傅　璞　主编
魏　龙　主审

化学工业出版社
·北京·

本书以劳动和社会保障部颁布的制冷设备维修工的国家职业标准为依据进行编写。全书针对该工种的中级工、高级工必须掌握的基本知识和操作技能，着重介绍了冰箱、空调、小型冷冻冷藏装置的基本结构和原理，电器控制系统常见故障的判断与维修方法，制冷系统常见故障的判断与维修方法。同时以实际维修操作为重点，将维修方法编排为可操作性较强的实训项目，以便在教学中按实训项目进行训练，达到快速提高学生的实际操作技能，适应一线工作需要的培养目标。

本书可做高职高专院校制冷与空调专业的专业学生教材，也可用于制冷设备维修工培训教材。

图书在版编目（CIP）数据

制冷设备维修工考证实训/傅璞主编. —北京：化学工业出版社，2007.7

高职高专“十一五”规划教材

ISBN 978-7-122-00620-2

Ⅰ. 制… Ⅱ. 傅… Ⅲ. 制冷-设备-维修-高等学校：技术学院-教材 Ⅳ. TB657

中国版本图书馆 CIP 数据核字（2007）第 084800 号

责任编辑：高 钰　　文字编辑：余纪军

责任校对：蒋 宇　　装帧设计：于 兵

出版发行：化学工业出版社（北京市东城区青年湖南街 13 号 邮政编码 100011）

印　　装：大厂聚鑫印刷有限责任公司

787mm×1092mm 1/16 印张 12½ 字数 319 千字 2012 年 3 月北京第 1 版第 2 次印刷

购书咨询：010-64518888（传真：010-64519686） 售后服务：010-64518899

网　　址：http://www.cip.com.cn

凡购买本书，如有缺损质量问题，本社销售中心负责调换。

定　　价：20.00 元

前　言

随着国民经济的迅速发展和人民生活水平的不断提高，制冷与空调装置的应用日益普遍。特别是近十多年来，制冷与空调设备的生产在机电产品中占了相当大的比重，制冷与空调设备的应用已深入到工业生产、人民生活、科学研究和国防设施的各个方面和部门。

制冷与空调设备的大量应用，迫切需要培养一大批具有较强实践能力与职业技能的制冷与空调专业的高级技术人才和应用型的专业技术人才。这类人才的显著特征是具有应用多种知识和技能解决现场实际问题的能力。

高等职业技术教育制冷与冷藏技术（空调）专业的教育宗旨就是要为生产、服务、管理第一线培育这类应用型专业人才，为此在专业建设的过程中，各院校都进行了相应的教学改革。本书是在综合了多家院校的改革经验和成果的基础上，以劳动和社会保障部颁布的制冷设备维修工的国家职业标准为依据，结合制冷与空调专业的培养方案，由多位具有丰富的教学经验和实践技能的教师制订本课程的教学大纲，并进行了教材的编写工作。在编写过程中，我们力求把教学改革的成果融入到教材中去，做到理论深入浅出、着重实践应用，以适合高等职业技术学院的教学要求。

本书由傅璞任主编、张国东任副主编。张国东编写第一章；傅璞、叶必朝编写第二章；沈学明编写第三章。傅璞负责编写大纲及全书的统稿工作。

魏龙副教授主审此书，并为全书的修改提出了不少宝贵意见。杜成臣、周皞、陈俊华等老师也参加了审稿工作，在此谨向他们表示衷心的感谢。

由于我们的水平所限，书中不妥之处恳请广大读者批评指正。

编者

2007.4

目 录

第一章　家用冰箱的维修

第一节　家用冰箱电气系统原理

一、直冷式冰箱电器控制原理

1. 电器控制原理

图 1-1 所示为单门直冷式电冰箱控制电路示意图。其中启动电容器、重力式启动继电器、压缩机电机和过流过热保护继电器构成启动保护电路；温控器、灯开关与灯构成照明电路。

当箱内冷冻室的温度高于温控器调定的温度时，温控器接通，压缩机接通电源，电流经运行绕组流过重锤式启动继电器的电流线圈。当电流为吸合电流时，电流线圈励磁将重锤式启动继电器的重锤衔铁吸起，接通触点，于是启动绕组与运行绕组共同形成旋转磁场，使压缩机电机启动运转。电机启动后，重力式启动继电器断开启动绕组的电路，仅让运行绕组继续通电使电机运转。启动电容的作用是对压缩机电机启动绕组电流移相，增大启动转矩，改善启动性能。

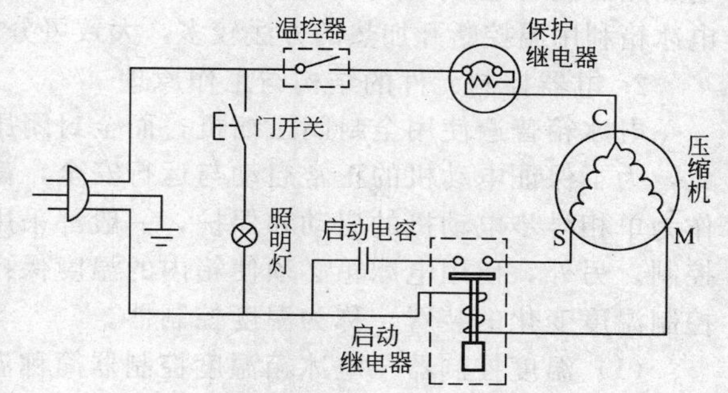

图 1-1　单门直冷式电冰箱电路 I

在电冰箱工作时，如电流过大或长时间连续运转使压缩机电机过电流或过热时，保护继电器中的碟形双金属片变形弹开，使常闭触点断开，切断压缩机电机电源，以保护压缩机的安全。当电冰箱内温度下降到用户所设定的温度时，温控器断开而使电冰箱停止制冷。

在蒸发器表面结霜时，只要按下温控器调温旋钮中心的化霜控制按钮，温控器的电触点便立即断开，使压缩机断电。制冷停止工作后，温度自然回升，逐渐将蒸发器上的霜熔化掉。霜化完后，蒸发器表面的温度才会上升到 5℃左右，这时温控器中的化霜控制机构复位，电触点闭合，恢复制冷运行状态。

图 1-2 所示是另一种单门直冷式电冰箱控制电路示意图，与图 1-1 不同在于压缩机启动方式，它采用 PTC 启动继电器作启动控制。常温下，启动继电器中的 PTC 器件阻值很小，在刚接上电源时，相当于电路接通，启动绕组得到 220V 的电压，所以电机绕组产生旋转磁场，压缩机运转。在启动的过程中，电流流过 PTC 器件使得温度升高，当温度到达某一值时，PTC 器件相当于断路，这时压缩机已经正常运转了。

图 1-3 是双门直冷式电冰箱电路，电路原理：当电源接通时，电流经插头一端→温控器→过载保护器→压缩机电机与启动器进入插头另一端，压缩机通电运转。箱内照明灯由门开关控制。图中电加热器回路是利用温控开关来控制其通断的，L 与 C 为温控器的温控开

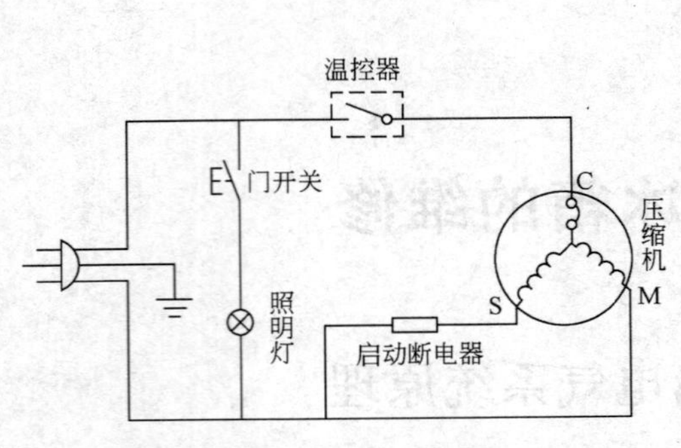

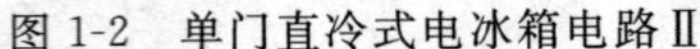
图 1-2 单门直冷式电冰箱电路Ⅱ

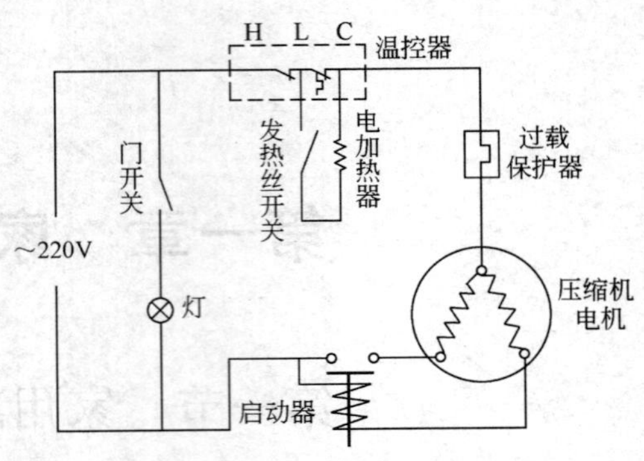

图 1-3 双门直冷式电冰箱电路

关，在此开关两触点之间并联了一电加热器。当压缩机运转、L与C接通时，由于加热丝被短路，加热丝就无法通电发热。当冷藏室温度达到温控器设定值时，L与C断开停机，电源经L点→发热丝开关（应在闭合状态）→电加热器→过载保护器→压缩机运行绕组构成回路，这时电加热器便通电发热，但由于加热丝阻值远高于压缩机绕组阻值，此时压缩机就不工作。这类电冰箱利用温控断开加热的方法较多，大致可分为温控器加热器、化霜加热器等。

2. 电器控制元件的结构与工作原理

电冰箱普遍使用全封闭压缩机，而全封闭压缩机都采用自动控制运行方式进行工作，因此，为了保证电动机的正常启动与运行安全，都设置了各种形式的启动装置与保护装置。而作为单相异步电动机的启动和保护，一般都采用电流控制方式的继电器来实现启动与保护的控制。另外，使用电冰箱必须使箱内的温度保持在一定的范围之内，为此在电冰箱中设置了控制温度变化的装置，称为温度控制器。

（1）温度控制器　电冰箱温度控制器简称温控器，是电冰箱的调温、控温装置。它根据电冰箱的使用温度要求，对压缩机进行开、停的自动控制或对冷风量进行控制，使电冰箱温度保持在某一预定范围内。温度控制器的温度控制过程是：当电冰箱内温度产生变化，偏离预定的温度范围时，感温元件接受温度变化的信息，并转化为开关触点的动作，使压缩机由开→停状态转换，或反之由停→开状态转换，以达到控制电冰箱内温度的目的。

温控器有机械式和电子式两种类型。机械式温控器又称为蒸汽压力式或感温囊式温控器。其特点是结构简单，性能稳定，价格低廉。电子式温控器一般用负温度系数（NTC）热敏电阻作为传感器，通过电子电路控制继电器或可控硅达到控温目的。其特点是机械部件

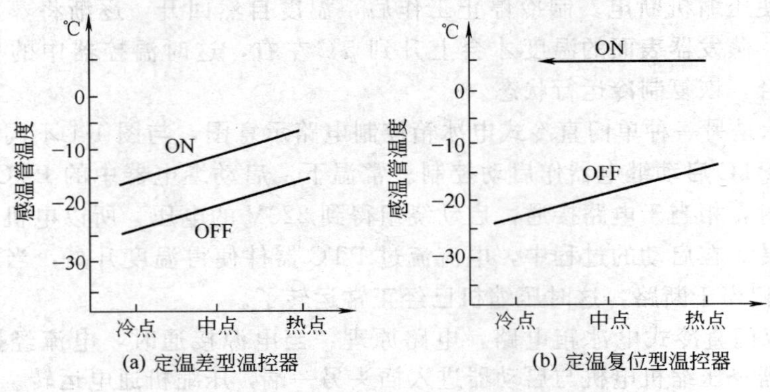

图 1-4 温控器温度特性

少，可靠件强，控温精度高，控制方便，可以进行多门、多温的复杂控制。

除了直冷式双门双温、单温控电冰箱采用定温复位型温控器外，其他类型的电冰箱均采用定温差型温控器。两者的温度特性如图 1-4 所示。

国产温控器规格型号表示如下：

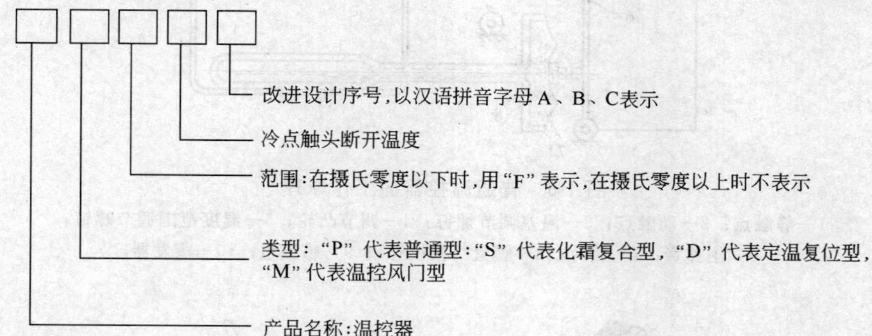

【例 1】 WSF20A

表示半自动化霜温控器，冷点断开温度为−20℃，第一次改进设计。

【例 2】 WPF27

表示普通型温控器，冷点断开温度为−27℃。

【例 3】 WDF24

表示定温复位型温控器，冷点断开温度为−24℃。

1）普通型温控器　普通温度控制器主要用于单门直冷式电冰箱中，它由压力温度转换部件和触点微动开关组成，其结构及工作原理分别为如图 1-5 及图 1-6 所示。它是由感温元件（感温管、感温包）、毛细管、波纹管（或弹性金属膜片）和一组微动开关组成。感温管和感温包连向波纹管内充注感温剂组成一个密闭的系统，当电冰箱内蒸发器的温度降低时，感温元件的温度也随之降低，密封在感温元件内的感温剂的温度也随着下降。这时，感温管和感温包内的压力也下降，波纹管相应地发生收缩，经过机械杠杆机构把收缩量加以放大。因主弹簧的拉力大于波纹管的压力，拉动触点向右移动，从而切断电源，使压缩机停止运行。此后，电冰箱内蒸发器的温度逐渐上升，感温元件内部的压力也同时升高，使波纹管膨

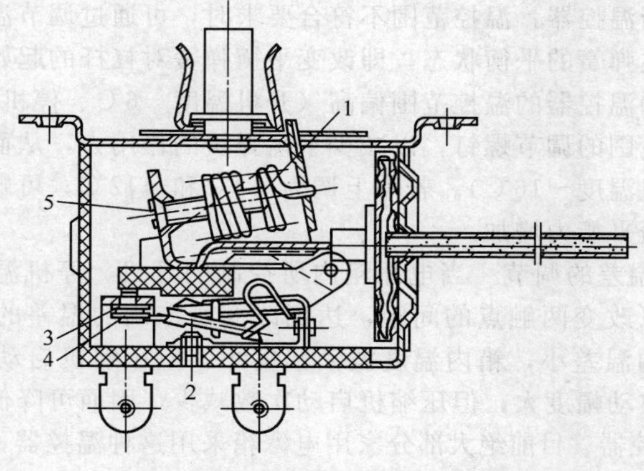

图 1-5　普通温控器内部结构图

1—主弹簧；2—温差调节螺钉；3—固定触点；
4—快跳活动触点；5—温度范围调节螺钉

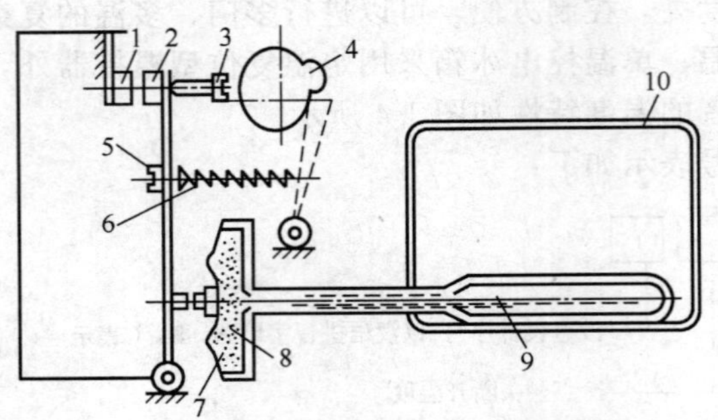

图 1-6 普通温控器的工作原理

1—静触点；2—动触点；3—温差调节螺钉；4—调节凸轮；5—温度范围调节螺钉；6—主弹簧；7—膜片；8—膜盒（波纹管）；9—感温包；10—蒸发器

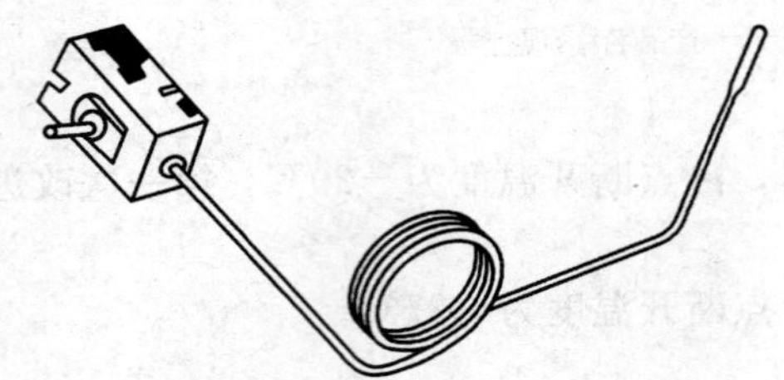

图 1-7 温控器的外形

胀。波纹管的压力逐渐超过了主弹簧的拉力时，触点便因此向左移动，使电路接通，压缩机开始运行，箱内温度也逐渐降低。如此反复地工作，从而达到控制温度的作用。其外形如图1-7所示。

调节凸轮与外部旋钮是同轴的。改变凸轮的旋转角度，就可以改变平衡弹簧对杠杆的拉力，相应改变膜片的推力才能使触点产生动作，以达到改变电冰箱内温度的目的。

普通型温控器可以根据需要进行温度控制范围调节和温差的调节。

① 普通型温控器温度控制范围的调节　电冰箱内的温度是有一定范围的，如直冷式电冰箱，在环境温度为32℃的条件下，任意转动温控器的旋钮，冷藏室内温度应保持在0～10℃范围内。若更换新温控器，温控范围不符合要求时，可通过调节温度范围的调节螺钉予以调整，也就是改变主弹簧的平衡状态，即改变平衡弹簧对杠杆的起始力矩，从而改变感压腔膜片的起始压力。如温控器的温控范围偏高（开机温度－6℃、停机温度－14℃），需逆时针方向旋转调节温度范围的调节螺钉，以减少平衡弹簧的作用力，从而使箱内温度得到下降(开机温度－8℃、停机温度－16℃)。若需上调为－4℃和－12℃，可顺时针方向旋动调节温度范围的螺钉，使弹簧平衡力增加。

② 普通型温控器温差的调节　当电冰箱内所控制的开机、停机温差不符合要求时，可旋转温差调节螺钉，以改变两触点的间距，达到改变所控制的温差的目的。两触点间距减少，则箱内开停机时的温差小，箱内温度波动幅度小，但压缩机启动频繁；两触点间距过大，则电冰箱内温度波动幅度大，但压缩机启动次数减少，因而可降低电冰箱的耗电量。

2）定温复位型温控器　目前绝大部分家用电冰箱采用这种温控器，主要应用于单门冷藏箱、冰柜、直冷双门双温双控电冰箱中，其结构与普通型大体相同。其温控器的主要参数见表1-1，该温控器为定温复位型温控器，即不管温控器旋钮在何位置，其开机温度都是35℃，但停机温度随温控器旋钮位置不同而不同，旋钮旋向数字大的位置，停机温度就越低。

表 1-1 温控器（WDF）参数表

温度/℃ 状态	强点(C)	中点(N)	弱点(W)	强 制
接通 ON	3.5±1.5	3.5±1.5	3.5±2	ON
断开 OFF	－24±2	－16.5±1.5	－8.5±2.5	OFF
使用条件	$T_S > T_B$ T_S:本体周围温度 T_B:感温部温度			
安装位置		冷藏室		
额定值		AC220V,6A		

① 温控器的温度特性 如图 1-8 所示，开机温度恒定为 3.5℃，强点停机温度为－24℃，弱点停机温度为－8.5℃。

该温控器有两个强制旋钮位置：左旋强制位置即旋钮左旋到头、则触点 H－L 则为长开，无论温度如何变化它总是断开的，即压缩机长期停机。这时冰箱可自然除霜。该触点为机械触点，它与温度没有关系；右旋强制位置即旋钮右旋到头，则触点 L－C 为常闭，无论温度如何变化它总是闭合的（此时 H－L 也闭合），压缩机被强制运行，也即速冻。

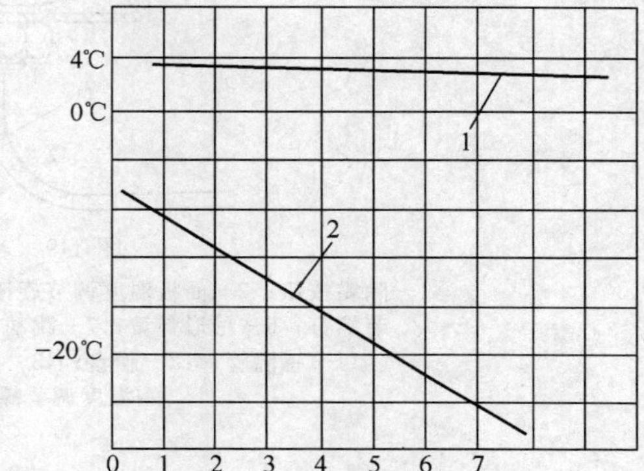

图 1-8 温控特性曲线图

1—开机温度曲线；2—停机温度曲线

一般正常使用温控器旋钮设在 3－4 位置，没有特殊需要一般不会将旋钮设在强制位置。此时温控器通断受温度控制。

② 温控器的调节

a. 温度调节 从使用角度来讲，假如希望冰箱温度低一些，则可以通过温控器的温控旋钮（凸轮）向右旋转，即朝数字大的方向转，则停机温度降低，那么冰箱的温度就变低，如希望冰箱的温度高一些，则温控旋钮朝数字小的方向转即可。假设温控旋钮调节达不到要求时，则可以调温控器上的温度范围调节螺钉，该螺钉调节的是传动膜片的初始压力，该螺钉调节之后再调温控旋钮便可达到调温要求。

b. 开停温差调节 开停机温差的大小由一个温差调节螺钉来实现，实际上它调节的是动、静触点之间的距离或称移位。开停机温差过小，那么压缩机运行时间及停机时间就短，也即压缩机启动频繁，不利于压缩机的寿命；如开停温差太大，那么压缩机运行时间及停机时间就长，这样在停机过程中，冰箱的温度回升就大，不利于食品的储藏。开停机温差一般是指冰箱内开机和停机温度的温差，大多冰箱开停机温差控制在 4～6℃，它不是温控器感温管所感受到的实际温度，因为感温管所放的位置不同，它与冰箱内的实际温度有一系数差别。

由于使用条件不同，温控器的内部结构也有差异，对于 WDF 型（定温复位型）的上限温度即开机温度为 3.5℃，改变开停温差只是改变下限温度，即停机温度。温控器的温度调节和温差调节，出厂时都已调节好，一般冰箱厂和用户都不用调节。

3）半自动除霜温控器 这种温控器主要用在各种直冷式电冰箱中，一方面可以像普通型温控器那样对箱内温度进行调节和控制；另一方面当电冰箱蒸发器表面霜层过厚时，可用其进行除霜。此温控器调温旋钮中心有一个按钮，使用时按下按钮，压缩机停止运转，此时，进行除霜。当感温管温度达到 6℃左右时（不同的温控器略有不同），温控器自动复位，压缩机再次启动。

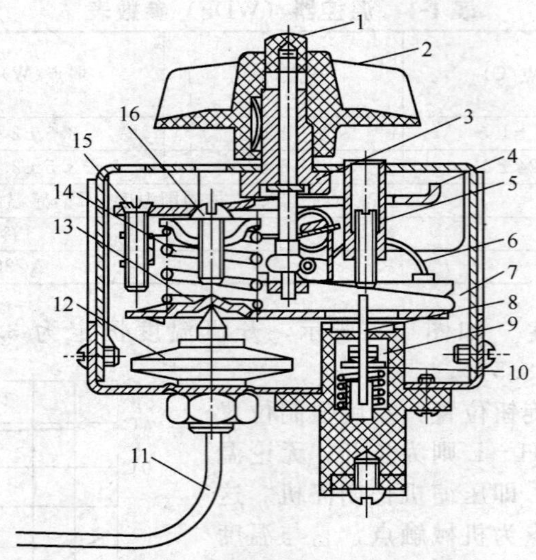

图 1-9 半自动除霜温控器结构

1—除霜按钮；2—面板温度调节旋钮；3—温度调节凸轮；4—温度控制板；5—温差调节螺钉；6—弓形弹簧；7—跳动板；8—触点推动杆；9—静触头；10—动触头；11—感温管；12—膜盒；13—平衡杠杆；14—主弹簧（平衡弹簧）；15—除霜温度调节螺钉；16—温度范围调节螺钉

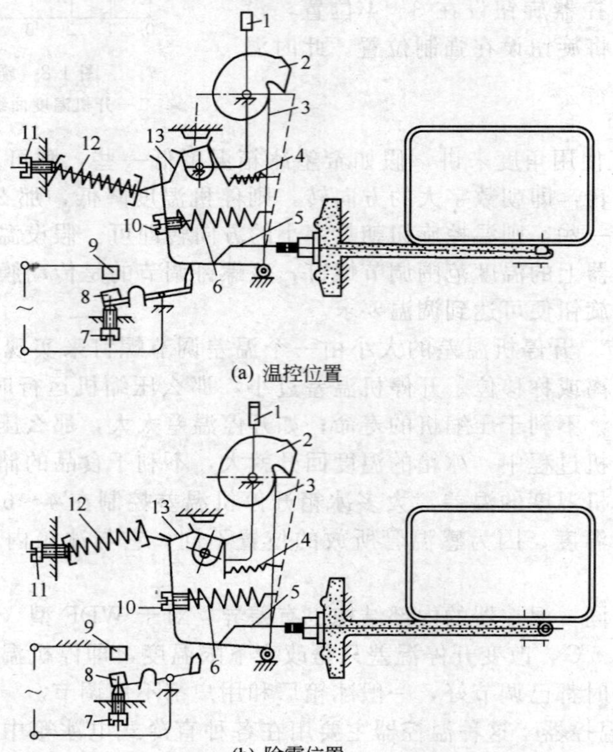

图 1-10 半自动除霜温控器工作原理

1—除霜按钮；2—凸轮；3—温度控制板；4—除霜平衡弹簧；5—杠杆；6—主弹簧；7—温差调节螺钉；8—动触头；9—静触头；10—温度范围调节螺钉；11—除霜温度调节螺钉；12—除霜弹簧；13—除霜控制板

半自动除霜温控器是在普通型温控器的基础上增加了一套半自动除霜装置，其结构如图1-9所示。

图1-10所示为半自动除霜温控器工作原理图。当除霜按钮没有按下时，除霜弹簧未对除霜平衡弹簧施加作用力，半自动除霜温控器相当于普通型温控器。当需要除霜时，将除霜按钮压下，动、静触头分开，切断压缩机电路，压缩机停转，制冷停止。这时除霜控制板除受主弹簧的作用力外，还受除霜弹簧的作用力。当箱温升到一定温度（除霜终了温度），感温腔体积膨胀伸长至足以推动杠杆时，动、静触头闭合，压缩机运转，又开始制冷。同时除霜按钮自动弹起复位，使半自动除霜温控器进入正常的温控工作状态。由于温控旋钮（凸轮）在不同位置时除霜平衡弹簧能用来平衡弹簧的弹力变化，所以，除霜终点温度不会随温控旋钮的不同位置而变化。除霜终点温度是通过除霜温度调节螺钉来调节的。

电冰箱中实际使用的半自动除霜温控器有多种结构形式，图1-11所示为BHW74-1型半自动除霜温控器结构。

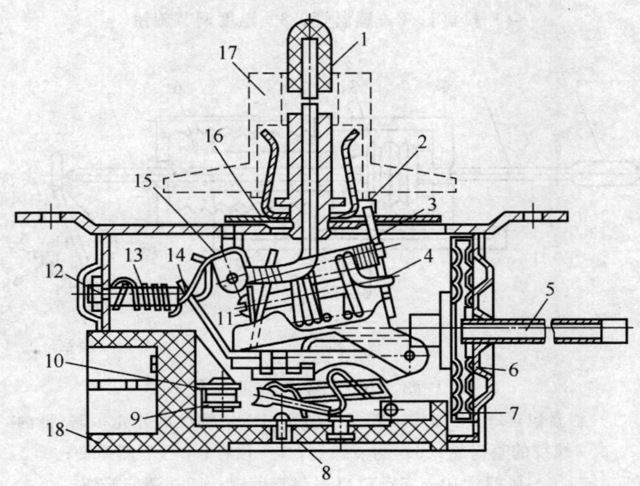

图1-11　半自动除霜温控器结构

1—除霜按钮；2—温度控制板；3—除霜平衡弹簧；4—温度调节弹簧；5—感温管；6—膜盒；7—弹性膜片；8—温差调节螺丝；9—动触头；10—静触头；11—温度调节螺丝；12—除霜温度调节螺丝；13—除霜调节弹簧；14—主杠杆；15—除霜控制板；16—温度调节凸轮；17—温度调节钮；18—触点绝缘座板

4）风门温控器　风门温控器主要用于间冷式电冰箱，用于控制冷冻室流向冷藏室的冷空气量，以控制冷冻室和冷藏室的温度（主要对冷藏室温度进行控制）。风门温控器常见形式为盖板式风门温控器，如图1-12所示。

图1-13所示为风门温控器工作原理图。它根据箱内的温度来控制风门的开度，以调节箱内的冷气流量，从而达到调节箱内温度的目的。

风门温控器由感温系统（感温包、波纹管）、机械传动装置和风门组成。感温系统和机械传动装置的功能与前述温控器相同。风门的大小能完全遮盖风道口。顶杆将感温系统的动作传递到风门并转变成风门的旋转运动。风门的旋转角度随波纹管对顶杆的作用力大小而变化。波纹管的作用力甚至可使风门处在全开或全闭状态。风门旋转角度的变化，则可以改变风道口的开启度，从而控制冷风的排出量，使箱内温度得以调节。一般情况下，顶杆的作用力与平衡弹簧的拉力是处在平衡状态的。若冷藏室的温度下降，感温包的温度下降，波纹管

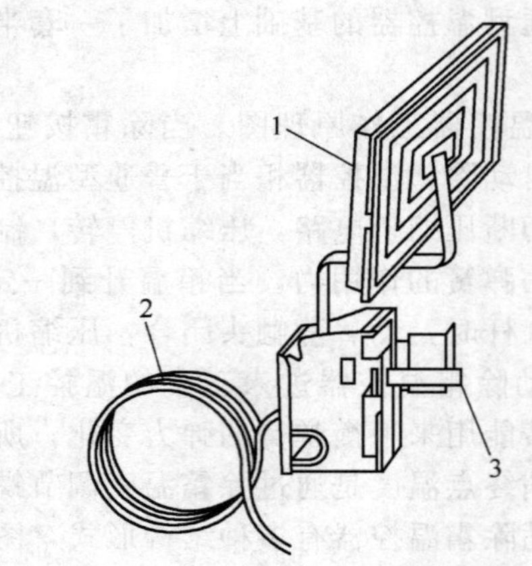

图 1-12 风门温控器结构
1—风门；2—感温管；3—温度调节旋钮

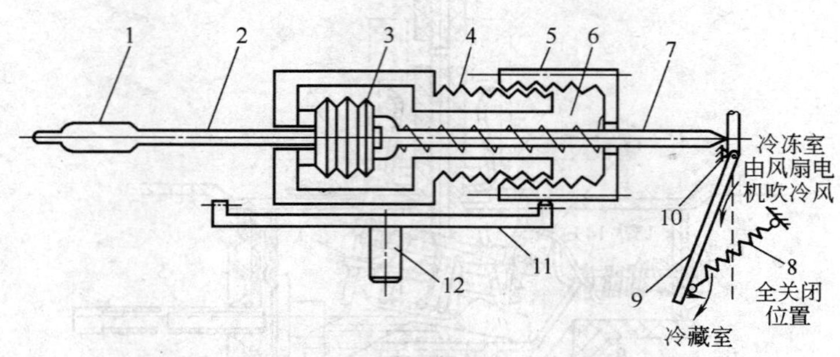

图 1-13 风门温控器工作原理
1—感温包；2—毛细管；3—波纹管；4—带螺纹的外壳；5—带内螺纹的直齿轮；6—调节弹簧；7—顶杆；8—平衡弹簧；9—风门；10—支点；11—调节齿轮；12—调节旋钮

的压力下降，此时平衡弹簧的拉力矩大于顶杆的顶力矩，于是风门关闭。

5）电子式温控器　电子式温控器具有控温精确、工作稳定、可靠性高、使用寿命长等优点，已为国内外电冰箱广泛采用。电子式温控器可分为两种类型，即采用二极管的PN结作为感温元件的半导体式温控器和采用热敏电阻作为感温元件的热敏电阻式温控器。

电子式温控器一般由主电路板、操作面板、冷藏室传感器、冷冻室传感器四部分组成。

主电路板是放置在电冰箱后部的台板上，电子式温控器的主要控制元件都安置在该板上。操作面板放置在电冰箱前面的台板上，该面板上装有除霜控制按钮和箱内温度调节钮。

冷藏室传感器安置在电冰箱冷藏室内，用于感应冷藏室内的温度。当冷藏室蒸发器表面温度上升到3.5℃以上时，温度传感器就会发出指令，使压缩机开机制冷；当冷藏室蒸发器表面温度降到－19～－25℃时，压缩机停机。

冷冻室传感器安置在电冰箱的冷冻室内，用于感应控制冷冻室除霜。当冷冻室内蒸发器表面结霜过厚需除霜时，按下除霜按钮，缠在冷冻室蒸发器外表面的电热丝便通电发热，蒸发器表面的霜层随温度升高而融化。当冷冻室温度升到8.5℃时，冷冻室温度传感器就发出指令，断开加热丝电源，启动压缩机制冷。

① 热敏电阻式温控器　热敏电阻式温度控制器是由一支热敏电阻作为感应元件，直接放在电冰箱内的适当位置，当箱内温度变化1～2℃时，热敏电阻的阻值发生相应变化，组

成平衡电桥来改变通往三极管基极的电流，经放大后带动继电器动作，控制压缩机的启停，实现对电冰箱内的温度自动控制。

热敏电阻式温控器电路组成如图 1-14 所示。它是由感温元件（负温度系数的热敏电阻）、平衡电桥、电压放大器、继电器及稳压电源等组成。热敏电阻 R_1 与电阻 R_2、R_3、R_4 和电位器 W 组成一个平衡电桥。当电位器 W 不变时，电冰箱箱内温度升高，R_1 的电阻值会变小，使 R_1 和 R_2 之间的电压升高，R_1 的电阻值越小，通过三极管基极的电流 I_b 就越大。集电极电流 I_c 也就越大，当 I_c 的电流值大于继电器 J 的吸合电流时，接通压缩机电源，压缩机工作制冷。随着电冰箱箱内温度的下降，热敏电阻 R_1 的阻值开始逐渐增大，使通过三极管基极电流 I_b 变小；集电极电流 I_c 也随之变小，当集电极电流 I_c 值小于继电器 J 的吸合电流时，继电器 J 的触点断开，切断压缩机的电源、压缩机停止工作。该电路采用了稳压电源，不受电压波动的影响，有较高的工作灵敏度与可靠性。

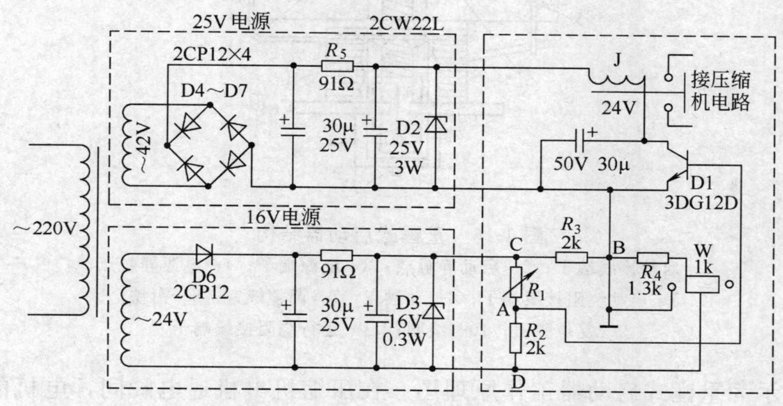

图 1-14　热敏电阻式温控器电路

② 半导体式温控器　该温控器的感温元件由多个二极管串联起来，封闭在玻璃管内而成。由于半导体管的 PN 结对温度变化敏感，正向压降具有线性的温度特性，因此它有较宽的测温范围。其控制电路如图 1-15 所示。R_5、D2～D11、R_7、R_8、R_6 和电流表组成模拟温度计；R_5、D2～D11、R_2、R_3、R_4 组成测温电桥。当电冰箱内温度升高时，D2～D11 正向压降减小，D 点电位升高，BG4 发射极电位也升高。随着温度的升高，当 BG4 发射极电位升高至足以使继电器动作时，接通压缩机电路，于是压缩机运转制冷。当电冰箱内温度降低时，D 点电位下降，BG4 发射极电位也随之下降。当 BG4 发射极电位降至继电器释放电压时，继电器回位，切断压缩机电路，停止电冰箱制冷，从而将电冰箱内温度控制在一定范围内。

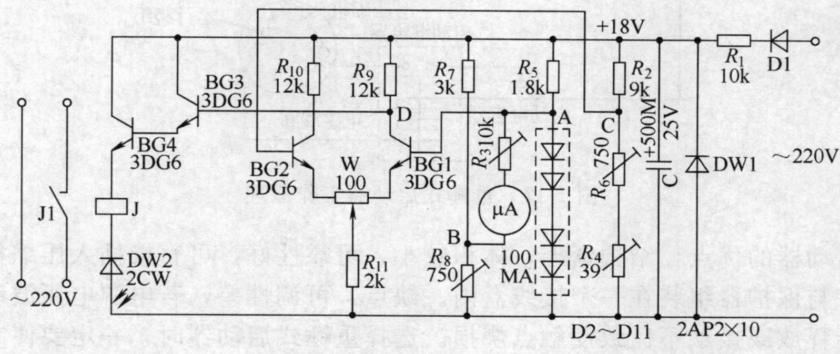

图 1-15　半导体式温控器电路

（2）启动继电器　启动继电器的作用，就是在单相异步电动机启动时让启动绕组接入，使电动机形成旋转磁场，且具有足够的转矩，让电动机能正常启动；而当电动机转速达到其额定转速的70%～80%时，又自动将电动机的启动绕组从电路中断开。在电动机进行下一次启动时，又重复起着上述作用。

1）重锤式启动器　重锤式启动器是常见的启动继电器，主要由电磁线圈、衔铁、弹簧、动触点、静触点等组成，其结构如图1-16所示。

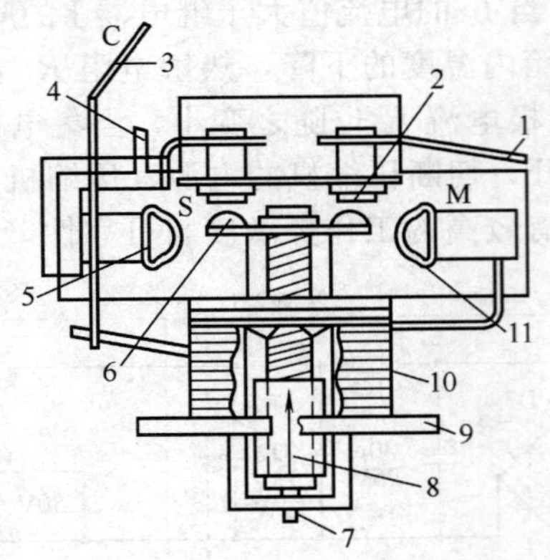

图1-16　重锤式启动器结构

1—启动接线端子；2—启动静触点；3—电源端子；4—电源静触点；
5—启动绕阻接线端子；6—动触点；7—调整螺钉；8—衔铁；
9—复位弹簧；10—线圈；11—运行绕阻接线端子

图1-17所示为重锤式启动器工作原理图。在压缩机电机通电瞬间，电机的运转绕组与启动器的线圈先得电，由于启动电流很大，在启动线圈上产生了足够大的磁场吸动衔铁，使启动器的动触点与固定触点闭合，接通压缩机电机的启动绕组，电机于是运转。随着转速提高，运行电流逐渐下降，降到启动继电器的释放电流时，动触点在衔铁重力作用下，与固定触点断开，电机的启动绕组退出工作，压缩机进入正常运行，这样就完成了一次正常启动过程。

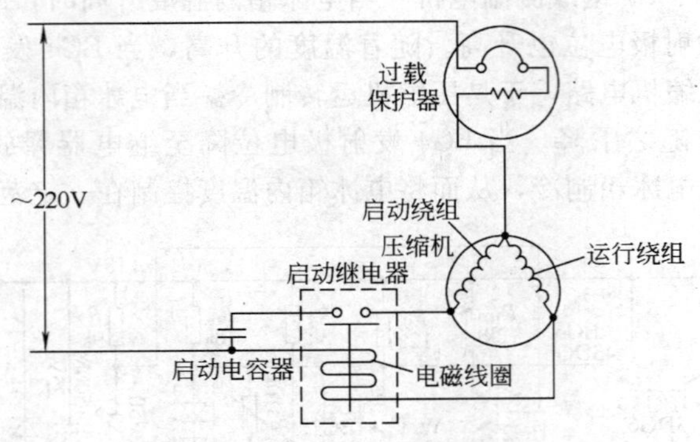

图1-17　重锤式启动器工作原理

重锤式启动器的优点：结构紧凑，体积较小，可靠性好，可直接插入压缩机启动与运转接线柱上，并与保护器组装在一个接线盒内。缺点：可调性差，若电源电压波动较大，就会出现触点不能释放或接触不良致使触点烧损。选择重锤式启动器时，一定要使它的吸合电流小于该压缩机运行电流。

这种启动继电器使用时重锤式启动器一定要直立安装，以保证可靠地工作。

国内常见压缩机配用重锤式启动器的主要技术参数见表 1-2。

表 1-2　重锤式启动器主要性能参数

型号	规格/HP	1/8	1/7	1/6	1/5	1/4	1/3	1/2
JL1 JL2 JL3 JL4 JL6	配用功率/W	93	105	125	150	180	245	370
	最大吸合电流/A	3	3.3	3.6	4.75	5.35	6.0	7.3
	最小释放电流/A	2.6	2.8	3.0	3.35	4.25	4.75	6.0
JL5	最大吸合电流/A	2.43	—	3	3.5	5.15	7	—
	最小释放电流/A	2.07	—	2.56	2.95	4.85	5.9	—

2）PTC 启动器　PTC 启动器适应电压范围宽，能提高压缩机电机启动转矩，被广泛用于电阻分相式启动继电器和电容启动、电容运转启动继电器的压缩机。PTC 元件为正温度系数热敏电阻，它是以钛酸钡掺合微量稀土元素，经制陶工艺制成的一种半导体晶体结构，故该启动器又称为半导体启动器。其构造如图 1-18 所示，外形如图 1-19 所示。

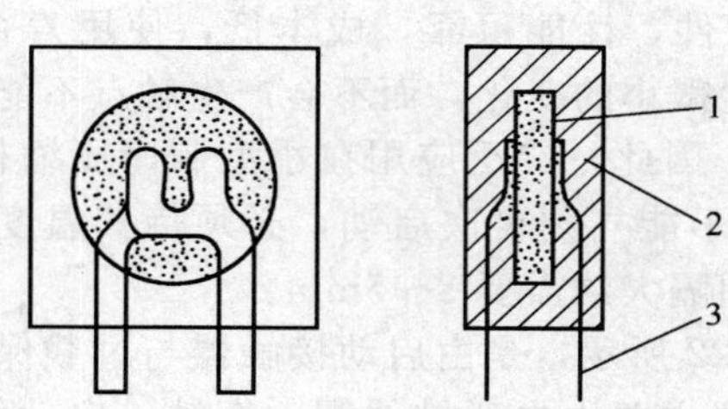

图 1-18　PTC 启动器构造示意图

1—PTC 元件；2—绝缘壳；3—接线端子

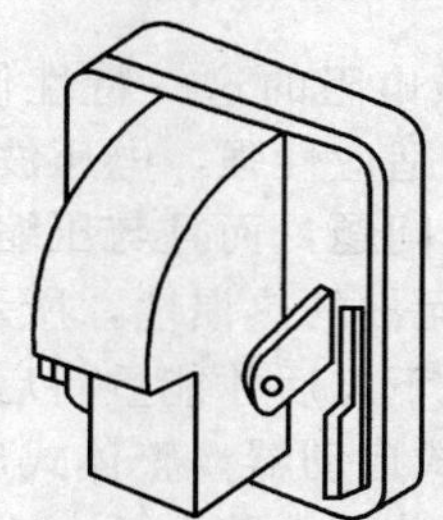

图 1-19　PTC 启动器外形图

PTC 启动器具有以下特性：在正常室温下其电阻值很小，当达到某一温度时，电阻值会急骤增大千倍，这一温度值被称为居里点（T_N），电阻值与温度的关系曲线如图 1-20 所示。居里点可根据不同的用途，通过调整原料配方来满足不同的温度要求。电冰箱压缩机所用的 PTC 元件的居里点一般为 50～60℃。

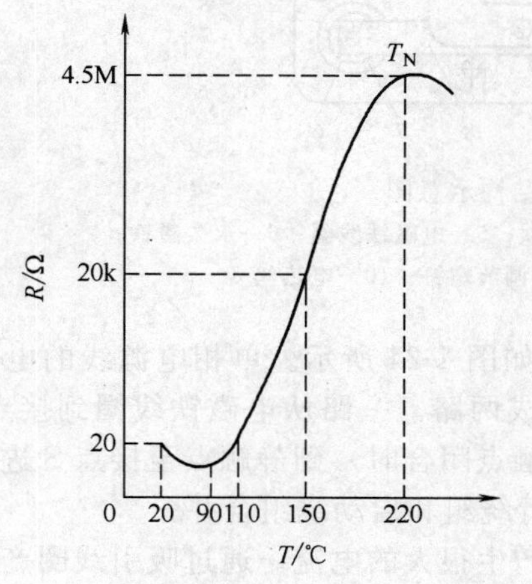

图 1-20　PTC 启动器的特性曲线

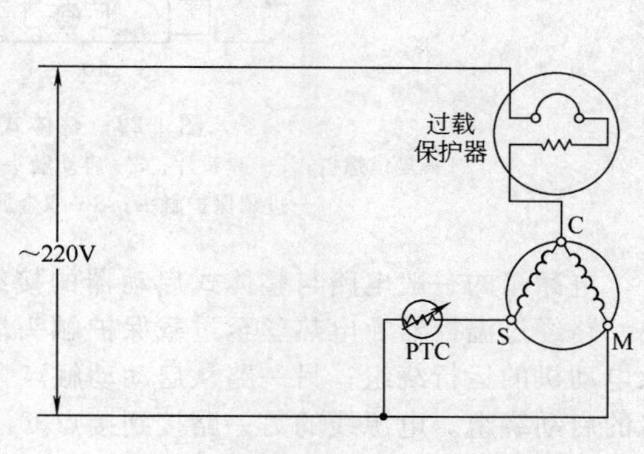

图 1-21　PTC 启动器工作原理

PTC启动器的工作原理：在电机刚接通交流电源瞬间时，PTC元件的温度较低，电阻值较小（仅几十个欧姆）。启动绕组的电路处于接通状态，它与运行绕组一起在电机绕组中产生旋转磁场，使电机转子启动运转。由于启动过程中的电流是正常运行对的4～6倍，故PTC元件在启动过程中迅速发热升温。当温度升高到居里点以后，其阻值急剧上升呈断路状态，而电机已进入正常运行。PTC启动器工作原理如图1-21所示。主要性能参数如表1-3所示。

表1-3　PTC启动器主要性能参数

型　号	常温电阻 (Ω±30%)	最大电压 /V	最大电流 /A	功耗 /W	动作时间 /s	恢复时间 /s
PL系列	22	450	10	<2	0.14～0.56	≤90
	22	450	8	<2	0.14～0.56	≤90
	33	450	7	<2	0.14～0.56	≤90
	47	450	6	<2	0.14～0.56	≤90
	100	450	3.5	<2	1.2～2.8	≤90

PTC热敏电阻的这一特性使之为无触点和运动件，性能可靠，成本低，使用寿命长，对电压波动的适应性强，电压波动只使启动时间产生微小的变化，而不会产生触点不能吸合或不能释放的问题，而且与压缩机的匹配范围较广。因此，广泛应用在小型制冷压缩机中。但由于PTC元件的热惯性，所示压缩机在停机之后不能立刻再次启动，必须待其温度降到居里点温度以下之后才能重新启动，每次启动时间间隔大约需要3～5min。

3）整体式启动器　整体式启动器的结构如图1-22所示，是由启动接触器与过载保护器组合在一起，装配在胶木板上成为整体。启动接触器主要由电磁铁线圈、衔铁、启动触头、复位螺钉、弹簧片等组成；过载保护器主要由电热丝、双金属片、过载保护触头、永久磁铁、调节螺钉等组成。其内部结构如图1-23所示。

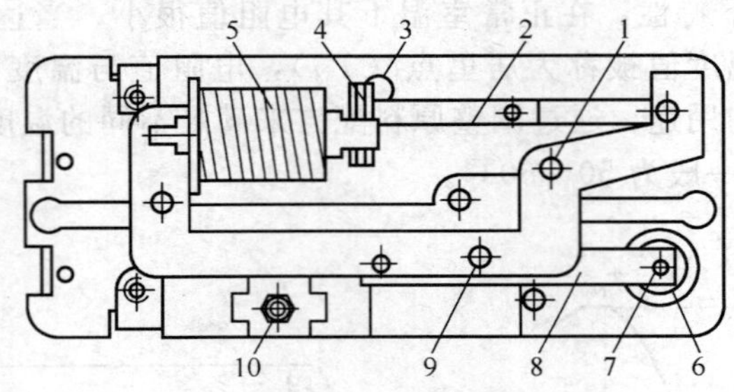

图1-22　整体式启动器结构示意图

1—复位螺钉；2—弹簧片；3—启动触头；4—衔铁；5—电磁铁线圈；6—永久磁铁；7—过载保护触头；8—双金属片；9—调节螺钉；10—电热丝

电冰箱的一般电路与整体式启动器的接线方法如图1-24所示。单相电源线的电源由其中一路经过温控器、电热丝至过载保护触头后，分成两路。一路从电磁铁线圈到接点M进入电动机的运行绕组；另一路从启动动触点（在动触点闭合时）到静触点至接点S进入电动机的启动绕组。电源线的另一路接到接点C，与运行绕组和启动绕组合并。

接通电源后，电动机的运行绕组回路被接通，产生很大的电流。通过吸引线圈产生强磁场，吸动衔铁带动动触点与静触点闭合，启动绕组回路被接通，使电动机正常启动。电动机

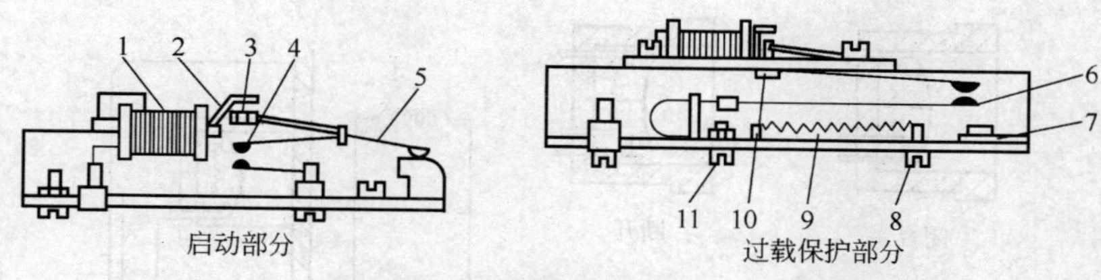

图 1-23 整体式启动器内部结构

1—电磁铁线圈；2—挡板；3—衔铁；4—启动触头；5—弹簧片；6—过载保护触头；7—永久磁铁；8—复位螺钉；9—电热丝；10—双金属片；11—调节螺钉

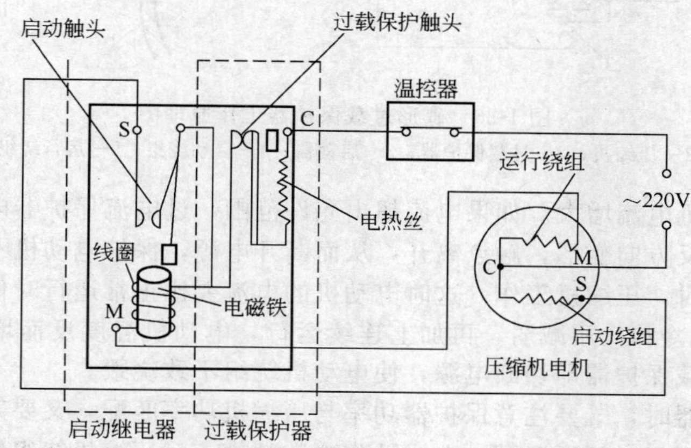

图 1-24 整体式启动器电器接线图

进入正常运转后，吸引线圈通过的电流下降到释放电流，衔铁被释放，动触点与静触点分开，切断启动绕组回路，启动过程结束。

压缩机电机在运行工作中，如超载时，电流会升高，电阻丝发热，对双金属片加热，双金属片受热 15s 左右后开始变形弯曲，达到永久磁铁的吸动范围时，将动触点迅速吸动，与静触点断开，切断电动机运行绕组的电路，电动机停止运转，起到保护电机的作用。当双金属片自然冷却复位后，接通运行线圈电路，电动机又可重新启动工作。

(3) 碟形过载保护器　碟形过载保护器是目前使用得最广泛的热保护器，尤其在全封闭压缩机上，采用的几乎都是这种保护器。其结构如图 1-25 所示。

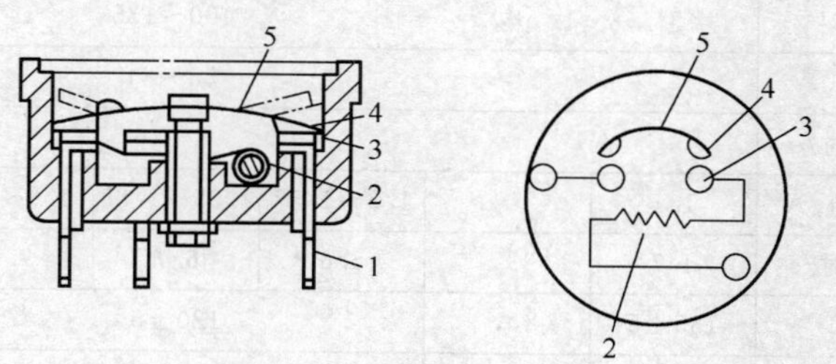

图 1-25 碟形过载保护器

1—接线端子；2—加热丝；3—静触点；4—动触点；5—双金属片

碟形过载保护器具有过电流和过热保护的双重保护功能。它一般都是装在压缩机的接线盒内，并紧贴在压缩机表面，其工作原理如图 1-26 所示。

在工作中，当压缩机负荷过大或发生某些故障，或电源电压过低或过高而不能正常启动

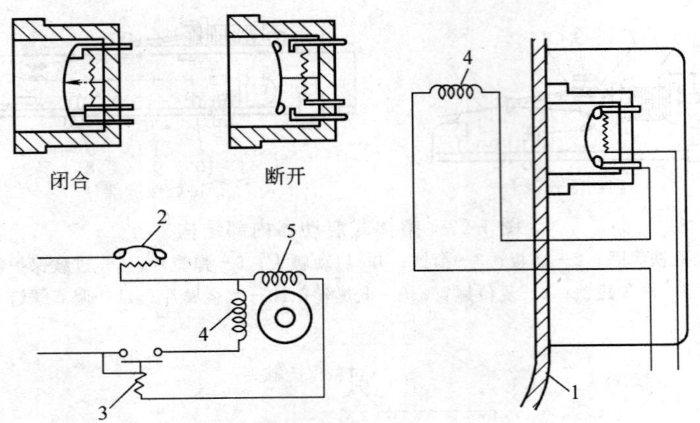

图 1-26 碟形过载保护器工作原理图

1—压缩机；2—过载保护器；3—启动器；4—启动绕组；5—运行绕组

时，都会引起电动机电流增大。如果电流超出允许范围，过电流保护器电热丝升温，烧烤碟形双金属片，使它反方向变形，触点离开，从而断开电源，保护电动机不致烧毁。当制冷系统发生制冷剂泄漏时，压缩机工作，这时电动机的电流要比正常运行时低（过电流保护不起作用），但由于回气冷却作用减弱，再加上连续运行，电动机温度反而增加，当电动机温度超过允许范围，过载保护器即切断电源，使电动机绕组不致烧毁。

选择碟形保护器时，既要注意保护器功率与压缩机功率匹配，又要兼顾到保护器的动作电流及回复时间。回复时间不匹配，造成动作次数频繁，对压缩机绕组绝缘的冲击次数会过多，不但使保护器寿命缩短，而且会烧坏压缩机。一般来说，运转电流超过压缩机额定电流 1.2～2 倍时，通电时间不大于 30s，保护器应动作，以起到保护作用。表 1-4 所示为 JRT 系列碟形过载保护器主要性能参数。

表 1-4 JRT 系列碟形过载保护器主要性能参数

	规格/HP	1/8	1/7	1/6	1/5	1/4	1/3	1/2
JRT1 JRT2 JRT3	配用功率/W	93	105	125	150	180	245	370
	90℃时断开电流/A	1.2	1.3	1.3	2.42	2.42	2.82	3.5
	过载电流/A	5.6	6.2	6.8	8.7	8.7	10	12
	断开温度/℃	100～135						
	复位温度/℃	55～84						
	25℃时断开延时/s	7～16						
JRT4	90℃时断开电流/A	1.1		1.3～1.57	1.35～1.85	1.8～2.3	2.5～3.5	
	25℃时断开延时/s	4.7		5.6	6.7	7.5	10	
	断开温度/℃	135±5		120±5				
	复位温度/℃	92±9		78±9				

碟形过载保护器的结构简单，性能可靠，便于修理和更换。

(4) 内埋式过载保护器　部分压缩机为配合 PTC 启动继电器，而采用一种内埋式过载保护继电器，其结构如图 1-27 所示。

这种保护器的结构简单，制造时，将双金属片控制的常闭触点埋置在压缩机电机的定子

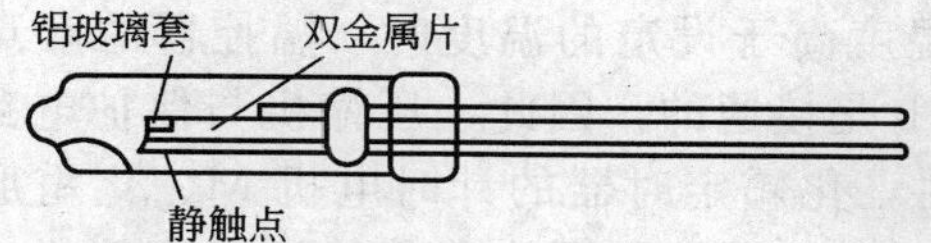

图 1-27　内埋式过载保护器的结构

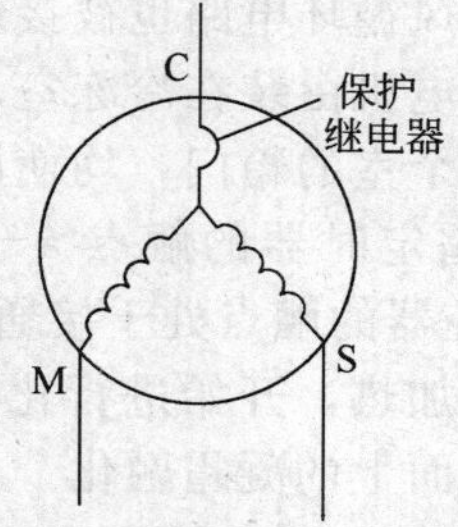

图 1-28　内埋式过载保护器的压缩机电机电路

绕组内，它的常闭触点串联在电机定子绕组公共引出线 C 之前，如图 1-28 所示。

不管压缩机是电流过大还是长时间运行，都会使绕组温度升高。只要温度升高到保护器中双金属片的动作温度，双金属片便会变形，带动常闭触点断开，切断电机的电源，保护压缩机不被损坏。因这种保护器埋置在压缩机封壳内，直接感受绕组的温度，所以它的灵敏度较高。但它的最大缺点是一旦它本身发生故障时，不便于更换。

二、间冷式冰箱电器控制原理

1. 电器控制原理

与直冷式电冰箱相比，间冷式电冰箱多了冷风循环电路和全自动化霜电路。按图 1-29 所示连接实际线路，该电路包括：由压缩机、PTC 启动继电器和过载保护器构成的启动与保护电路；由温控器组成的对冷冻室进行控制的温度控制电路；由化霜定时器、化霜温控器、化霜加热器和保险丝（即化霜加热超热保险丝）构成全自动化霜控制电路；由排水加热器构成的加热防冻电路；由风扇电机、照明灯和两个门开关组成的通风照明电路。

由于化霜定时器接在化霜温控器和过载保护器之间，所以电冰箱是由化霜定时器来控制

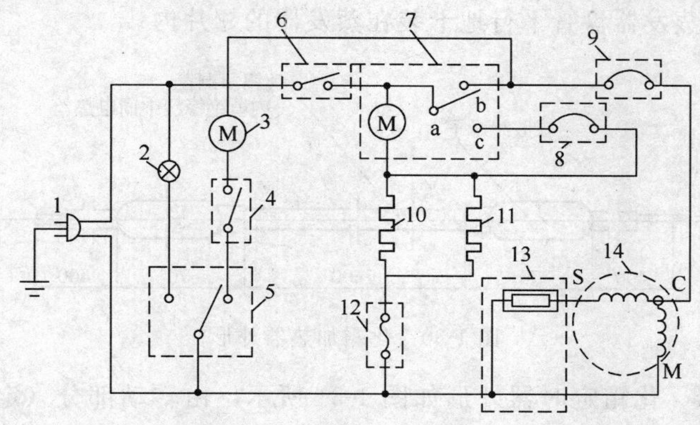

图 1-29　双门间冷电冰箱电路

1—插头；2—照明灯；3—风扇电机；4—冷冻室门开关；5—冷藏室门开关；6—温控器；7—化霜定时器；8—化霜温控器；9—过载保护器；10—化霜加热器；11—排水加热器；12—化霜超热保护器；13—启动器；14—压缩机电机

制冷或化霜。当电冰箱内温度高于设定的温度时，温控器的触点开关闭合，接通电源。同时，由于化霜定时器的a—b是接通的，因此，压缩机与保护电路电源接通，压缩机开始运转，电冰箱开始制冷；同时，化霜定时器的计时电机M、化霜加热器、排水加热器和保险丝也接入电源，使计时电机M与压缩机同步运行，记录压缩机运行时间。但由于计时电机M的内阻（约7500Ω）远大于化霜、排水加热器的并联电阻（约为320Ω），故电冰箱制冷时两个加热器并不加热。制冷时，冷风循环电路也被接通，强制冷风在电冰箱内循环，对食物进行冷冻和冷却。冷风循环的风扇电机由装在冷冻室、冷藏室右侧的两个门开关控制。两个门开关都是常开触点，打开任意一个室的箱门，均使风扇电机停止工作。

当制冷压缩机累计运行8h，化霜定时器的触点a—b断开，压缩机和风扇电机停止运转，而a—c接通；由于此时化霜温控器的触点处于接通状态，化霜定时器的时钟电机M短路，使化霜加热器和排水加热器接通加热，开始进行化霜加热，并使化霜水经排水管排出，随着蒸发器被加热化霜，使其翅片表面上的凝霜融化。

当蒸发器表面的温度由于被加热而升至13℃左右时，化霜完毕，并使化霜温控器的双金属片产生变形，触点跳开。计时电机则被重新接入电路进行运转，运转约2min后将a—c断开。而当蒸发器表面温度达到13℃时，普通型温控器伸长的膜盒推动机构使触点闭合，故a—b接通，压缩机又重新进行制冷。当蒸发器表面温度降到−5℃时，化霜温控器的双金属片复位又使触点闭合，为下一个化霜周期做好难备，这样就完成了一个化霜周期的自动控制，电冰箱控制电路就是这样如此循环往复地工作着。

电路中接入保险丝是为了确保在化霜温控器失灵时，防止因过热使蒸发器盘管破裂；电路中接入排水加热器是保证融化的霜水顺利地导出箱外，不致因排水管冰堵而损坏电冰箱或污染食品。

2. 电器控制元件的结构与工作原理

(1) 化霜加热器　电冰箱运行时，空气中的水分会在蒸发器表面凝结成冰霜，运行时间越长，霜层厚度也将增加，这样就大大降低蒸发器的热交换性能，影响制冷效果，严重时，还会导致压缩机长时间连续运转，而箱内温度降不下来。所以在霜层超过5mm时，一定要及时将其除掉。

图1-30是蒸发器化霜加热器的外形图。在镀镍铜管中安装着电热丝，其功率一般为120W左右，将它与蒸发器盘管平行地卡装在蒸发器的翅片内。

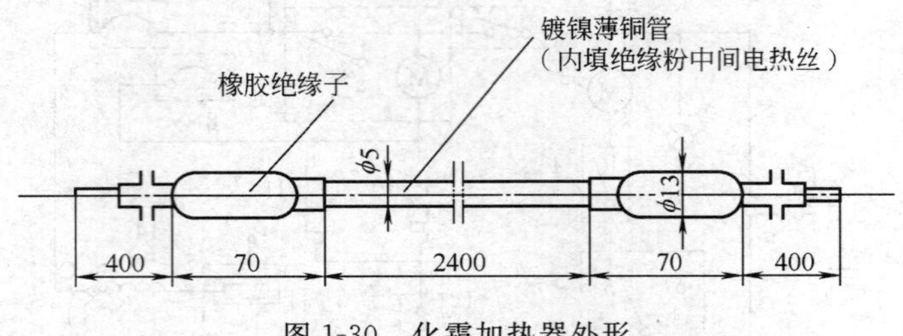

图1-30　化霜加热器外形

(2) 化霜定时器　化霜定时器外形如图1-31所示，由转动部分（定子、定子绕组、转子带动的齿轮减速箱）和开关部分（凸轮、接点板、凸轮连接部）组成。通电后，电动机匀速转动，经齿轮组减速后，驱动凸轮慢速转动。在凸轮运转时，贴在凸轮外缘上的三个簧片的相对位置会产生变化，如图1-32所示。制冷状态时，簧片上的动触头C与簧片B上的触头闭合，接通压缩机电机的电源，如图1-32（a）所示。化霜状态，这时簧片上的动触头C与B断开而接通D，使化霜加热器得电，如图1-32（b）所示。通常化霜定时器每隔一定时

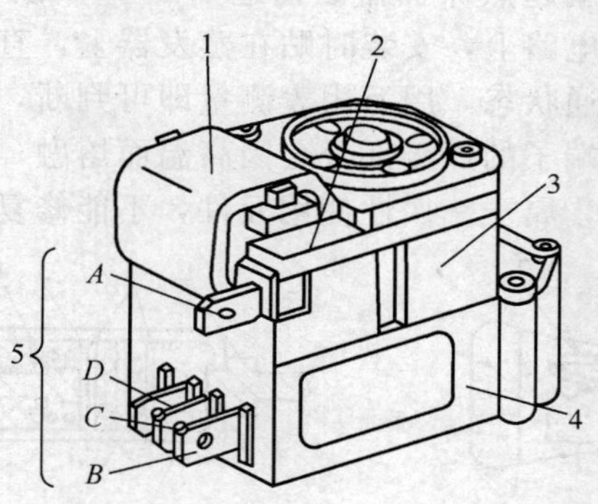

图 1-31　化霜定时器外形

1—定子绕组；2—定子；3—齿轮箱；
4—开关箱；5—端子

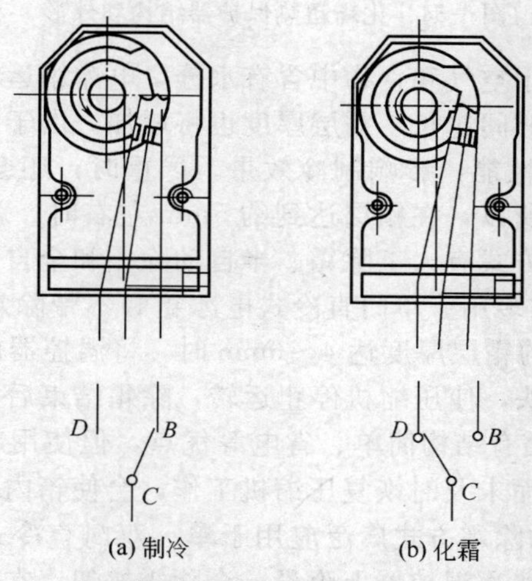

(a) 制冷　(b) 化霜

图 1-32　化霜定时器凸轮触点转换示意图

间便会出现这样一次转换。

（3）化霜温控器　双金属化霜温控器串接在化霜加热器回路中，它有两条引线，常温下为断路，在感受到－5℃以下时，双金属片变形，销钉跳起，使触点接通，接通加热器的电源；当蒸发器表面温度达到 13℃时双金属片变形，将销钉向下压，使触点断开，切断加热器的电源，如图 1-33 所示。

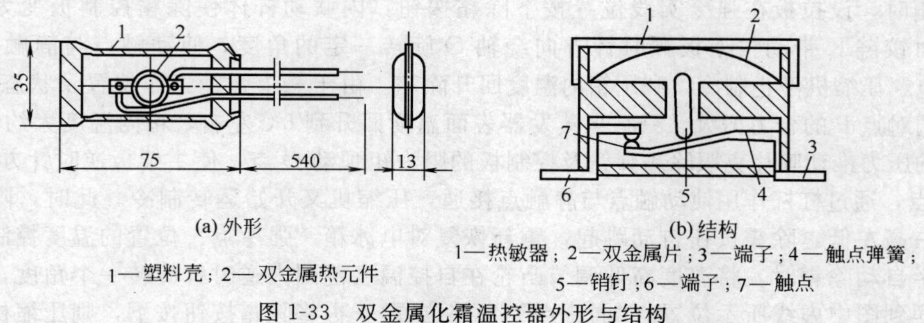

(a) 外形

1—塑料壳；2—双金属热元件

(b) 结构

1—热敏器；2—双金属片；3—端子；4—触点弹簧；
5—销钉；6—端子；7—触点

图 1-33　双金属化霜温控器外形与结构

（4）化霜超热保护器　化霜超热保护器的构造如图 1-34 所示，化霜超热保护器与蒸发器化霜加热器串联后接于化霜电路上，安装时贴在蒸发器上，直接感受蒸发器表面的温度变化。其两根引线在常温下为常通状态，用万用表测量即可判断，当蒸发器表面温度高达65～70℃时，该元件的固定弹簧式端子的焊接部分会因高温而熔融，从而使引线呈断开状态。它和一般电路上所用的熔丝一样，属于一次性使用元件，不能修复。

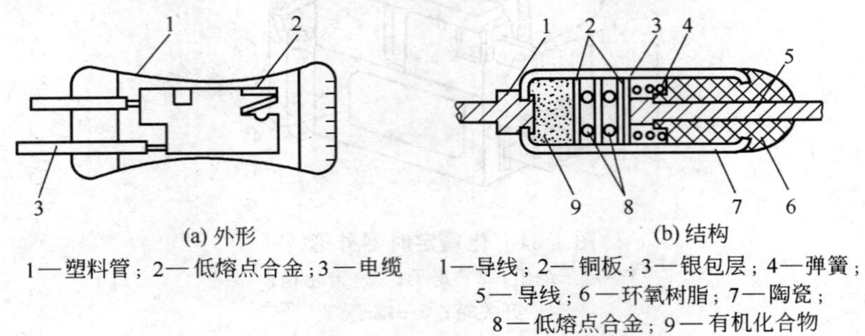

(a) 外形
1—塑料管；2—低熔点合金；3—电缆

(b) 结构
1—导线；2—铜板；3—银包层；4—弹簧；
5—导线；6—环氧树脂；7—陶瓷；
8—低熔点合金；9—有机化合物

图 1-34　化霜超热保护器结构和外形

（5）除霜控制装置　由于空气和食物中含有水分，电冰箱运行时，这些水分会在蒸发器表面上凝结出一层霜。运行时间越长，霜层厚度也将增加。由于霜层的传热性能较差，这样会大大降低蒸发器的热交换性能，影响制冷效果。严重时，还会导致压缩机长时间连续运转，而箱内温度降不下来，所以，在霜层达到约 5mm 左右时，就要及时除霜，以确保电冰箱的正常制冷。常见的除霜方式有人工除霜、半自动除霜和全自动除霜三种。

1）人工除霜　人工除霜多用于单门直冷式电冰箱和不带除霜加热装置的双门直冷式电冰箱。当电冰箱蒸发器表面的霜层厚度达 4～6mm 时，将温控器旋钮旋至停止位置（即 0 或 OFF 位）上，或拔下电源插头，使压缩机停止运转，除霜结束后，再将温控器调至正常工作位置，或接通电源。人工除霜有结构简单、省电等优点，但使用起来却不方便，需随时观察除霜情况，一旦除霜结束，而未及时恢复压缩机工作，会使箱内温升过高，影响食物质量。

2）半自动除霜　半自动除霜方式广泛应用于单、双门直冷式电冰箱。实际上它与停机除霜原理是一致的，只是在普通温控器上附设一个除霜按钮，在需要除霜时，只需按下此按钮，压缩机便停止运转，箱内温度逐渐回升。当箱内温度升到 10℃左右、蒸发器表面温度升到 6℃左右时，除霜便结束，温控器自动弹起，电冰箱恢复制冷。由于除霜开始需人工操作，故称为半自动除霜。

图 1-35 所示为半自动除霜温控器工作原理图。它是在普通型温控器上加装了自动除霜装置，主要包括有：除霜平衡弹簧、除霜温度调节螺钉、除霜弹簧和除霜控制板等元件。图中为按下除霜按钮后，静、动触点断开，压缩机停止运转时的工作状态。

除霜时，设拉板在强冷实线位置按下除霜按钮，内联动杆体使除霜控制板变为左高右低，此时铰链 K 带动主架板顺时针方向绕轴 O 旋转一定的角度，使动触点与静触点脱离，电路断电，压缩机停止制冷，利用箱内温度回升除霜。由于三个弹簧工作位置及状态的改变，使得它们对点 P 的合力增大。只有当蒸发器表面温度回升到 6℃左右，箱内温度大约 10℃时，感温剂的压力推动膜片克服除霜弹簧及控制板的阻力矩顶动 Q 点，使主架板逆时针方向转动，压下 A 点，通过杠杆作用使动触点与静触点接通，压缩机又开始运转制冷。此时，除霜控制板变为右高左低，除霜按钮自动跳起，重新恢复对电冰箱“强冷点”位置的温度控制。

在半自动除霜时，将温度高低调节凸轮在自控温度范围内逆时针旋转一个角度，使温度控制板摆到图中虚线所示位置（“弱冷点”自控位置），再将除霜按钮按下，则压缩机也会停

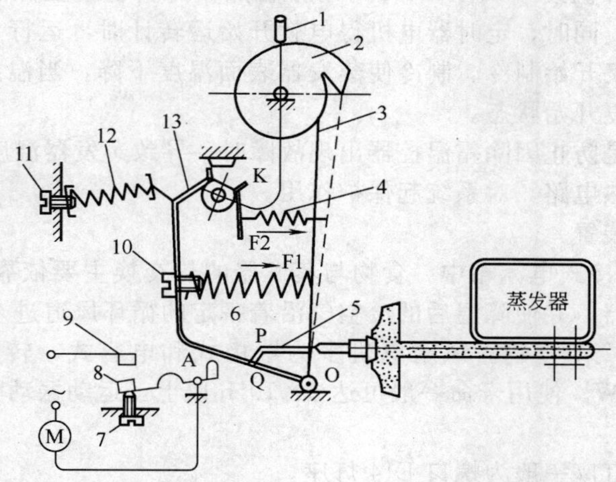

图 1-35 半自动除霜温控器工作原理图

1—除霜按钮；2—温度高低调节凸轮；3—拉杆；4—除霜平衡弹簧；5—主架板；6—主弹簧；7—温差调节螺钉；8—动触点；9—静触点；10—最低温度极限调节螺钉；11—除霜温度调节螺钉；12—除霜弹簧；13—除霜控制板

转，对蒸发器进行除霜。由于除霜弹簧的作用，构成了对除霜控制板力的补偿，故除霜终了温度不会由弹簧的拉长而升高，保证“强冷”和“弱冷”除霜温度的相同。

3）全自动除霜 目前生产的大多数电冰箱采用的是全自动除霜。所谓全自动除霜是整个除霜操作无需人工参与，电冰箱按一定的时间间隔自动地完成除霜操作。

全自动除霜装置工作原理如图 1-36 所示。如图所示状态，除霜定时器的活动触点是接通压缩机电路的，压缩机运转，进行制冷循环，除霜定时器中的计时电机 M 也同步运行，记录压缩机运行时间。除霜定时器电机电阻极大，约为除霜加热器的 22 倍，因此电压降极大，使流过除霜加热器的电流极微，故除霜加热器的发热量极小，不影响箱内的制冷。当计时电机记录压缩机连续运行的时间达 8h 时，除霜定时器的活动触点就切断压缩机电路而接通除霜电路，让电流经除霜温控器流过除霜加热器。除霜加热器布置在蒸发器的表面，一通电就会对蒸发器表面加热运行除霜。除霜温控器与计时电机并联，由于除霜温控器电阻很小，使计时电机被短接而处于停止状态。当蒸发器表面的霜层全部融化，并且温度升高到除

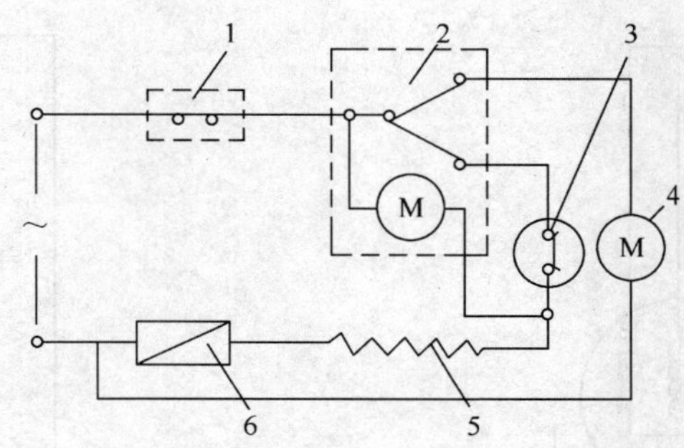

图 1-36 全自动除霜控制电路原理图

1—温度控制器；2—除霜定时器；3—除霜温控器；4—压缩机电机；5—除霜加热器；6—除霜超热保护器

霜温控器双金属片跳开温度（13℃±3℃）时，触点断开，将通往除霜加热器的电路切断，停止对蒸发器的加热。同时，定时器电机得电就开始运转计时，运行 2min 后，活动触点跳回接通压缩机电路，又开始制冷。制冷使蒸发器表面温度下降，当温度降至－5℃时，双金属片除霜温控器又恢复开始状态。

除霜超热保护器是防止因除霜温控器出现故障时，导致蒸发器温度过度升高，此时，除霜超热保护器断开加热电路，对系统起保护作用。

(6) 风扇和照明装置

1) 风扇　双门间冷式电冰箱中，食物与蒸发器的热交换主要依靠风扇使箱内空气强制流经翅片盘管式蒸发器，并使降温后的冷空气沿着一定的循环风道进入箱内，形成箱内冷空气的强制循环，从而冷却食物。风扇电机多为罩极式和电容式，转速一般为 2500～3000 r/min，输入功率为 8W。使用寿命一般可达 3×10^4h 以上，运动振动噪声在 35dB 以下。

2) 照明装置

灯座：冰箱照明灯座一般为螺口 E14 灯座。

灯泡：15W 螺口白炽灯泡。

开关：由门开闭控制的按钮开关。

三、电冰箱电动机及其启动

(1) 电动机　一般家用电冰箱中使用的都是全封闭压缩机，即电动机与压缩机作为一个整体，密封在金属壳体中。电动机由定子和转子组成，是压缩机的动力源，它的作用是将电能转换为机械能，驱动压缩机对制冷剂蒸气作功，使制冷剂得以循环往复，从而达到制冷目的。电冰箱电动机都是单相异步电动机，使用单相电源。

(2) 电动机的启动方式　电冰箱压缩机用的单相电动机由于启动方式的不同，通常可分成阻抗分相启动式、电容启动式、电容运行式和电容启动及电容运行式。

1) 阻抗分相启动　阻抗分相启动电机电路如图 1-37 所示。在电机的定子上绕有启动绕组及运行绕组。电机的绕组是一个电感线圈，通以交流电后，其中的电流滞后于其电压 90°；启动绕组和运行绕组的线径和匝数不同，因而它们的阻抗不同，感抗也不同。当通入 50Hz 的交流电流时，在两个绕组上产生了两个不同相位的电流，这就是分相作用；两个电流在定子上形成一个合成旋转磁场，该磁场作用在转子上形成转矩，使电机启动，当转速达到 70％～80％额定转速时，启动绕组被启动继电器断开，运行绕组正常运行。

电冰箱压缩机的输出功率在 150W 以下时，其电动机一般采用该类型。

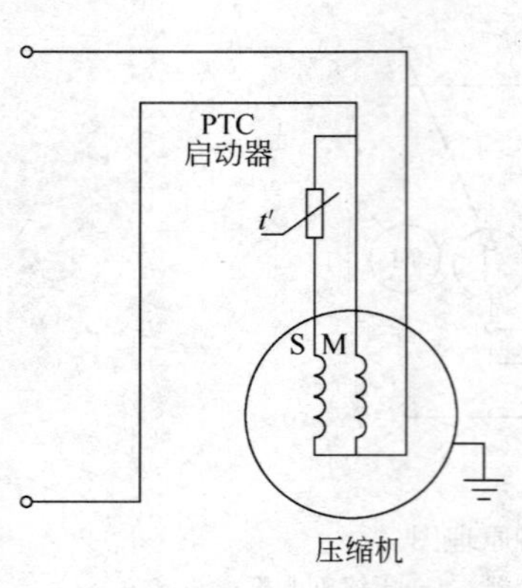

图 1-37　阻抗分相启动电机电路

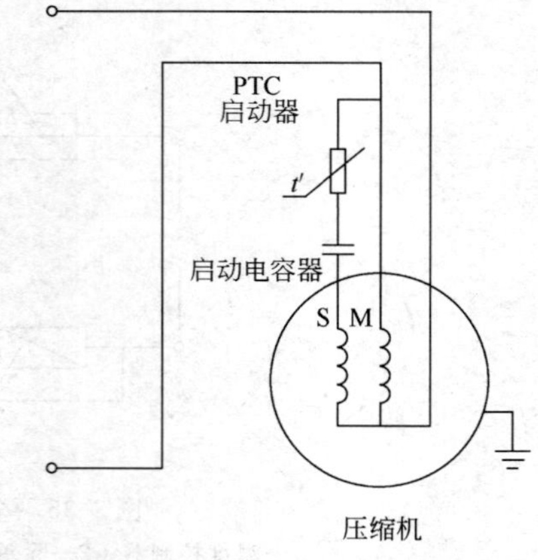

图 1-38　电容启动电机电路

2）电容启动　电容启动电机电路如图 1-38 所示。为了增加运行绕组和启动绕组中电流的相位差，在启动时启动绕组中串联一只 45～100μF 的电容器，这样就会产生较大的转矩，当转速达到 70%～80%额定转速时，将启动绕组及启动电容器断开，电动机便加速到额定转速，启动完毕。

此种类型适用于输出功率较大的电动机，启动绕组线径较粗，且匝数较少。

3）电容运行　电容运行电机电路如图 1-39 所示。该电动机的两个绕组始终都接在电路中工作。其中一个绕组串接一个小容量（2～3μF）的电容器，启动时该电容器被 PTC 启动器短路，不起作用。因而启动时为阻抗分相启动，启动转矩小，只适用于负载小的设备。启动完毕后 PTC 启动器相当于开路，运行电容器与启动绕组串联在压缩机回路中，因而称为运行电容器。其作用是提高电动机运转的功率因数，降低运行电流，减小线路损耗。

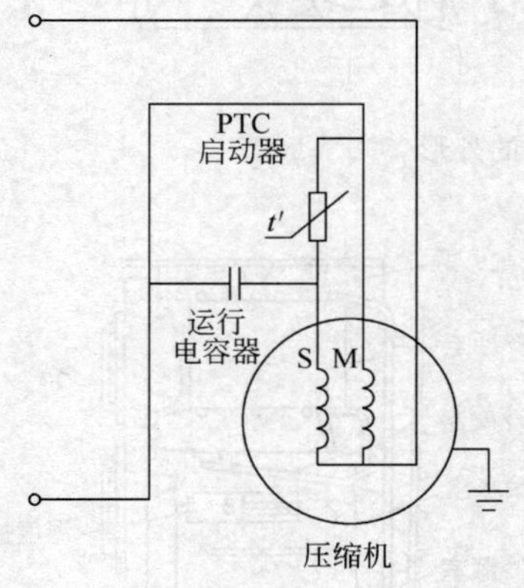

图 1-39　电容运行电机电路

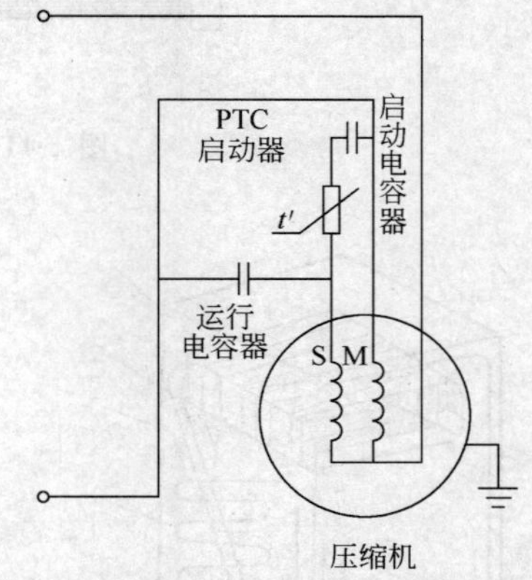

图 1-40　电容启动及电容运行电机电路

4）电容启动及电容运行　电容启动及电容运行电机电路如图 1-40 所示。它实际上是电容启动与电容运行的结合，具有启动转矩较大，效率高，运转平稳及省电等优点，但成本较高。

由此可见各种启动连接方式各有利弊，但是大多数采用阻抗分相启动方式，因为这种方式电器元件少，连线简单。

第二节　家用冰箱制冷系统原理

一、直冷式冰箱制冷系统

家用电冰箱一般都为电机压缩型，其制冷系统的主要部件包括全封闭式制冷压缩机、风冷式冷凝器、毛细管、蒸发器和干燥过滤器等。此外，根据电冰箱的不同形式和要求，有些冰箱还设置了箱门防露和防冻等辅助装置。

1. 单门直冷式电冰箱的制冷系统

单门电冰箱全部都是直冷式。其外形如图 1-41 所示，只有一个箱门，箱内上方是一个装有小门的由蒸发器围成的小型冷冻室，冷冻室的冷度一般为二星级，室内食品由蒸发器直接冻结。而冷藏室内的温度则依靠蒸发器（冷冻室）作为冷源，箱内自然流动的空气作为媒介，从而构成了电冰箱内的温度梯度分布。

单门电冰箱的制冷系统如图 1-42 所示。该系统中的全封闭制冷压缩机安装在电冰箱的

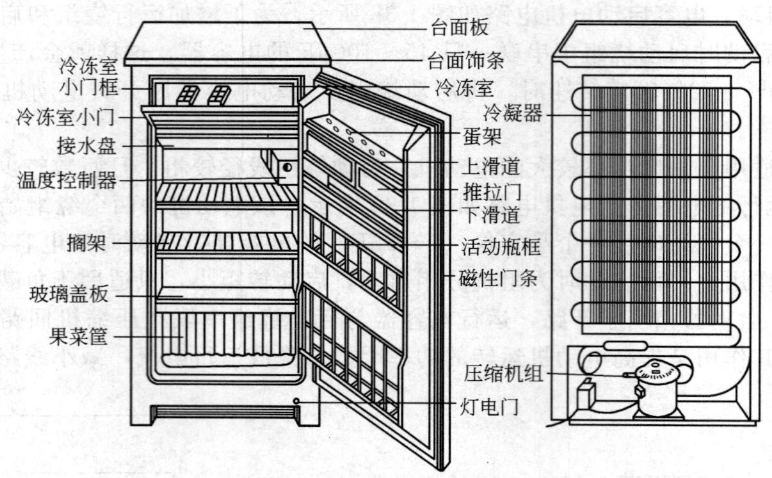

图 1-41　单门直冷式电冰箱的外形

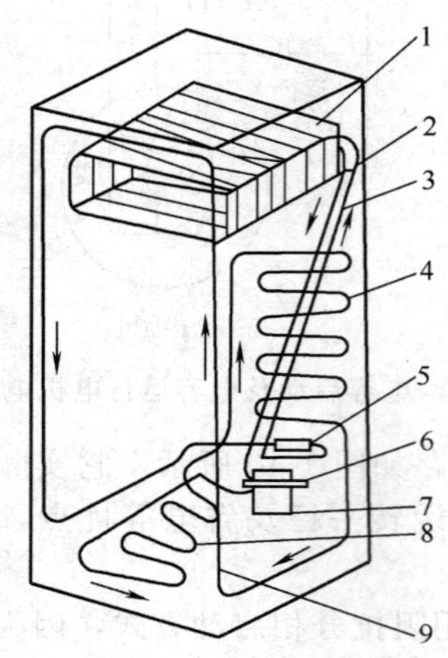

图 1-42　单门直冷式电冰箱的制冷系统

1—蒸发器；2—低压吸气管；3—毛细管；4—冷凝器；5—干燥过滤器；6—工艺管；7—压缩机；8—蒸发盘加热器；9—箱门防露管

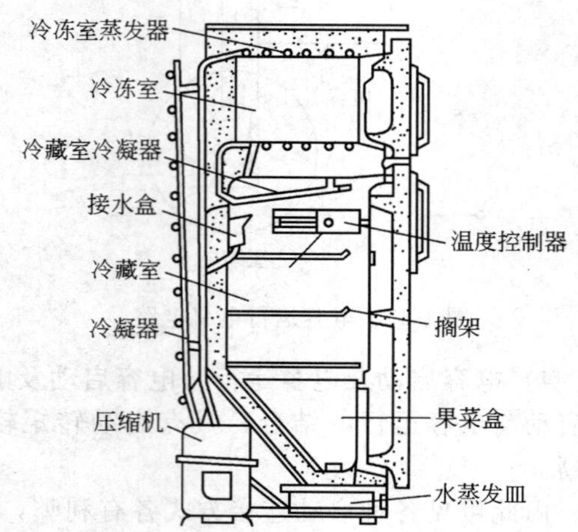

图 1-43　双门直冷式电冰箱结构

后底部，一般漆成黑色，有利于它的辐射散热。冷凝器安装在电冰箱的背部（外露在空气中）或安装在箱体两侧、背部的间壁内。蒸发器安装在电冰箱的上部，由蒸发器构成的小空间即为冷冻室。毛细管和蒸发器的回气管并排在一起，或者是较细的毛细管穿过回气管组成热交换器，其目的是利用回气的余冷防止制冷剂在进入蒸发器的管路中蒸发，以提高电冰箱的制冷效果。制冷剂在系统中的循环：压缩机→蒸发盘加热器→冷凝器→箱门防露管→干燥过滤器→毛细管→蒸发器→低压吸气管→压缩机。

2. 双门直冷式电冰箱的制冷系统

双门直冷式电冰箱的构造如图 1-43 所示。它有两个完全隔开的箱腔，分别装有外箱门。一般来说，冷冻室冷度为三星级或四星级，冷藏室温度在 0～10℃之间。它与单门冰箱降温方式一样，都是靠空气的自然对流来完成，所不同的是其有串联的冷冻室与冷藏室两个蒸发器。一般节流后的制冷剂是先进入冷藏室蒸发器，再进入冷冻室蒸发器。

双门直冷式电冰箱箱内温度一般由温度控制器来调节，按其控温方式不同又可分为单控式和双控式两种。

（1）双门单温控型直冷式电冰箱　如图 1-44 所示为双门单温控型直冷式电冰箱，与单门直冷式电冰箱的制冷系统基本相同。制冷剂在系统中的循环：压缩机→蒸发盘加热器→冷凝器→箱门防露管→干燥过滤器→毛细管→冷藏室蒸发器→冷冻室蒸发器→低压吸气管→压缩机。

另外，目前国内比较流行的是冷冻室下置抽屉式电冰箱，其制冷系统如图 1-45 所示。这种冰箱冷冻室采用搁架式蒸发器，生熟或不同食品储存在不同抽屉中，相互不串味，冷冻室温度比较均匀，制冷速度快，结霜量较少，而且存取食品互不影响，既提高了食品的储存质量，又降低了能耗。

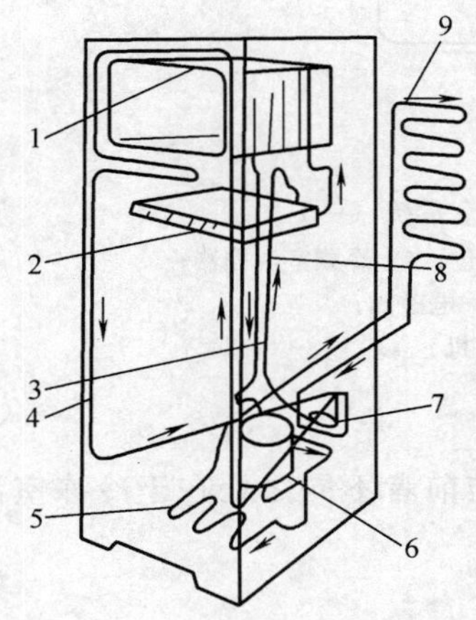

图 1-44　双门单温控型直冷式电冰箱的制冷系统

1—冷冻室蒸发器；2—冷藏室蒸发器；3—吸气管；4—防露管；5—蒸发盘加热器；6—压缩机；7—干燥过滤器；8—毛细管；9—冷凝器

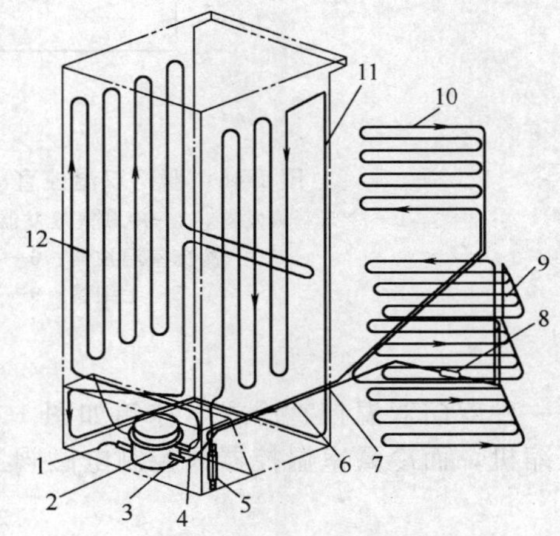

图 1-45　双门单温直冷抽屉式电冰箱的制冷系统

1—工艺管；2—压缩机；3—压缩机排气管；4—压缩机吸气管；5—干燥过滤器；6—毛细管；7—回气管；8—储液器；9—冷冻室蒸发器；10—冷藏室蒸发器；11—左冷凝管；12—右冷凝管

（2）双门双温控型直冷式电冰箱　双门双温控直冷式电冰箱的制冷系统如图 1-46 所示。这种电冰箱的制冷系统与单温控型有所不同，它在单温控型电冰箱制冷系统的基础上加装了两组毛细管和一个二位三通电磁阀，由冷藏室温控器来控制截止或导通。

当冷藏室和冷冻室的温度均高于预定值时，电磁阀断电。此时，制冷剂的流向为：压缩机→冷凝器→干燥过滤器→前级毛细管→二位三通电磁阀→后级毛细管→冷藏室蒸发器→冷冻室蒸发器→压缩机。

当冷藏室的温度低于预定值，而冷冻室的温度仍高于预定值时，二位三通电磁阀得电，从而切断冷藏室蒸发器的制冷回路，制冷剂经冷冻室蒸发器所在的回路回到压缩机，从而加快了冷冻室的制冷速度。当冷冻室温度低于预定值时，由冷冻室温控器控制压缩机使其停止运转。不管哪个室回升到高于设定温度，均能启动压缩机，从而达到双温双控的目的。

采用二位三通换向电磁阀实现双温双控可以降低冷藏室和冷冻室蒸发器的匹配要求，实现两室温度的分别控制，同时扩大了冷藏室和冷冻室的温度范围。当通过手动开关切断冷藏室制冷回路时，冷冻室具有速冻功能。又由于扩大了温度范围因此冷藏室具有保鲜解冻的

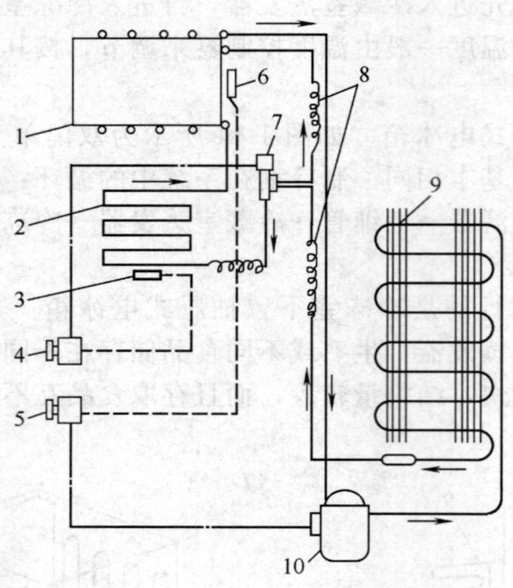

图 1-46　双门双温控直冷式电冰箱的制冷系统（一）
1—冷冻室蒸发器；2—冷藏室蒸发器；3—冷藏室感温包；4—冷藏室温控器；
5—冷冻室温控器；6—冷冻室感温包；7—电磁阀；
8—毛细管；9—冷凝器；10—压缩机

功能。

另一种双门双温控直冷式电冰箱如图 1-47 所示，它与前者不同之处在于冷冻室温控器控制压缩机，而冷藏室温控器只控制电磁阀（二通阀）。

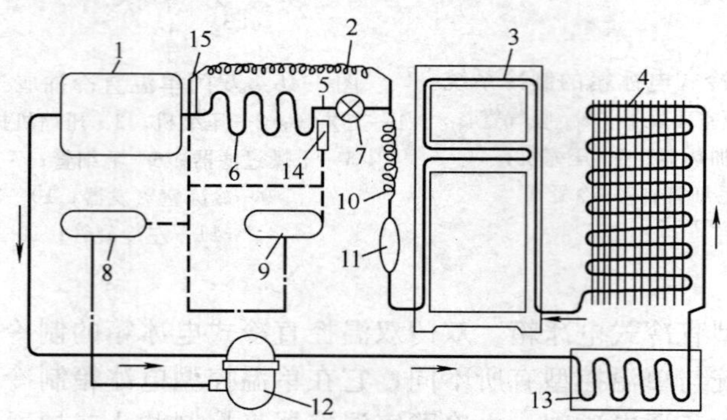

图 1-47　双门双温控直冷式电冰箱的制冷系统（二）
1—冷冻室蒸发器；2—第三毛细管；3—防露防冻管；4—冷凝器；5—第二毛细管；
6—冷藏室蒸发器；7—电磁切换阀；8—冷冻室温控器；9—冷藏室温控器；
10—第一毛细管；11—干燥过滤器；12—压缩机；13—蒸发盘加热器；
14—冷藏室感温包；15—冷冻室感温包

当压缩机通电运行时，制冷剂经压缩机→冷凝器→防露管→干燥过滤器→第一毛细管→电磁切换阀→第二毛细管→冷藏室蒸发器→冷冻室蒸发器回到压缩机，完成一个制冷循环。

当冷冻室负荷增大、冷藏室温度先达到设定值时，冷藏室温控器控制电磁阀改变制冷剂流向，使第一毛细管的制冷剂经第三毛细管直接流入冷冻室蒸发器，然后流回压缩机。这时，切断了进入冷藏室蒸发器的制冷剂，只通过冷冻室蒸发器进行循环。当需要速冻时，制冷剂也只通过冷冻室蒸发器循环，这样可使冷冻室迅速降温。

二、间冷式冰箱制冷系统

图 1-48 为双门间冷式电冰箱的结构图，与双门直冷式冰箱箱体结构、制冷系统及各部件安装基本相似，其区别在于蒸发器各温控器。这类冰箱的特点是在冷藏室和冷冻室之间的夹层内或在冷冻室后部的隔层中安装有翅片式蒸发器。它利用小风扇使箱内空气强制流过蒸发器，经冷却后再通过风道回到箱中，以此形成箱内空气的强制循环，达到冷冻和冷藏箱内食品的目的。其温控器有二个，冷冻室温控器控制压缩机的开停来达到冷冻室的星级要求；冷藏室温控器是感温式风门温控器，位于两室之间的风道内，能根据风道温度自动调节风门开启的大小，来控制进入该室风量以实现冷藏室温度要求。双门间冷式电冰箱的制冷系统如图 1-49 所示。

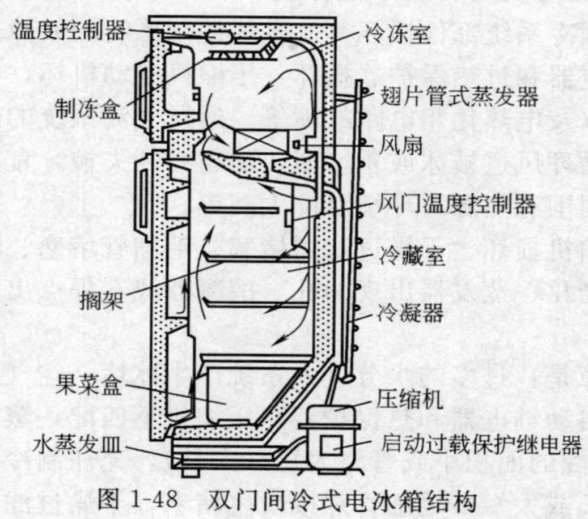

图 1-48 双门间冷式电冰箱结构

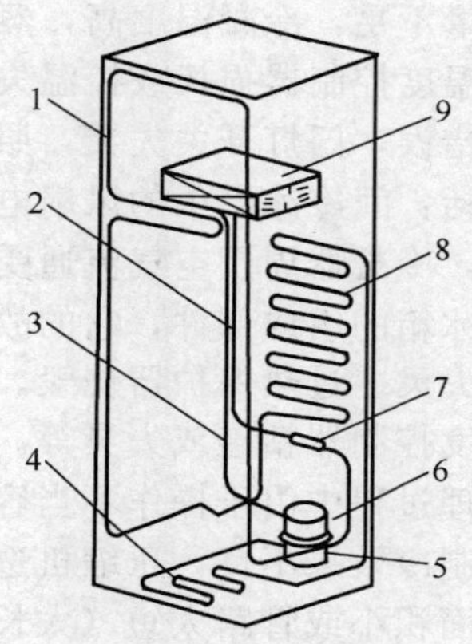

图 1-49 双门间冷式电冰箱的制冷系统

1—箱门防露管；2—毛细管；3—低压吸气管；4—蒸发盘加热器；5—压缩机；6—工艺管；7—干燥过滤器；8—冷凝器；9—翅片式蒸发器

间冷式电冰箱与直冷式相比，冷气采用强制循环，故控温精确，室内温度较均匀；化霜自动方便，食品无结霜污染，故也称无霜冰箱。但其结构复杂，部件多，成本高；漏热量大，耗电多；冷冻室降温速度也较慢。

三、电冰箱故障检修的一般方法

1. 分清故障现象的类属

电冰箱故障概括起来可分为三大类，一是电冰箱不能正常启动运转；二是电冰箱制冷效果差；三是电冰箱运转后不能停机。

① 电冰箱不能启动运转　产生这种故障的原因有多种，如电源供电有故障、电冰箱电源线或电路导线有断路、启动元件或保护元件损坏、压缩机电动机绕组断路或短路、温度控制器有故障、电源电压过低、压缩机的机械部分卡死等。到底属于哪一种原因，只有通过检查、测量和分析才能判断。

② 电冰箱不制冷　产生这种故障的原因也是多种多样的，如制冷剂泄漏、制冷剂充注过多、换热条件不佳、压缩机排气能力下降、间冷式冰箱的通风系统不良、制冷系统堵塞、制冷系统的高低压压力不正常等。到底属于哪一种原因，维修人员必须经过分析、检测加以明确，以便采取相应的维修手段。

③ 电冰箱不停机　产生这类故障的原因，有的是设备本身确有故障缺陷，有的是由使用不当造成的。如充注制冷剂量过多或过少、制冷系统有泄漏、温度控制器失灵、门封不严、存入箱内的食品过多、间冷冰箱风道被堵塞、环境温度太高周围空气不流通、箱门开关太频繁、达不到温控器的控制温度，或是温控器的位置不当、温度控制器的触点粘连等。新选配的压缩机容量太小也会产生这种现象。到底属于哪一种原因，需要对具体设备和设备所处的现场进行分析、检测才能得到结果。

虽然故障现象有时相同，但产生故障现象的原因是多种的，而排除故障的方法自然也不相同。由此看来，在实际维修实践中，故障分析、判断能力，即能够准确判断故障产生的部位和原因的能力，往往显得比维修操作工艺更为重要。

按电冰箱的结构组成，它的故障主要发生在制冷系统、电气控制系统和通风气流系统。制冷系统的故障主要包括：压缩机不能启动，压缩机运转后不能停机，制冷系统堵塞、泄漏，制冷量不足，冷凝温度高，蒸发温度低，制冷系统部件损坏等。电气控制系统的故障主要包括：温度控制器损坏或控温失调，启动继电器和过热保护器损坏，压缩机电动机坏，电路接线有错误，门灯开关失灵，照明灯烧毁，以及电热化霜电路故障等。通风气流系统的故障主要包括：间冷冰箱中的风扇电动机烧毁，循环风道被冰或霜堵塞，化霜控制失控，食品堵塞风路，冷凝器周围空气流通受阻或冷凝器周围有热源，环境温度太高等。

按电冰箱的组成部件，它的故障主要是压缩机损坏、干燥过滤器堵塞、毛细管堵塞、温度控制器失灵、过热保护器烧毁、启动继电器老化、蒸发器出现漏孔、冷凝器或某焊点出现漏孔、温度控制器粘连或失灵等。

在修理过程中由于操作不当容易产生的故障是：过多的水分进入系统产生冰堵，空气未排净造成制冷效果不良，压缩机选用的太小，启动继电器和热保护器与压缩机不匹配，蒸发器选配的面积小或管路太短（太长），冷凝器选配的面积小或管路太短（太长），充注制冷剂过多或过少，电路接线有误，毛细管选配的太长或太短，毛细管焊接发生堵塞，干燥过滤器焊接时间过长、温度过高使吸水材料失效，制冷管路焊接时出现漏孔等。

电冰箱本身本来没有故障，但由于外界原因或是使用不当，也会产生故障或是造成电冰箱的损坏。例如：一次性存入电冰箱的食品过多造成电冰箱不停机。外供电源的电压过高或过低，造成压缩机不能启动或损坏。电冰箱存放处的环境温度过低，造成电冰箱不能启动运转。冷冻室温度偏高，电冰箱周围温度偏高，空气不流通造成电冰箱不停机。温度控制器选位不当，如在夏季选放在6～7挡的低温控制点，造成压缩机不停机。电冰箱放置不平稳造成振动与噪声。急于从冰箱中取出食品，用金属工具硬性撬拿食品，造成铝材膜压式蒸发器出现破裂等。

总之，电冰箱、电冰柜的故障现象，从表面看可分成几大类，但产生的原因是多种多样的。只有现场对它进行检查、测量、分析、判断之后，才能得出正确的结论。

2. 故障检测的一般方法

电冰箱、电冰柜等制冷设备的故障判断，要经过查看、测量和分析的过程。无论是入户检测或现场维修，还是在维修部维修，维修人员通常是采取问、看、听、摸、测来分析判断故障。

（1）问　向用户询问设备损坏时的现象、过程及使用情况。例如：询问设备损坏时有无停电，电压是否过高或过低；是否有一次性存入设备内的食品过多的情况；询问电冰箱不制冷的现象是突然产生的还是逐渐形成的；询问是否是在化霜之后，或是经过搬动后产生的故障等。用户提供的损坏过程和现象，可以帮助分析故障产生的原因和范围。

（2）看　当电冰箱未通电时，主要应看电冰箱的外观与内胆有无明显损坏、各零部件及电路的连线是否松动与脱落、制冷系统管道是否断裂。特别应注意管路焊接处是否有油渍，如有油渍，则该处很可能就是制冷剂泄漏点。

当电冰箱通电后，通过检查箱内照明可以判断电源是否正常；通过观察压缩机能否正常启动和运行可以判断电冰箱电气系统的工作情况。

当电冰箱通电运行半个小时后，通过观察蒸发器结霜是否均匀，霜层是否结满，可以检查制冷效果，正常工作的直冷式电冰箱蒸发器表面应有霜且霜层均匀、厚实，若发现蒸发器无霜、或上部结霜下部无霜或结霜不均匀、有虚霜等现象，都说明电冰箱制冷系统工作不正常。如果出现周期性结霜情况，说明制冷系统中含有水分，可能出现冰堵。若电冰箱工作很长一段时间后，蒸发器仍不结霜，说明制冷系统可能有泄漏。

观察毛细管、干燥过滤器局部是否有结霜或结露。若有表明局部有堵塞现象。看压缩机吸气管是否结霜、箱门四周是否凝露，由此可判断制冷剂是否过量、防露管是否有故障。

(3) 听　通电时，听启动继电器是否有动作声。若听到启动继电器的吸合声（PTC启动继电器除外），随即压缩机正常运行可认为正常；若通电后压缩机发出“嗡、嗡”声，电动机启动困难，可能是压缩机抱轴或卡缸；若启动运行数秒钟后，听到保护继电器的断开声，压缩机停止运转，片刻后压缩机又启动，出现这种频繁启动现象则说明电动机运行电流过大，造成保护继电器动作。

通电后，听压缩机的运转噪声是否正常。电冰箱正常工作时，压缩机会发出微弱的声音，这是高压液态制冷剂通过毛细管进入蒸发器内，进行汽化吸热制冷。若听到下列声响为不正常现象：“嗒、嗒”声是压缩机内部运动件松动后发出的金属撞击声；“铛、铛”声是压缩机机壳内吊簧松脱或折断，压缩机倾斜运转后发出的撞击声；压缩机机壳内发出“嘶、嘶”的气流声可能是压缩机内高压缓冲管断裂后，高压气体窜入机壳的声音。

通电后，听蒸发器内的气流声是否正常。电冰箱运行时，将耳朵贴近蒸发器或箱体外侧，即可听到有气流声，这说明电冰箱工作正常；若听不到蒸发器内制冷剂的气流声，可能是制冷系统堵塞或制冷剂全部泄漏；若听到间断性的气流声，说明制冷系统含有水分。

(4) 摸　用手触摸电冰箱有关部件，以感觉各部位的温度变化情况，从而可分析判断电冰箱故障所在。

① 在室温30℃时，接通电冰箱电源运行30min后，用手触摸排气管应烫手。冬季触摸应有较热的感觉。

② 用手触摸冷凝器表面温度是否正常。电冰箱在正常连续工作时，冷凝器表面温度约为55℃，其上部最热、中部较热、下部微热。冷凝器的温度与环境温度有关，冬天气温低，冷凝器温度低一些；夏天气温高，冷凝器的温度要高一些。对于内藏式冷凝器，手摸箱体两侧或后背应感到温热。若温度不够，可能是制冷剂不足；如温度过高，说明冷凝压力过高，系统中可能含有空气等不凝结气体或制冷剂充注过量；若手摸冷凝器不热，蒸发器中也听不到“嘶、嘶”的气流声，这说明制冷系统在干燥过滤器或毛细管等部位发生了堵塞。

③ 用手触摸干燥过滤器表面温度是否正常。正常工作时，应与环境温度相差不多，手摸应有微热感觉（约40℃）。若出现明显低于环境温度或有结露、结霜现象，说明干燥过滤器内部发生脏堵。

④ 用手沾水摸蒸发器表面，应有粘手现象，手指离开后应有手印。若无粘手现象，而且手摸之处的霜层融化，可能是制冷系统内制冷剂过少或过多。

(5) 测　通过上述的问、看、听、摸之后，即可对故障发生的部位和程度做到心中有数。因电冰箱是多个部件的组合体，各个部件之间相互影响、相互联系。因此，在实际维修过程中，只掌握个别故障现象，很难准确地判断出故障发生的部位。若需进一步分析判断故障所在准确部位以及故障程度，还需用有关仪表对电冰箱进行性能检测。

① 用卤素检漏仪或电子检漏仪可以查出泄漏的部位；根据维修阀上的压力表读数可以判断制冷系统的堵塞或泄漏情况；用温度计或测温仪表测量箱内温度是否正常。

② 用兆欧表或万用表来检测电气系统的绝缘电阻值是否为正常值，正常情况下的绝缘电阻值一般不得低于 2MΩ；若低于 2MΩ，应对压缩机、温控器、启动继电器电路作进一步检查，看其是否漏电。

③ 用万用表电阻挡检查压缩机电动机绕组电阻值是否正常。

④ 通过测试电冰箱工作时的电流大小来判断电冰箱的故障。电冰箱在正常工作时，其工作电流与铭牌上标称的额定电流应基本相符。因此，当电冰箱压缩机电机、压缩机或制冷系统出现故障时，其工作电流就会增大或减小，所以，可用检测电冰箱工作电流的办法，来判断电冰箱发生的各种故障。用钳形电流表检测电冰箱工作电流，检测时将电源线的任一根垂直穿过钳形电流表的环形口中间。

引起电冰箱工作电流过大的故障主要有：制冷系统发生堵塞、制冷剂过量、润滑系统故障、压缩机抱轴或卡缸、压缩机电机定转子之间的间隙配合不当以及压缩机电机绕组绝缘强度降低或绕组匝间短路等。

引起电冰箱工作电流较小的故障主要有：制冷剂不足或泄漏以及压缩机气阀密封不严、活塞与汽缸间隙过大、高低压腔窜通、汽缸垫损坏等。

根据检测到的电冰箱工作电流，再结合观察电冰箱各管路及其接头，以及各部件表面是否损坏、油迹等；听压缩机内有无异常的响声；用于触摸压缩机外壳、吸排气管、冷凝器等，以判断温度是否正常，这样就可准确地判定出故障的部位。

3. 电冰箱制冷系统常见故障分析与检测流程

(1) 直冷式电冰箱故障分析与检测流程　压缩机启动异常（不启动或启动频繁），其故障分析与检测流程见图 1-50；压缩机启动、运行正常，但制冷不正常，其故障分析与检测流程见图 1-51。

(2) 间冷式电冰箱故障分析与检测流程　压缩机启动异常（不启动或启动频繁），首先应检查化霜定时器转轴是否已转离化霜位置，然后按图 1-52 进行检查；压缩机启动进行正常，但制冷异常，其故障分析与检测流程见图 1-53。

4. 电冰箱故障分析速查表

电冰箱的故障，按用户的话说，只有电冰箱不制冷食品融化，或电冰箱制冷差食品冻结不牢，或电冰箱不停机耗电量大等这几种说法。产生这些后果的原因，可能是制冷系统出现故障，或是控制电路故障，或是压缩机故障，或是使用不当造成的。只有经过具体检查和分析，才能确定其原因并加以排除。造成电冰箱故障的具体原因是多种多样的，下面把电冰箱的典型故障和产生的原因，归纳于表 1-5 中，供分析故障原因时参考。

第三节　家用冰箱维修实训项目

实训项目一： 家用冰箱常用电器控制元件的检测及线路连接

1. 目的

① 认识电冰箱常用电器控制元件，了解其结构及工作原理。

② 学会判断电冰箱常用电器控制元件的好坏及接线。

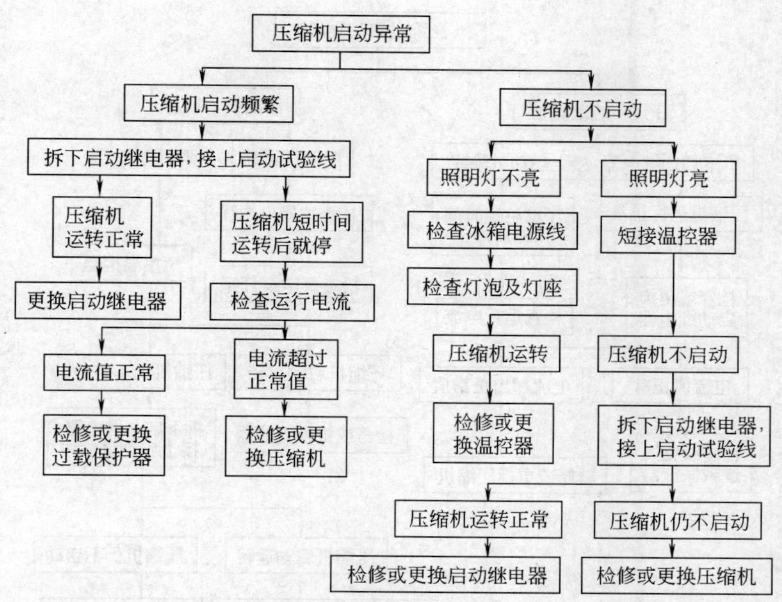

图 1-50　直冷式电冰箱压缩机启动异常故障分析与检测流程

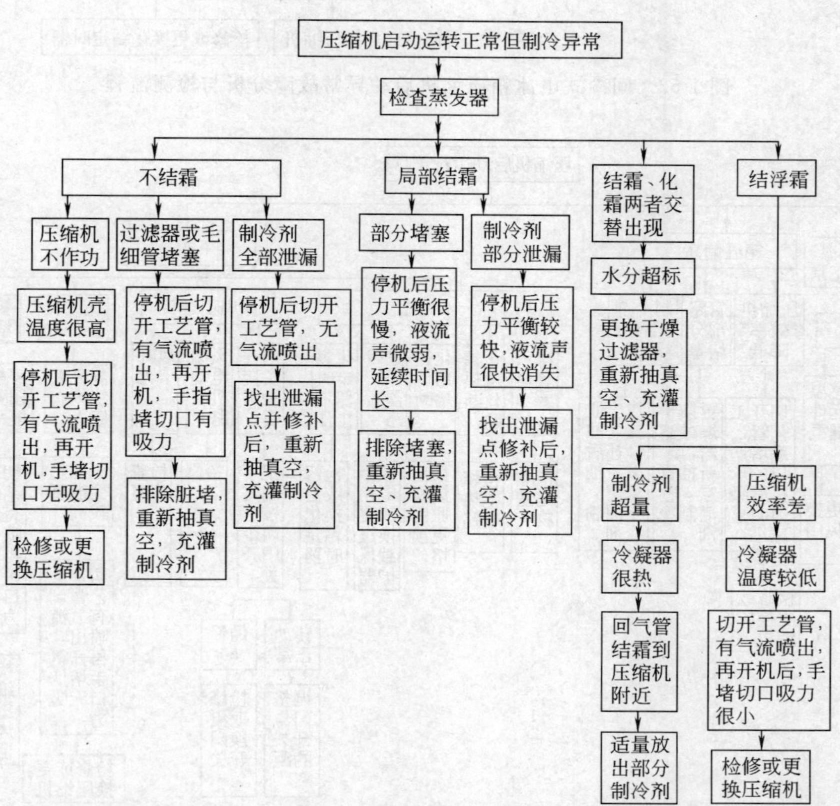

图 1-51　直冷式电冰箱压缩机启动运转正常但制冷异常故障分析与检测流程

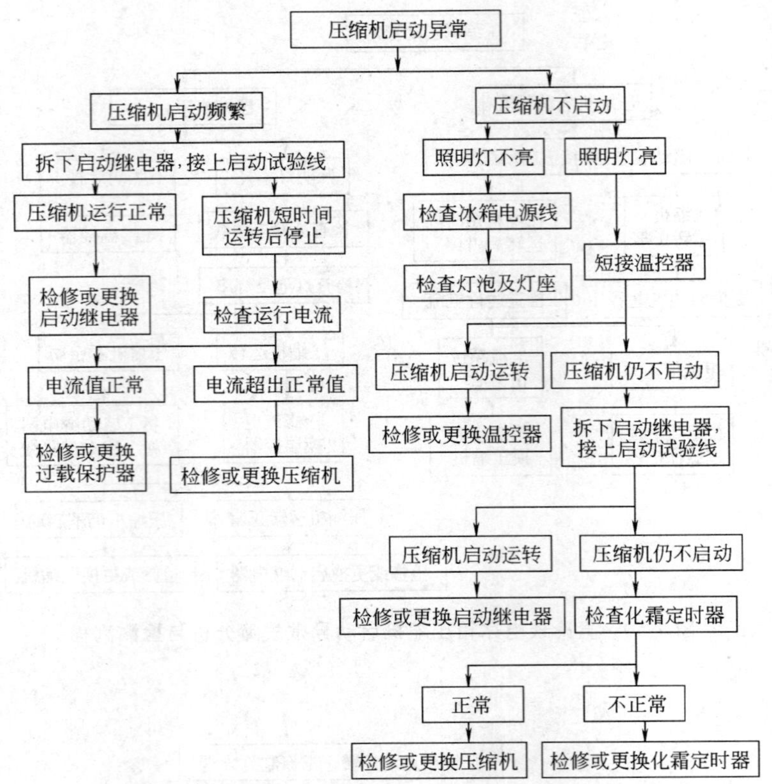

图 1-52　间冷式电冰箱压缩机启动异常故障分析与检测流程

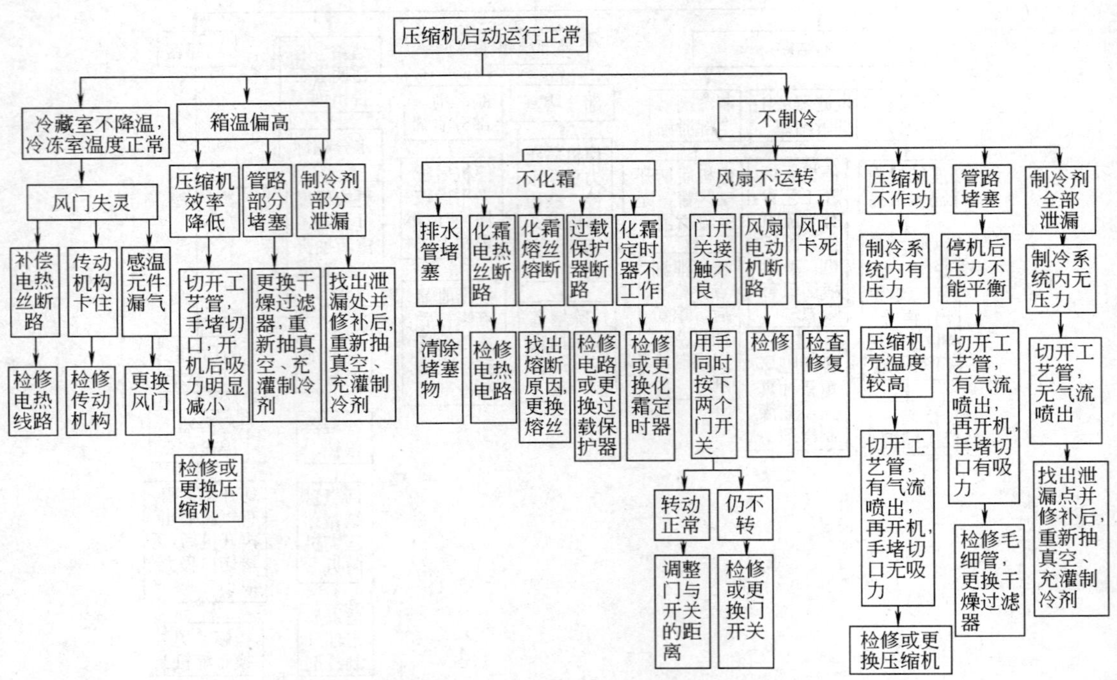

图 1-53　间冷式电冰箱启动运转正常但制冷异常故障分析与检测流程

表 1-5　电冰箱故障原因与排除方法

序号	故障现象	原　因	排除方法
1	接通电源后压缩机没有响声	1. 电路无电源，保险丝烧断，电源插头接触不良 2. 断电器失灵，热保护接点没有复位，热阻丝烧断 3. 温度控制器失灵，动、静接点烧毁不能闭合；感温包内的制冷剂泄漏 4. 电动机故障，电动机引出线与机壳内接线柱脱落，压缩机接线柱上有绝缘物或接线盒没有插紧	1. 检修电路排除故障，更换保险丝和插紧电源插头 2. 检修继电器，调整接点位置，更换热阻丝 3. 更换温控器或检修烧毁的接点，调整接点位置，给感温包充加感温剂 4. 打开机壳检查电动机，接好电动机引线，清除压缩机接线柱上的绝缘物，插紧接线盒
2	压缩机不能开动，只听到嗡嗡声	1. 电源电压过低 2. 启动继电器未闭合或接触不良 3. 电动机启动绕组断路 4. 电容器断路或短路 5. 有漏电造成电压降过大 6. 过载保护继电器断路 7. 压缩机磨损或润滑不好 8. 制冷系统内制冷剂过多，使压力过高	1. 测量电压，低于额定值 15％不能使用 2. 用细砂布打磨接触点并调整继电器的额定值 3. 拆除重绕启动绕组 4. 检修或更换 5. 找出漏电原因，加以消除 6. 检修或更换 7. 检修或加润滑油 8. 减少制冷剂
3	冰箱运转时压缩机过热	1. 压缩机工作时间过长 2. 压缩机润滑不良 3. 压缩机工作压力过高或系统内有空气 4. 电动机绕组短路 5. 电动机绕组接地	1. 检修制冷系统和压缩机 2. 添加冷冻机油 3. 检查高低压力，若过高就要放掉少量制冷剂或排除空气 4. 拆除重绕 5. 将电动机拆开修理或重绕绕组
4	电动机启动运行后过载保护继电器周期性跳开	1. 电源电压过低 2. 过热保护装置中的双金属片失灵，使热保护接点频繁动作 3. 电动机绕组短路或接地 4. 电动机冷却不好 5. 排气阀片漏气或断裂	1. 调整电压 2. 调整双金属片或更换过热保护装置 3. 检查绕组阻值或接地电阻 4. 检查电冰箱使用环境与安装位置 5. 更换阀片
5	电动机启动运行一段时间后又停转	1. 电动机绕组短路或接地 2. 电动机工作压力过高 3. 毛细管发生冰堵或脏堵	1. 将电动机拆开修理或重绕 2. 放出少量制冷剂或排除空气 3. 清除制冷系统水分，拆下毛细管清污
6	压缩机动运转不停或运转时间较长	1. 磁性门封不严 2. 冷冻室和冷藏室放入的食物过多 3. 有轻微的漏气 4. 冰箱周围空气不流通 5. 温控器失灵 6. 温控器的感温管没有被夹紧在蒸发器器壁上 7. 电冰箱的门开关频繁 8. 除霜不好，蒸发器大量积霜	1. 调整箱门增加密封性或换门封条 2. 不能使冰箱储存的食品量过大 3. 要修理制冷系统 4. 调换冰箱放置位置，使冰箱周围有足够的对流间隙 5. 检修或更换 6. 把温控器的感温管与蒸发器贴紧 7. 减少开门次数 8. 检查各种电热丝的导通，发现断线要更换，除霜定时器及除霜温控器不好也要更换，要检查保险丝是否完好

续表

序号	故障现象	原因	排除方法
7	压缩机运转时噪声大	1. 箱体未调平 2. 接水盘振动 3. 风扇与其他部件碰撞 4. 压缩机接触地 5. 管道与箱体碰撞,固定螺丝松动 6. 压缩机高压缓冲管断开	1. 进行调整 2. 移动位置并垫上软泡沫塑料 3. 移动风扇 4. 更换压缩机防振垫 5. 移动管道,拧紧固定螺丝 6. 更换压缩机
8	压缩机工作时间长,而蒸发器表面无结霜,只有水珠凝结	1. 毛细管过长,低压过低 2. 毛细管过短,低压过高 3. 管路漏气 4. 压缩机阀门破裂或碎物堵塞	1. 调整毛细管的长度 2. 调整毛细管的长度 3. 修理制冷系统 4. 剖开压缩机的外壳,换配阀门
9	制冷效果差,结冰慢	1. 冷凝器表面灰尘积聚过多,散热不好 2. 箱内存放食物过多 3. 空气不流通,太阳直射或附近有热源 4. 蒸发器上结霜过多 5. 轻微漏气 6. 温控器动作不良 7. 垃圾堵塞 8. 压缩机运转时风扇电动机不转 9. 门封条扭曲或破损导致冷气外漏	1. 清洗冷凝器 2. 适当减少存放食器 3. 将电冰箱放在通风凉爽的地方 4. 按时除霜 5. 修理制冷系统 6. 更换温控器 7. 修理制冷系统 8. 检查风扇电动机有无绕组断线、轴烧坏、结冰固化,还要检查门开关机构的动作,若不好要更换 9. 修理或调换门封条
10	冷藏室温度太低	1. 冷藏室风门控制器调置冷点 2. 风门关不上 3. 风门控制器损坏 4. 加热器损坏	1. 调整旋钮位置 2. 排除障碍物 3. 修理控制器 4. 更换加热器
11	冰箱能制冷,箱内照明灯不亮或不灭(箱门关上时)	1. 不亮可能是接触不良,回路断线或灯泡损坏 2. 不灭可能是灯开关损坏或灯开关位置不当	1. 用万用表查出断路处加以修复以及更换灯泡 2. 调换灯开关或调整灯开关的位置
12	接通电源,保险丝熔断	1. 压缩机插头接线柱、电动机短路或接地 2. 启动电容器损坏 3. 启动继电器接点粘连或接触不好 4. 电路中有接地或短路处 5. 照明灯灯座短路	1. 用汽油去污垢,再用干布擦干净,或重绕电动机 2. 换用新的 3. 将连接点粘连处分开,用细砂纸打光,将连接铜片压一压 4. 用万用表查出进行修复 5. 换用新灯座
13	箱体漏电	1. 温控器、照明灯、门开关等受潮而引起漏电 2. 继电器接线螺钉碰到机壳短路而漏电 3. 电动机绕组绝缘层损坏、短路而漏电 4. 机壳接线柱与机壳相碰而漏电	1. 进行干燥防潮处理 2. 检查调整接线螺钉 3. 打开机壳重绕电动机绕组 4. 检查修理机壳接线柱
14	外壳凝露滴水	1. 门封条有损坏或有间隙 2. 外界使用环境湿度过高 3. 过量加注制冷剂使回气管部位滴水或结冰	1. 更换或调整门封条 2. 移到通风好、湿度低的地方使用 3. 减少制冷剂量

③ 培养学生实物接线能力，加深对电路图的理解。

2. 工具设备及材料

① 电冰箱压缩机一台

② 温控器一只

③ 重锤式启动器一只

④ PTC 启动器一只

⑤ 过载保护器一只

⑥ 化霜定时器一只

⑦ 加热器、化霜温控器和化霜保险管各一只

⑧ 风扇电动机一只

⑨ 双门直冷式电冰箱一台

⑩ 双门间冷式电冰箱一台

⑪ 万用表一只

⑫ 电工工具一套

⑬ 导线若干

3. 操作过程

(1) 冰箱压缩机的检测

1) 压缩机端子判断　电冰箱修理中经常需要更换压缩机，特别是对不同厂家不同型号的进口压缩机，如果压缩机绕组识别失误，稍不慎就会烧毁电机，因此必须注意。

将万用表调至电阻 $R\times1\Omega$ 挡，校零；分别测出各端之间的阻值即 R_{12}、R_{13}、R_{23}，若 R_{23} 之间阻值最大，端子 1 为公共端子；剩下的两个端子若 $R_{12}<R_{13}$，则说明 3 号端子为启动端子，2 号端子为运转端子，如图 1-54 所示。正常压缩机阻值应符合：$R_{23}=R_{12}+R_{13}$。

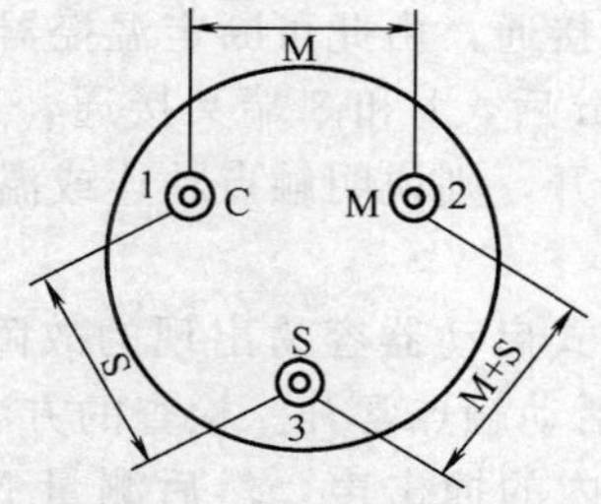

图 1-54　压缩机端子判断

不论国产机组还是进口机组，三个接线端子位置并不一致，电机内的电阻也不同（一般在 20Ω 以内），故万不可根据主观臆断来作出决定，而必须正确判断后才能让机组运行。

2) 压缩机绕阻断路和短路的判断　将万用表调至 $R\times1\Omega$ 挡，然后调零，将表笔接到任意 2 个绕组的接线端，测其阻值，若阻值为无穷大，则说明绕组断路；若阻值小于正常值或为零，则说明绕阻短路。

3) 压缩机绝缘性检查　将万用表调至 $R\times1000\text{k}\Omega$ 挡，然后调零，当把万用表一端接在压缩机的任一端子，另一端接在压缩机外壳上进行测量时，若阻值大于 2MΩ，则说明压缩机绝缘符合要求。

(2) 温控器的检测　温控器的故障现象常表现为触点粘连、机械机构失灵，而使控温范围漂移，另外感温剂泄露或酸碱物质腐蚀使感温元件受损等。作为电气控制元件，用万用表可通过接线端子间的通断关系，检测出温控器的性能质量。

温控器的接线端子的通断关系，反映出温控器内部的机械放大机构的动作状态。温控器接线端子的分布形式如图 1-55 所示，其中有三个接线端子呈一字形排列，三个接线端子呈三角形分布的形式，也有两个接线端子的形式。此外，它们都有一个外壳接地端子，以图 1-55（b）为例，1 和 3 两个接线端子为主电路中连接电源与压缩机的接线端子，它们之间具有受温度变化而产生通断关系的变化。同时也受到温控器旋钮的控制，即逆时针拨至最低挡时，1 和 3 两个接线端子间呈断开状态，此时用万用表的电阻挡测量应为∞，而顺时针拨至任何位置时，电阻应为零，反之则说明温控器出现故障。温控器的 1、2 接线端子则在任何状态下永远处于常通状态，它实际上是供照明灯电路而设置的，此处应接电源进线。即电源进线应接在 1 处，照明电路接在 2 处，与压缩机相连的电源接头应接在 3 处。如果错将 3 接在电源进线，而 1 与压缩机相接，则会造成压缩机停转时冰箱内照明灯不亮的故障。

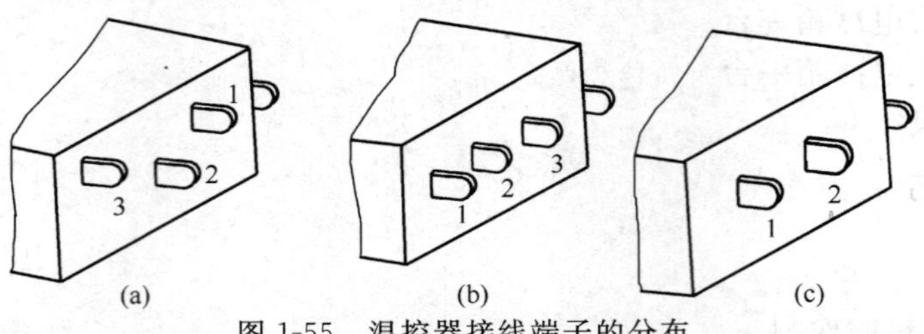

图 1-55 温控器接线端子的分布

在常温下测量各接线端子间是常通的。把温度调节钮逆时针方向旋至终点后再稍加用力旋转时将出现机械动作声，即把 1 和 3 两端断开，用万用表测量 1 和 3 则为∞，这时再测量 2 和 3 应为通路，由此可区分开各接线端子的用途。

将温控器调节旋钮旋至中间位置，把感温管近一半的长度置于－15～－20℃的电冰柜或电冰柜的冷冻室中，约 5～10min，可听到温控器机械动作的声音。这时可用万用表测量各接线端子，1 和 3 断开，2 和 3 仍为接通，由此可断定温控器具有在低温下切断电路的功能，把感温管从冰柜中取出，约 1～2min 后，1 和 3 端又接通，这种变化说明温控器性能良好，反之，低温下长时间不能使 1、3 断开，则说明触点粘连或温控器失灵。

（3）启动器、保护器的检测

1）重锤式启动器的检测　重锤式启动器容易出现的故障是，触点粘连，造成活动触点常闭；触点烧毁或重锤卡住，造成活动触点常开。检查的方法是，用手拿住启动器，按重锤的直立方向，上下摇动，应听到其内的撞击声，然后测量 MS 间的电阻，如图 1-56 所示，启动器直立如图 1-56（a）所示位置时，用万用表测量 MS 间应为断路，若电阻值小则说明触点粘连，MN 之间应为通路，若电阻为无穷大则说明线圈烧毁。

将启动器翻转 180°倒立，如图 1-56（b）位置，检测 MS 间应为通路，电阻为零，若阻值太大说明接触不良，阻值为无穷大则为触点烧毁或重锤卡死使触点不能下落闭合。

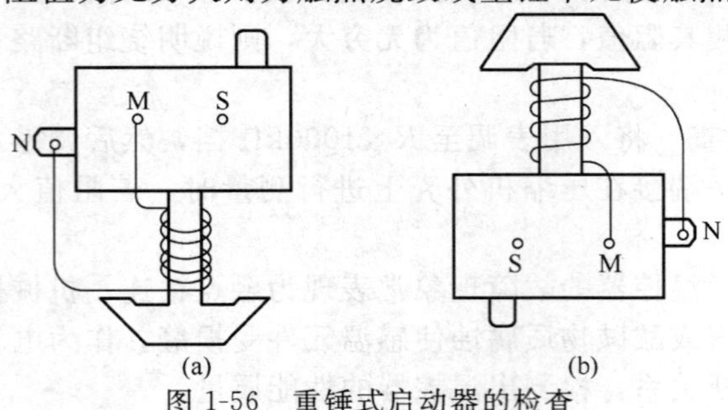

图 1-56 重锤式启动器的检查

2）PTC 启动器的检测　PTC 启动器属于无触点式半导体器件，一般是不易产生故障的。若出现故障主要有两种可能：一是由于 PTC 启动器内进水受潮，造成 PTC 元件陶瓷片破碎；二是 PTC 启动器内的弹簧片弹性变差，使其与 PTC 元件接触不良或触点脱落。

PTC 启动器的检测方法有两种：一是用手持 PTC 启动器摇动，此时不应有任何声响，如有声响说明内部的 PTC 陶瓷片破碎或触点脱落；二是在室温下测量 PTC 启动器接线端子，阻值应符合该种 PTC 标准的电阻值，一般在 10～50Ω 之间，允许变化 20%，若阻值∞则说明 PTC 破损或烧毁，若阻值偏大则烘干处理后再行检测。

3）过载保护器的检测　过载保护器作为一个电路保护元件，常见故障为内部的电热丝烧断或是因电路曾出现故障，使其反复动作，造成触点间严重积炭。检测时，用万用表 $R\times 1\Omega$ 挡，测量保护器接线端子两端阻值，正常时应为 1Ω 左右；若电阻为无穷大则说明内部加热丝烧毁而断路。经检测正常之后，再把保护器放在 150℃以上的热物上，触点应跳开，阻值变为无穷大，若不能跳开则触点粘连，过载保护器不能使用。

（4）化霜定时器的检测　打开冰箱背后的控制电路保护盖，在风扇电机旁边的是化霜定时器。图 1-57 为化霜定时器的外形和化霜定时器电路。

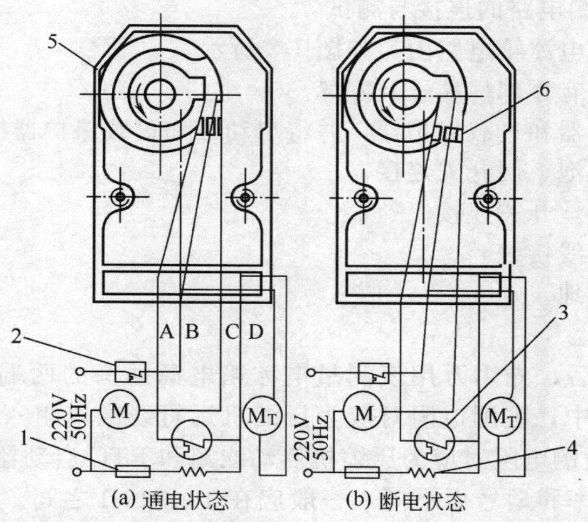

图 1-57　化霜定时器的外形和电路

1—化霜保险丝；2—温控器；3—双金属化霜温控器；
4—化霜加热器；5—化霜定时器；6—活动触点

其中 B 端与温控器相接，通过活动触点到 C 端与压缩机电动机相接构成电冰箱控制电路中的主回路。用万用表测量 BC 两端子，可确定化霜定时器与主回路的连接触点是否处于接通状态。CD 两端子是连接时钟电机的端子，测量两端子可确定时钟电机的质量，当处于计时状态时，BCD 三个接线端子应是相通的，而 A 与 BCD 均不相通。当处于化霜状态时，A 端子外接双金属化霜温控器，其内部则通过活动触点与 B 相通，即连接电源进线一端，此时测量 A 与 B 相通，与 CD 均不相通。

以上测量可拆下化霜定时器，用手旋转定时器外壳表面上的手动调节凸轮，旋转近一圈时，可听到活动触点的碰撞声，然后用万用表来测量各端子的接线关系，据此可判断化霜定时器的好坏。

（5）化霜加热器、化霜温控器和化霜保险丝的检测

1）化霜加热器检测　化霜加热器在电冰箱中种类很多，检测时可用万用表来测量加热器引线两端是否处于导通状态，同时应有一定的阻值，不同用途的加热器阻值不同，一般从

几百欧至几千欧不等。如处于断路状态，则说明加热丝已经被烧毁。

2）化霜温控器检测　化霜温控器（双金属片）串接在化霜加热器回路中，它有两条引线，常温下用万用表检测应为断路；在感受到－5℃以下时，双金属片变形，使触点接通，接通加热器的电源，此时用万用表检测应为通路。

3）化霜保险丝检测　化霜保险丝与一般的熔丝一样，其两根引线在常温下为常通状态，用万用表测量即可判断，当蒸发器表面温度高达65～70℃时，该元件的固定弹簧式端子板的焊接部分会因高温而熔融，从而使引线呈断开状态。

(6) 风扇电动机的检测　间冷式电冰箱采用的风扇电机为罩极式电动机或电容运行式电动机，它的接线端子外接220V电源。检测时接通电源，在温控器与除霜定时器使压缩机处于制冷状态时，按下门开关模拟关门接通风扇电机，这时在冷冻室应有循环风。如果没有循环风，可以打开箱背后的控制电路保护盖，关闭冰箱门接通风扇电机电源，测量风扇电机两端电压，如果没有220V电压，说明开关不通；若有电压则应检查风扇电机本身接线是否断开，有无高温烧毁的痕迹，或者断开电源直接用万用表测量风扇电机线圈电阻。正常的风扇电动机阻值应为300Ω左右。

(7) 直冷式冰箱控制电路的连接与测试

① 阅读双门直冷式电冰箱电路图，如图1-3所示。

② 用万用表判断所有零部件端子及好坏。

③ 选择匹配的启动器和过载保护器，并将启动器和过载保护器接到压缩机端子上。

④ 温控器、冰箱灯泡、门开关连接。

⑤ 电加热丝及发热丝开关连接。

⑥ 箱内和箱外连接线接线。

⑦ 电源线连接及接地。

⑧ 开机调试。

连接好控制电路之后，先用万用表测量电冰箱电源插头的两端电阻，从图1-3可以看出，在重锤启动的电路中，被测电阻对应为压缩机运行线圈电阻（忽略启动器线圈电阻）。用PTC启动的电路，被测电阻对应为压缩机启动线圈和PTC启动器串联后再与运行线圈并联。该阻值随压缩机功率和型号而不同，一般应在10～40Ω之间。如检测正常，方可插上电源试机。

(8) 间冷式冰箱控制电路的连接与测试

① 阅读双门间冷式电冰箱电路图，如图1-29所示。

② 用万用表判断所有零部件端子及好坏。

③ 选择匹配的启动器和过载保护器，并将启动器和过载保护器接到压缩机端子上。

④ 连接冰箱风扇电机、风扇开关及门开关。

⑤ 连接冰箱灯泡及与门开关。

⑥ 连接温控器。

⑦ 连接化霜定时器、化霜开关及化霜温度超热保护器。

⑧ 连接化霜加热器及排水加热器。

⑨ 电源线连接及接地。

⑩ 开机调试。

4. 注意事项

① 注意安全操作，除检测电压或运转试验外应断开电源。

② 注意三接线端子温控器的接法，以免接错造成电冰箱不停机。

③ 注意温控器发热丝及开关串并联关系，理解其工作原理。

④ 除霜温控器在常温 20℃左右下是处于断开的，接线测量时应注意。

⑤ 箱门开关与风机、灯的开关不要接反。

⑥ 检查或修理完毕后试机时，用钳形电流表观测启动和工作电流应在范围内。

⑦ 在没有电路图的情况下对复杂电路检查时，要做好电路连接关系检查记录，以便检查之后能正确恢复。

⑧ 正确使用测量仪器仪表。

实训项目二：电冰箱温度控制器故障检修

1. 目的

电冰箱中常用的温度控制器为温感压力式温度控制器，感温管安装在蒸发器的出口处。一般而言，如果冷藏室温度低于 0℃压缩机仍不停机，或高于 10℃压缩机仍不启动，说明温度控制器出了故障。

① 能根据现象正确分析电冰箱温度控制器故障。

② 正确拆卸和修理温度控制器，并按要求安装温度控制器，使电冰箱恢复正常制冷。

2. 工具设备及材料

① 电冰箱一台

② 温度控制器一只

③ 电子温度计一只

④ 组合工具一套

3. 故障分析

如果出现电冰箱压缩机制冷，但不停机的现象，可能是由于温度控制器失灵，会使压缩机连续运转，并使箱内温度降得很低，一般是温度控制器接点不能断开。此时拆下温度控制器检查，如是电冰箱温度控制器粘连或感温管安装松脱，可对温控器进行修理。

温控器触点受潮或表面炭化粘连引起调节失灵时，可将温度控制器从箱内取出，用干净棉纱擦洗干净，用细砂纸将触点修平磨光，并稍带一点球面，使之光滑平整，接触良好。

由于温控器是借助一个簧片来牵动触头断开和闭合的，这个簧片极易受潮而锈蚀，严重的甚至会烂掉。这时就会出现电冰箱开停不正常现象。出现这种情况时，如果机械部分完好，感温管内的感温剂也没有泄漏，就应该考虑小簧片或小弹簧是否已经锈蚀，如果因锈蚀而牵动触头失灵，就应用同一规格的簧片或钢丝仿制后进行调换。调换后必须作灵敏度试验，灵敏度的试验一般通过调定压差来实现。

另外当温控器的感温管松脱，也会使温控器失灵，压缩机不停机。

4. 操作过程

① 接通电源，让电冰箱正常运行，将电子式温度计放入电冰箱冷冻室。两小时后电冰箱运行正常，冷藏室温度在摄氏零度以下，但电冰箱压缩机不停机。

② 断开冰箱电源，检查温控器，发现感温管从固定架上脱落。将感温管重新安装在固定架上，试机后上述现象仍然存在。

③ 断开冰箱电源，打开温控器安装盒，取下温控器，用“一”字起拨动压缩波纹管的结构件。

④ 用干净棉纱将活动触点和固定触点擦洗干净，再用细砂纸将触点修平磨光，并稍带一点球面，使之光滑平整，接触良好。

⑤ 安装复原温控器，接通电源，启动电冰箱，将温度控制器调整在一个固定的位置上，电冰箱经过一段时间后，冷藏室在达到零摄氏温度以下之前，能够自动停机启动。

5. 注意事项

① 温控器的精确调节需用专用仪器进行调节，实验室中不可用调整螺钉进行调节，以致改变温度特性。

② 不同形式的温度控制器，只要性能参数一致，外形安装尺寸符合即可互换使用。

③ 温控器在安装时，主体部分应安装在无滴水的地方，感温管尾部与蒸发器的接触部位应在150mm以上。

实训项目三：电冰箱压缩机电动机故障检修

1. 目的

通过电冰箱压缩机电机检修，掌握电机绕组的检测、电机的拆卸、电机绕组的绕制、电机修复后的装配及性能检查等。

2. 工具设备及材料

① 电冰箱压缩机一台

② 万用表一块

③ 钢锯一把

④ 已做好的木模及挡板各一个

⑤ 绝缘纸箔若干

⑥ 钳形电流表一块

⑦ 塞尺一套

⑧ 组合工具及各类扳手、旋具等

3. 操作过程

(1) 电机绕组的检查

① 电机发生断路时，将万用表的两个表笔接到任何两个绕组的接线端，测其电阻值。若绕组的电阻值为无穷大，则表明绕组断路了。

② 电机绕组发生匝间短路时，可用万用表的电阻挡进行测量，先将表的指针调至零位，若所测绕组的阻值小于正常值，表明此绕组短路。

③ 电机碰壳通地时，绕组或内部接线与压缩机外壳相碰，即形成了短路，保险丝也因此熔断。一般用万用表测量每个绕组与机壳之间的电阻，若所测电阻值很低，则表明绕组已碰壳。

(2) 电机的拆卸　剖开机壳，取出机芯，将电机定子的4个紧固螺钉拆下，取出电机定子，拔下电机引线，并记好接插位置。然后将3个引出线在与电磁线接头处剪下，剪断时应在每个引出线的接头处留一小段电磁线，供电机修复接线时参考。记下电机出线的位置后，即可拆电机绕组。拆绕组时，先将捆扎线和槽楔去掉，若没有所拆电机绕组的技术数据，拆卸时应将运行绕组和启动绕组的每个线包都保留完整。

(3) 电机绕组的绕制　修理电机绕组需取出绕组重新绕制，新绕线应采用同型号的耐氟漆包线。在了解电机容量、电压、电流及启动保护方式之后，可将电机绕组重新绕制，具体应按如下步骤进行。

① 将固定电机定子的螺钉旋下，使定、转子分开。

② 记下电机引线位置，拆除绕组，记下电机匝数、极数、定子槽数。

③ 量出运行绕组和启动绕组漆包线的线径。

④ 记下运行绕组和启动绕组的匝数和匝间距离、运行绕组与启动绕组的相互位置。

⑤ 记下定子槽内绝缘材料的尺寸和种类。

⑥ 将定子槽内绝缘纸清洗干净，重新垫入涤纶薄膜青壳纸。

⑦ 按照启动绕组线圈和运行绕组线圈的尺寸做好木模及挡板。

⑧ 电机绕线一般采用手工绕制，启动线圈和运行线圈可采用联绕或分绕的方法进行，绕制时须细心，新漆包线的规格应与原漆包线相同。

⑨ 电机下线。先将电机定子槽按照原来各槽绝缘材料的尺寸垫好绝缘纸箔。根据拆卸电机时记下的标记，先下运行绕组，并将运行绕组各槽上插一层薄的绝缘纸，再垫第二层绝缘纸并压紧，然后再下启动绕组，覆盖绝缘纸，待全部装好后，用万用表测量各绕组的直流电阻。最后塞入楔块，以固定绕组。

(4) 电机的装配　当选定电机的旋转方向，接好引出线后，即可将定子装配在机架上。装配时应检查线圈有无与机架直接接触；若有触碰处，应重新对线包进行整形，或在触碰处垫上绝缘纸。装好定子后，将固定定子的 4 个螺钉旋入，但不要旋紧、然后调整定子和转子之间的间隙，其间隙一般为 0.20～0.25mm。调整时用塞尺从转子的四周垂直插入测量，若有插不进处，表明此处间隙过小。用木锤击打定子，直至间隙合适，调整后的定子和转子间隙误差不能超过±0.05mm，否则，将产生单边磁拉力，影响电机的启动和运行，当定子和转子各处的间隙调好后，可将 4 个定子固定螺钉对角旋紧，并再次检查间隙，一切正常后将电机 3 根引出线按原位置插入机壳内 3 个接线柱。

(5) 电机修复后的性能检查

1) 检测其绝缘电阻值　用兆欧表的一根接线与电机的任意一根引出线相接，表的另一根接线与机壳相接，快速摇动兆欧表，观察表针指示的绝缘电阻值不得小于 2MΩ。

2) 检测启动性能　用手堵紧排气管，启动电机应能连续顺利启动 3 次以上为好。若用手堵住排气管，电机启动不起来；或者电机启动后，用手堵住排气管能将电机憋住，表明电机定子和转子的间隙调整不当，应重新进行调整。

3) 检测电机电流值　启动电机时，观察运行电流值，正常情况不得超过额定电流值的 0.1A。

当电机各项性能检测合格后，即可进行封壳焊接。在压缩机封壳后，在低压侧充入 1MPa 的氮气，浸入温度为 25℃的水槽中检查，历时 1min 无气泡出现即为合格。

4. 注意事项

① 电机零部件应注意方向位置和配合间隙，按拆装顺序装配。

② 电机修复后在未封壳之前，应对电机进行性能检查，合格后方能封壳。

实训项目四：东芝电子温控电冰箱压缩机不启动的检修

1. 目的

随着微电脑技术在家用电器上的普遍应用，现代大多数电冰箱采用电子控制技术，如自动测温、自动控温、自动除霜及节能降噪等技术。在本训练中，通过对东芝电子温控电冰箱压缩机不启动这一故障检修，学习电子控制电冰箱的工作原理、控制电路，掌握检查维修电子控制电冰箱的基本方法和操作技能。

2. 工具设备及材料

① 东芝电冰箱一台

② 变压器一只

③ TNR801 压敏电阻一只

④ 万用表一块

⑤ 钳形电流表一块

⑥ 组合工具及各类扳手、旋具等

3. 操作过程

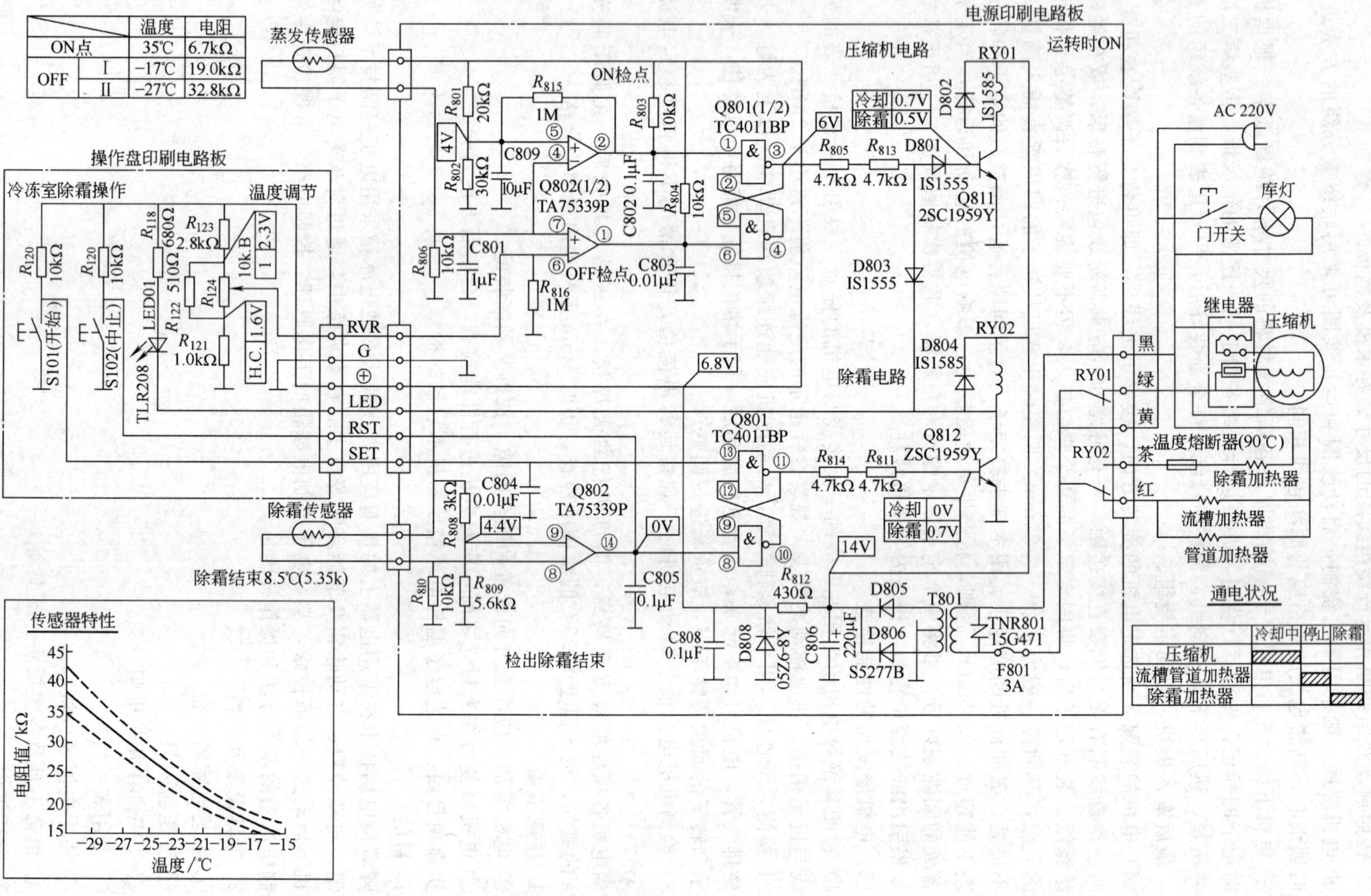

图 1-58 东芝 GR-204E 冰箱电子电路图

东芝 GR18x、GR20x 系列电冰箱大多采用数字式温控电路，性能良好，工作稳定。该类电冰箱电路大致分为电源电路、压缩机、电加热主电路、温度控制电路、除霜控制电路四部分。图 1-58 为东芝 GR-204E 冰箱电子电路图。

（1）电源电路　220V 市电除在制冷继电器 RY01 除霜继电器 RY02 及门开关的控制下，为制冷压缩机、除霜电加热器、流槽电加热器、管道电加热器及门灯供电外，还经熔断器 F801/3A、压敏电阻 TNR801 送至控制电源变压器 T801 初级。T801 次级输出约 16V 交流电压，经二极管 D805、D806 全波整流、电容 C806 滤波后输出＋14V 直流电压直接供继电器 RY01、RY02 线圈。同时＋14V 直流电压经电阻 R_{812} 限流降压、稳压二极管 D808 稳压后输出稳定的＋6.8V 直流电压给控制电路供电。图中压敏电阻 TNR801 在市电异常时，阻值迅速下降，近似击穿，使熔断器 F801/3A 熔断，起到保护主控制板电路不被损坏的目的。

（2）压缩机、加热器主电路　220V 市电受制冷继电器 RY01 控制，RY01 线圈得电吸合，常开接点 RY01 闭合。为压缩机及启动电路提供 220V 电源。压缩机启动后，电机温度升高。PTC 阻值迅速增大。启动电路退出。压缩机正常运转进行制冷。除霜继电器 RY02 控制除霜电加热器和流槽、管道电加热器。RY02 线圈受电吸合后。常开接点 RY02 闭合，除霜电加器得电发热进行除霜。温度熔断器用来防止除霜电路故障时发生除霜过度。RY02 常闭接点接流槽、管道加热器。在除霜继电器 RY02 未吸合时，220V 市电经 RY02 常闭接点到流槽、管道加热器，使其得电发热。防止保护部位结冰。因除霜和流槽、管道电路同受继电器 RY02 控制。所以除霜、防结冰电加热器不能同时工作。除霜采用半自动方式，即手动开始，自动结束。用手指按动操作盘上的除霜按键，如图 1-59 所示操作盘功能钮，便开始除霜。当温度上升到冷冻室除霜结束的设定温度 8.5℃时，自动切断除霜电加热器电源。压缩机同时启动制冷。

图 1-59　操作盘功能钮

（3）温度控制电路　冷藏室温度传感器（蒸发传感器）是一个具有负温度系数的热敏电阻，其阻值随温度的升高而减小。传感器与电阻 R_{806} 组成分压电路对 6.8V 电压进行分压后送至 Q802 第 4、7 脚。电阻 R_{801}、R_{802} 组成分压电路对 6.8V 电压进行分压后送至 Q802 第 5 脚作为基准电压，正常为 4V。当冰箱内温度慢慢上升，蒸发传感器阻值减少时，Q802 第 4 脚电压也在升高。当第 4 脚电压大于第 5 脚 4V 基准电压时，其第 2 脚输出低电平送至 Q801 第 1 脚。此时 Q802 第 7 脚电压也大于其第 6 脚（正常时最大为 2.2V），其第 1 脚输出高电平送至 Q801 第 8 脚。Q801 第 8 脚输出高电平经电阻 R_{805}、R_{813} 至三极管 Q811 的 b 极，当 b 极电压升高到 0.7V 时，Q811 导通。继电器 RY01 得电吸合，常开接点 RY01 接通，压缩机启动制冷。随着冰箱内温度缓慢下降，蒸发传感器阻值增大，Q802 第 4 脚电压降低。当第 4 脚电压小于第 6 脚的 4V 基准电压但高于 2.2V 时，Q802 第 2、1 脚均为高电平，Q801 第 1、8 脚也为高电平，压缩机仍维持继续制冷。当第 4 脚电压小于第 5 脚 4V 基准电压且低于 2.2V 时，Q802 第 1 脚输出低电平，而第 2 脚仍为高电平，Q801 第 3 脚则输出低电平，Q811 的 b 极电压降低而使其截止。继电器 RY01 失电，常开接点 RY01 断开，压缩机停止运转结束制冷。电阻 R_{121}、R_{122}、R_{123} 和电位器组成温度调节电路接至 Q802 第 8 脚，改变电位器即改变了电冰箱工作设定温度。当电冰箱温度设定好后，Q802 第 8 脚电压为另一组基准电压，最大为 2.2V。它与 Q802 第 7 脚信号电压相比较。当电冰箱温度高于设定温度时，Q802 第 7 脚电压高于第 6 脚，其第 1 脚输出高电平送至 Q801 第 6 脚，Q801 第 3 脚输出的高电平经电阻 R_{805}、R_{815}、二极管 D801 至三极管 Q811 的 b 极，Q811 饱和导通，继电器 RY01 得电吸合，RY01 闭合，压缩机启动制冷。

(4) 除霜电路　除霜采用半自动方式即手动开始、自动结束，依靠绕在冷冻室蒸发器上的电加热器得电加热进行除霜，当发现冷冻室霜层厚度达 10mm 左右时，手动按下除霜开关，Q802 第 11 脚为低电平。同时冷冻室除霜传感器与 R_{810} 对 6.8V 电压分压后加至 Q802 第 8 脚，由于冷冻室内温度很低，除霜传感器阻值很大，所以第 8 脚电压很低，低于第 9 脚 4.4V。第 9 脚 4.4V 电压由电阻 R_{808}、R_{809} 分压取得，为除霜电路中基准电压。第 14 脚输出为高电平至 Q801 第 8 脚，Q801 第 11 脚输出高电平，经电阻 R_{814}、R_{811} 至三极管。Q812 的 b、e 极电压大于 0.7V，Q812 导通，继电器 RY02 吸合，常开接点 RY02 闭合接通除霜电加热器，得电发热进行除霜，冰箱内霜层逐渐融化，温度逐渐升高。冷冻室除霜传感器阻值逐渐减小，Q802 第 8 脚电压升高与箱内温度达到 8.5℃时，第 8 脚电压高于第 9 脚 4.4V 基准电压，第 14 脚输出低电平，而 Q801 第 11 脚由于除霜开关已断开变为高电平。Q801 第 11 脚输出低电平 0V，Q812 截止，继电器 RY02 失电，常开接点 RY02 断开切断除霜电路，除霜自动停止，同时常闭接点 RY02 闭合接通流槽、管道电加热器。二极管 D803 作用是当除霜后期冰箱内温度逐渐升高时，Q801 第 3 脚有可能会输出高电平去启动压缩机时，该启动信号经二极管 D803、三极管 Q812 旁路到地，避免压缩机在除霜期间启动运转，若除霜期间需中止除霜时，可按下停止，Q801 第 11 脚输出低电平，三极管 Q812 截止，使除霜提前结束。具体操作过程如下。

① 首先用万用表测量电冰箱电源插头两端电阻值。测得阻值为无穷大（正常值约为 1700Ω)，判断可能是 F801 内的 3A 保险丝熔断。

② 接通电冰箱电源，打开冰箱背后上部控制电路板，测量 F801（是将 TNR801 和 3A 保险丝做在一起的阻件）保险丝两端，电阻确为无穷大，说明保险丝确已熔断。测压敏电阻两端（TNR801 由两个二极管负极对接组成，并与 T801 变压器初级线圈并联），其值为 2kΩ（此值为 T801 变压器初级线圈阻值），说明变压器良好。取下压敏电阻，测得阻值为无穷大，说明压敏电阻已损坏。此时为了检验是否仅是 F801 损坏的问题，用 3A 的保险丝瞬间接通原保险丝两端（此处是 220V 电压，要注意安全），电冰箱压缩机仍不启动，但可听到继电器吸合的声音，检测 T801 变压器输出端电压，其值正常，即两端抽头之间电压为 25V，任一端与中间抽头之间的电压均为 l3V。测 Q811 和 Q812，Q811 集电极与发射极之间的电压为 0V，Q812 的集电极与发射极之间的电压为 13V。拔掉电源，又可听到继电器释放的声音，此可以判断，Q811，Q812，Q801 和 Q802 无故障，即温控电路无问题。

③ 测冷藏室负温度系数热敏电阻器阻值，约为 4kΩ 左右（正常值为 4.5kΩ，15℃)。用手握紧热敏电阻，阻值逐渐减小，说明热敏电阻良好。

④ 将压缩机上的电子（启动）继电器拆下，测压缩机电机绕组阻值，压缩机型号为 SL174-4 型，阻值如下：RCM＝13Ω；RCS＝17Ω；RMS＝30Ω。

压缩机电机绕组阻值正常，电机良好。加电，检查电子继电器输电压。经测，三线中任意两线间均无电压。拆开电子继电器，测其输入电压，输入端有 220V 电压。初步断定为电子继电器故障。采用人工打火方法检查电机是否可正常启动，即将电子继电器输入线中紫红色线（进入过热保护器）与 C 点瞬间接通一下，电机转动。由此可以判定，故障在电子继电器中的过热保护器。其原因是由于瞬间电压太高，电流过大，将过热保护器的弹簧片烧灼变形，冷却后仍不能恢复到原来的位置。

⑤ 经上述分析，继电器弹簧片烧糊的可能性不大，否则电子继电器无输入电压，人工

打火也不会成功。因此，总的故障为：3A 保险丝烧断，TNR801 损坏，电子继电器中的过热保护器烧坏。修复办法：TNR801 在市场上不易买到，可采用两个二极管负极对接，以代替 TNR801；3A 保险丝可用 3A 柱状保险管代替，更换过热保护器，经修复后，电冰箱工作正常。

4. 注意事项

① 检修相同类型的电冰箱时应在弄懂其工作原理的基础上进行。拆卸各类部件时应小心，不得损坏，以免无法恢复。

② 使用各类测量仪表和工具严格执行操作规程和正确的使用方法，防止损坏仪器和发生触电事故。

实训项目五：更换电冰箱压缩机

1. 目的

训练更换压缩机的具体操作方法，包括拆装压缩机、启动和保护元器件的连接、压缩机质量检测等内容。通过训练，掌握压缩机的选配原则和方法，掌握管路连接方法和焊接技术，并通过试机判断新压缩机的性能和更换后的效果。

2. 工具设备及材料

① 性能良好的压缩机一台

② 电冰箱和焊接工具各一台

③ ϕ6mm、ϕ8mm 等各规格的紫铜管

④ 操作工具，如割管器、弯管器和扩管器

⑤ 真空泵、制冷剂钢瓶

⑥ 万用表、钳形电流表、修理表阀和高压氮气等

3. 操作过程

① 从电冰箱上拆下压缩机。首先拆下压缩机上的启动器、热保护器等电路接线；再拆下压缩机底座与电冰箱底盘上的紧固螺钉与减振橡胶圈；在制冷系统制冷剂放空后，用割管器或气焊焊炬，断开压缩机排气管与冷凝器的接口及压缩机吸气管与回气管的接口。这样，压缩机便可从电冰箱上取下。

② 把新的压缩机放入电冰箱底盘上，加减振橡胶圈，用紧固螺栓加以固定，对压缩机形成四点支撑而悬空。除这四个橡胶圈支撑外，压缩机的其他部位不得与电冰箱底盘相碰。

③ 把压缩机的排气管与冷凝器连接、吸气管与回气管连接。这时当管长允许时可在管口处直接扩口，把另一管插入；当管较短不能直接相连时，需要另取一段适当长度和直径的紫铜管，并制成杯状口连接形式，把另一管插入。在这些管路连接接口都制作好插入形式之后，再点燃焊接焊炬，然后对各焊口逐一进行焊接。

④ 从新压缩机的工艺管口，即另一个吸气管上焊接出一工艺管，与修理表阀相连接。从该阀的进口接氮气瓶，出口接低压管。

打开氮气瓶上的高压阀门，再打开修理表阀上的阀门，而后缓缓打开氮气瓶上减压阀的阀门，氮气将逐步流入系统，气体压力也会逐渐升高。当表阀上的压力指示达到 0.4～0.6MPa 左右时，关闭表阀阀门和氮气瓶减压阀阀门。然后用肥皂水对已焊接的各焊口进行仔细的检漏，如有漏孔必须补焊。

⑤ 对压缩机接线，首先将启动器、热保护器安装在压缩机的接线盒内，在分清压缩机电动机的公共端、运行绕组端和启动绕组端的基础上，按原理图连接电源线和温度控制器、指示灯等电路。确认电路连接无误后，用钳形电流表监视启动电流和运转电流，通电源启动压缩机。在此之前应把系统内的氮气放净。

⑥ 压缩机通电能够正常启动、正常运转后，对制冷系统抽真空，再进行充注制冷剂的操作。

⑦ 充注制冷剂后，观察运转电流、运行压力和电冰箱的箱内温度，调整充注量，并注意压缩机的噪声，确定各项指标正常后可用封口钳封离工艺管。

4. 注意事项

① 对新选用的压缩机，在安装之前，要先进行质量检验，合格后才能使用。检验的主要内容包括：启动性能，区分清楚三个接线端子，哪个是公共端、哪个是运行端和启动端；压缩机运转时测量运转电流的大小；分清压缩机上哪个是排气管，哪两个是吸气管，两个吸气管中任意一个都可以作工艺管使用；试验排气管在排气时的压力是否够大；检测振动和噪声是否正常等。

② 制冷管路焊接、检漏后，要进行压缩机的启动、运转试验，一定要在压缩机能够正常启动和运转的前提下，再进行抽真空、充氟的操作。

③ 若选用的压缩机不是新购置的，而是闲置的旧压缩机，并且吸气管和排气管又是敞开的，这要特别防止压缩机内会含有较多的水分，如果不进行处理，将可能使电冰箱产生冰堵故障，尤其是在潮湿的季节修理压缩机时，冰堵故障更容易发生。

④ 修理时选用的表阀应关闭严密，选用满刻度为1.6MPa、大气压下表针指示为零的真空压力表。

实训项目六：更换电冰箱门封条

1. 目的

电冰箱门封条是隔热保温系统中的重要组成部分。本训练主要通过对门封条保温性能的检验，了解隔热保温系统在电冰箱中的重要意义，了解门封保温性能对电冰箱效率的影响，掌握门封条保温的原理。

2. 工具设备及材料

① 电冰箱一台

② 电吹风、手电筒及纸片等

③ 门封条

3. 操作过程

① 密封性能的检测和外观检查　检查电冰箱门封条的外观情况，观察门封条上有无霉斑、裂纹、裂缝。用手拨开气室翻皮，检查气室弹性，有无扭曲、变形。同时检查门封条与箱体的贴附情况。

用弹簧秤钩住箱门把手，与箱门呈垂直方向，轻轻用力拉动箱门，箱门开启时，弹簧秤上的刻度值应在1.5kg左右。

在电冰箱储藏室内放置几个手电筒，打开手电筒，使光线指向不同的门缝方向，然后关闭箱门，设法遮挡住电冰箱周围的光线，使电冰箱周围形成暗区，随后沿门缝四周观察是否有光线从门封射出。如有漏光现象，就说明箱门与箱体密封不严，此时可用笔在漏光处作出标记。

② 门封的调整和修补　如检查门封后发现有平整性受损的部位，可在局部变形的门封条上，添加衬垫物，使门封的凹陷处恢复平伏性。方法是：首先确定凹陷变形的门封条的大致长度，然后剪裁一些海绵或泡沫塑料等具有一定弹性的软垫，使之呈15mm左右宽的长条，用手轻轻掀开漏光变形部分的门封条翻边，用金属镊子将软垫条慢慢垫入门封条底部与箱门之间，垫时注意使衬垫平整，勿起褶，并且不宜过厚，边垫边检查漏光情况。确定漏光消除时，方可结束。

若门封条表面有霉斑、粘连，开启箱门时需用力才能打开，这时，可先用60℃左右的温水稀释洗洁精，用毛巾浸水后擦拭门封条表面。霉斑及污物嵌入过深时，需拨开气室边缘或门封翻边仔细清洗。清洗后，用电吹风加温吹干，然后敷以滑石粉，使表面洁净、光滑，富有弹性。

如发现门封条有老化、硬化的现象，可采用电吹风，对门封条进行加热整形。这种方法也适合于对门封条扭曲变形的处理。加热前先将门封条清洗干净，然后用电吹风通电加热，沿门封方向边晃动边吹热风，使磁性门封温度升高而变软。对扭曲变形的部位，可待其温度升高后，移去电吹风机，用薄铁片压住门封变形的翻边或起褶皱的部位，使它与电冰箱箱门贴紧，待其自然冷却后可恢复原形。

③ 门封条的更换　首先拆除破损、无吸力的旧门封条。拆除的方法是沿箱门门封条方向掀开翻边，用螺丝刀卸下紧固螺丝。待全部紧固螺丝卸下后，再拿掉箱门内胆（储物瓶架），此时，可拆下门封条。

将新的成型门封条贴附在箱体门框上，试验其磁性吸力性能。贴附好后，将无门封条的箱门关闭，观察并尝试其关门情况，看看是否有抵触的地方或位置。尤其在门轴方向，若有挤压或无法关门，则需对箱门做适当调整。

确定箱门启闭顺畅后，可将门封条置入门内胆的压覆下，然后加以紧固。对于相同品牌的成型门封条，紧固时依照门内胆上的孔穿入螺丝钉，压住门封条后，直接紧固在门体上即可。

更换完毕后，可再通过箱门的开合，观察门封条的密封性能和磁性吸力，如有不甚理想的状况，可再进行仔细调整。

4. 注意事项

① 漏光检查时禁止使用明火，如酒精灯、打火机、蜡烛等。如采用电灯泡时，应使用40W左右即可，以免温度过热损伤电冰箱内胆。

② 用电吹风加热门封条时，表面的温度不宜过高，同时应均匀加热，勿停留在一处持续加热。

实训项目七：电冰箱内埋式蒸发器泄漏故障修复

1. 目的

电冰箱蒸发器多用铝管制成，使用时间久了，会出泄漏，造成冰箱不制冷现象，这一故障常称为内漏。内漏范围主要包括主、副蒸发器、门框加热管、内藏式冷凝器穿孔泄漏等。在这里通过对电冰箱内埋式蒸发器泄漏故障的处理，掌握电冰箱蒸发器的拆卸及安装。掌握电冰箱蒸发器盘管的绕制及粘补法来修复泄漏故障。

2. 工具设备及材料

① 电冰箱一台

② 组合工具一套

③ 铁锤、手锯、錾子及丁字尺各一把

④ A、B胶、铝片、胶布及纱布等

3. 操作过程

（1）电冰箱内漏部位的诊断　在测试压力时，有许多修理人员为了图省事、怕麻烦，喜欢从压缩机的工艺管焊接上压力表，加入干燥空气至0.6～0.8MPa压力后，检查外部管道各接头处无泄漏的情况下，以压力表是否下降为依据来确定冰箱是否有内漏。但这种测试方法存在不足。因为压缩机、冷凝器、蒸发器等全部连接在一起试压，气容量很大、管道互通，如果蒸发器或门框加热管某处有微小的穿孔漏气，压力表指针在十天半月内，甚至一个月都没有下降的反应，也无法确认漏在何处。因此推荐下述方法进行查漏，准确可靠。

首先检查确认冰箱没有外漏的情况下，焊下压缩机连接的低压管（6mm 回气管）及高压排气管（5mm），然后用两块压力表分别焊接在这两根管子上，剪断距过滤器 5mm 处的毛细管，被剪断的毛细管两端用焊料焊接堵死。一小时后待焊接处的温度降至与环境温度相等时，用钢笔在压力表玻璃上的表针位置标上小点作为标记，保压观察 2～3 天（不得少于 2 天），一般在环境温度变化不大的情况下，压力应保持不变。

如果哪块压力表有微小的下降，可在下降后的指针位置再打一个点，再继续观察 2 天，看压力是否继续下降。在一般情况下，若压力下降，这块表肯定有内漏。若压力下降的是蒸发器部分，则要继续追踪检查。要撬开背板，然后把上下蒸发器分离开，增加一块压力表，继续加压测试，便可查明是哪个蒸发器泄漏。若是冷凝器部分的压力下降，还要根据其结构来确定。如果是背挂式结构的，即可确定是门框除露管穿孔。如果是内埋式冷凝器，则要按照分开试压的办法进行试压，此时需增加一块压力表。

(2) 电冰箱蒸发器的拆卸　将冷凝器拆卸下来（如果冷凝器是外露式），拆卸时应从上至下按顺序拆卸固定螺钉。拆卸冷凝器之后，在箱体后背用丁字尺画好尺寸，用錾子沿画好线路将铁皮卸下。錾子与铁皮的夹角和锤子的力度要保持适中，以免因錾子的夹角和锤子的力度过大而损坏冰箱其他零件。将保温层由内到外逐步取出，然后将蒸发器的薄壳连同蒸发盘管一并抽出。

(3) 修复电冰箱蒸发器

1) 重新绕制新管道

① 新盘蒸发器管路长度的确定　当蒸发器无法修复时，需更换蒸发器。在用手工盘管时，一定要严格控制新管路的长度，不要误认为加长铜管后会取得更好的制冷效果。一般可按下面公式计算：

冰箱中冷冻室盘管长应为：$L=1/3\times$总容积（升）$\times 0.148$，单位米

冷藏室铜管长度为：$L=2/3\times$总容积（升）$\times 0.03$，单位米

② 新盘蒸发器固定的注意事项　盘管成形后，应选好穿管位置，再用电钻进行钻孔。可用 ϕ10mm 钻头，要注意避开箱体内敷设的电线位置，否则会切断发泡层内电线。严重时还会造成电线绝缘被破坏，与铜管接触后造成漏电伤人事故。钻孔后要先将铜管的管口用胶布封好或干脆捏扁，避免发泡层中钻下来的碎末进入管路中。若在抽空加液后，试机时才发现脏堵，导致返工，则费时费力，又浪费冷媒，造成污染。

2) 粘补法进行修复泄漏处　采用粘补法进行维修，注意不能简单地将胶涂敷于泄漏处表面，因为蒸发器温度变化较大，胶质与金属材料的热膨胀系数相差也很大，结合处应力变化会导致微观结合逐渐破坏，造成再次泄漏（也是一些维修者不敢采用胶补的原因）。为了克服上述问题，粘补时要在结合处施加一定的压力来消除因温度变化而引起的粘补处应力变化，同时在蒸发器抽真空的情况下进行。

维修时先放净系统内的残余气体，使用细砂纸或什锦锉清理泄漏部位的锈蚀（一般在泄漏部位两边扩展 5～8cm），在清理部位均匀涂上一层美国乐泰（Loctite）公司生产的厌氧性粘接密封胶（其粘接范围广，适合粘补各种缝隙，工作温度范围为－54～150℃的 200 系列，国产的如“哥俩好”A、B 胶）。待胶稍干后在胶上再缠绕医用纱布 2 层，然后将胶均匀涂于纱布上（胶要浸透纱布）。稍干后再缠绕 2 层纱布，继续在纱布上均匀涂透胶。为了增加其牢固性，在纱布上均匀缠绕一排纱线后，再照上面所述方法涂透胶。最后剪一片合适大小的经过砂纸打磨的易拉罐铝片，涂上胶后粘压于纱线上。经上述处理后让其自然凝固 1～2 天（看其胶已干即可）。

(4) 试漏和重新安装　经上述方法修复后，应经氮气保压查漏，如不泄漏，可将剖开发泡物回填（或重新发泡），剖开的缝隙用玻璃胶封实。最后抽真空，充入氟里昂，经调试合格后封口。

4. 注意事项

① 蒸发器是铝材料制成的，质地很软，操作时一定要轻拿轻放，不得出现硬伤，更不得出现制冷管路被压扁的现象。

② 修复蒸发器要警惕修复后，制冷系统产生冰堵的故障问题。这一问题在维修实践中是经常出现的。究其原因是因为蒸发器在修复过程中，空气进入制冷系统时带入大量水蒸气，这些水分便留在了压缩机、冷凝器、过滤器中，如没有对这些水分进行彻底的抽出，当制冷系统恢复工作后，由于水分过多而容易产生冰堵故障，要消除这一隐患，就需要在抽真空时，对压缩机、冷凝器和过滤器进行加热，或同时更换干燥过滤器，把制冷系统内的水分减少到最低限度。

实训项目八：电冰箱压缩机冷冻油的充注

1. 目的

通过对电冰箱压缩机充注冷冻油的实际操作练习，掌握其操作过程和具体方法，并根据工况要求，确定合适的充注量和正确选择冷冻机油。

2. 工具设备及材料

① 往复式压缩机一台

② 旋转式压缩机一台

③ 量杯、漏斗、软管等二套

④ 电冰箱常用型号的冷冻油若干

3. 操作过程

(1) 往复式压缩机充注　对于往复式压缩机充注冷冻油如图 1-60 所示。但最简单的冷冻油的充注方法是用干净的量杯和漏斗，将冷冻油从压缩机的工艺管处注入即可。具体操作方法如下。

① 将冷冻油倒入一个清洁而干燥的油桶中，且使油桶略高于压缩机的吸气管位置。

② 用一条清洁、干燥的软管，内部充满冷冻油，接在压缩机的吸气管上，并将软管的另一头插入油桶中。

③ 从吸气管注入冷冻油。

另外也可以用图中的方法，堵死工艺管后启动压缩机将油吸入。若充注过程中，高压管喷出雾状油滴时，可将高压管插入事先备好的杯子中，以免油雾乱喷。

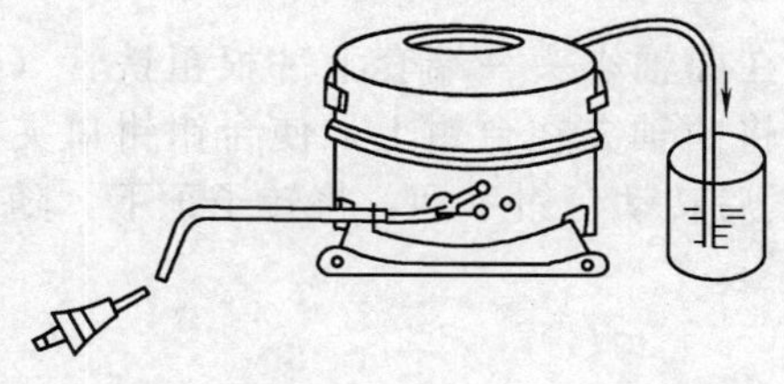

图 1-60　往复式压缩机充注冷冻油

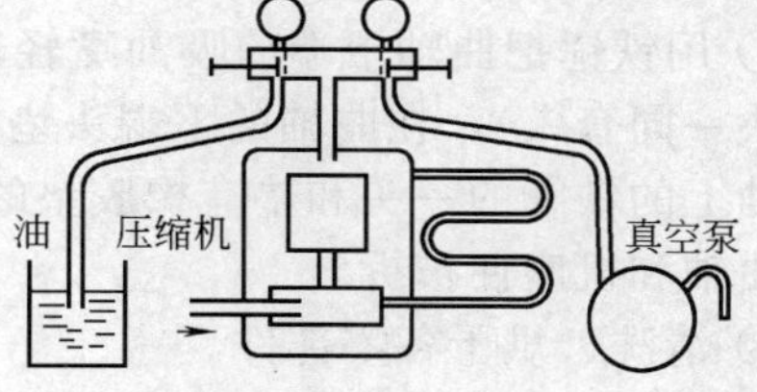

图 1-61　旋转式压缩机充注冷冻油

(2) 旋转式压缩机充注

小型旋转式压缩机充注冷冻油如图 1-61 所示。具体操作如下。

① 将冷冻油倒入一个清洁、干燥的油桶中，并将压缩机按图中方法与油桶相连接。

② 在压缩机的高压管上接一只复式修理阀和真空泵。

③ 接上电源，启动真空泵，将压缩机内部抽成真空状态。

④ 抽空结束后，开启复式修理阀的低压阀，桶中的冷冻油被大气压入压缩机中，待充注至规定量即可。

4. 注意事项

① 注入的冷冻油牌号符合规定，不允许不同牌号的冷冻油混合使用。

② 在充注过程中，量杯、漏斗、软管等不能混用，以免冷冻油相互污染。

实训项目九：电冰箱压缩机的拆装

1. 目的

在目前的维修过程中，全封闭式压缩机一旦出现故障基本上是更换新品，但为了解其基本构造、组成特性及相关配件，有必要对其进行解剖组装的训练。

2. 工具设备及材料

① 全封闭式制冷压缩机一台

② 台钳、钢锯、尖嘴钳各一只

③ 各种扳手、旋具等

④ 铁锤、润滑油和清洗剂

3. 操作过程

(1) 压缩机的解剖　全封闭式压缩机的特点是电动机与压缩机共用一根主轴（往复活塞式），利用弹簧将压缩机组悬挂在壳体内。机壳分上、下两部分，内部组件装配后，用焊接方法将上、下接口密封。封闭机壳的外部引出吸气管、排气管及工艺管；电动机的电源线通过接线端子经烧结工艺后固定在机壳壁上；机壳底设有弹性垫片，通过内部机组减振弹簧和外部减振胶垫配合，大大降低压缩机的振动和噪声。封闭压缩机主要由机壳、活塞连杆组、曲轴、汽缸、气阀及润滑机构等组成，如图 1-62 所示曲柄滑管式压缩机零部件分解图。

① 用台钳将压缩机固定，用钢锯在压缩机上、下壳结合处将其锯开。

② 用冲头将固定弹簧三个挂钩的压点冲开，用尖嘴钳摘脱挂钩使弹簧与压缩机挂钩脱开。

③ 松开高压缓冲管的固定螺钉，取下卡子和压缩机电动机引线插头，将高压缓冲管轻弯至机壳一侧，然后从压缩机壳内取出压缩机组。

④ 拆下固定汽缸盖和阀座的螺钉并取下汽缸盖和阀座，然后拆开阀片定位销并取下阀片。

⑤ 将固定电动机定子的螺钉旋下并取出电动机定子。

⑥ 旋下固定汽缸体的螺钉并将汽缸取出。

⑦ 用铁锤把曲轴下端的吸油嘴轻轻敲下，然后在曲轴小头一端套上一根粗铁管（连同平衡块一同套入），在曲轴的下端头垫橡胶垫。此时将曲轴夹在台钳上，使台钳钳口夹住套在曲轴上的铁管的一头和垫有橡胶垫的另一头。夹紧后转动台钳手柄，将转子顶下，随即转子、曲轴和机座便被拆开。

⑧ 清洗、烘干各零部件。

(2) 压缩机的组装

① 将曲轴涂少许润滑油后插入机座孔内，然后将转子套入曲轴下端，在轴的下端再套上一根较粗的铁管，在曲轴的上端垫橡胶垫。

② 用台钳将转子压套在曲轴上，应使转子在轴向有 0.2～0.4mm 的窜动量。曲轴装好后再将油嘴装到曲轴下端。

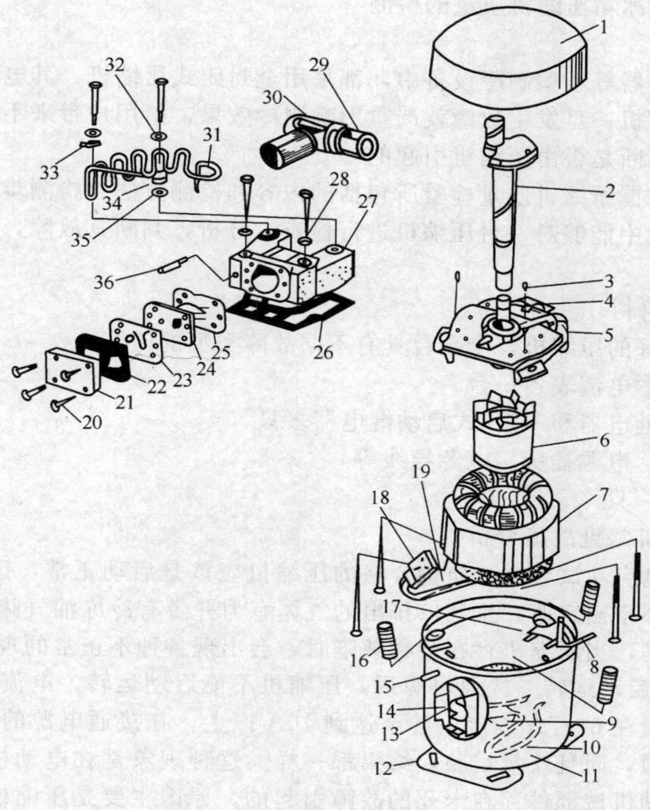

图 1-62　曲柄滑管式压缩机零部件分解图

1—机壳上盖；2—曲轴；3—定位销；4—油泵；5—机座；6—电机转子；7—电机定子；8—排气管；9—避振挡圈；10—油冷却管；11—机壳下壳；12—底座；13—接线柱；14—保护罩；15—吸气管；16—吊簧；17—吊簧架；18—内接线盒；19—电机引线；20—汽缸盖螺钉；21—汽缸盖；22—缸垫；23—排气阀片；24—阀板；25—吸气阀片；26—汽缸体密封垫片；27—汽缸体；28—垫圈；29—滑块；30—活塞、滑管组件；31—高压缓冲管；32—垫圈；33—夹持管垫片；34—排气管座；35—垫圈；36—吸入管

③ 将电动机定子安装在机座下面，对角拧紧固定螺钉且边紧边转动曲轴，同时应确保定子与转子的间隙在 0.3～0.4mm 之间。

④ 将活塞、汽缸及机座涂上少量润滑油，先将活塞组件插入汽缸内（滑管较长的一端靠近低压腔，较短的一端靠近高压腔），然后将滑块推入滑管中，将滑块孔套进曲轴小轴，最后用螺钉重新按原样将汽缸固定在机座上。

⑤ 安装高压输出缓冲管。

⑥ 将汽缸垫和低压阀片上涂少量润滑油，轻轻向外抬起低压阀片顶端（使阀片与阀座的间隙控制在 0.2～0.3mm），然后将装好的低压阀片的阀座翻过来→装配高压阀片、限位板及阀垫→检查高压阀片与阀口的密封程度→合上汽缸盖→拧紧螺钉。

4. 注意事项

① 在装配压缩机的汽缸盖时，其上、下位置不要装反。

② 清洗零部件时要用中性清洗剂，不可用强碱性清洗剂。

③ 活塞端面与阀的间隙即上止点间隙应控制在 0.05～0.09mm 范围内。

实训项目十：电冰箱压缩机质量的检测

1. 目的

在电冰箱、空调器等小型制冷设备中，都采用全封闭式压缩机，其电动机和压缩机被封装在金属壳内。压缩机一旦发生故障就严重影响制冷效果，给用户带来不便。当制冷系统发生故障时，就必须判断是否由压缩机引起的。

通过本训练，掌握压缩机质量检验所包括的内容和检测方法、检测步骤及各项内容的标准，达到在维修实践中能够对一台压缩机进行检查、分析，判断其故障，并提出可行的维修方案的目的。

2. 工具设备及材料

① 一台性能良好的压缩机，十余台具有不同故障类型的压缩机

② 万用表、钳形电流表各一台

③ 重锤式启动继电器和 PTC 式启动继电器多只

④ 过热保护器、电源插头、电源导线等

⑤ 温度控制器一只

3. 电冰箱压缩机常见故障分析

对压缩机作通电启动试验时，质量合格的压缩机应该是启动正常，运转平稳，噪声低，振动小，运转电流小于额定值，排气口排出的气体有力并带有冷冻油气味，反复作启动试验时重复性好等。但是，当压缩机存在某种缺陷时，会出现各种不正常的现象。

1）压缩机不能启动运转　接通电源后，压缩机不能启动运转，电流值非常大，电冰箱压缩机这时的电流值在 6～7A 以上，甚至达到 10A 以上，在接通电源的很短时间内热保护器就跳开而切断电源，而且反复实验，结果都一样。这种现象是在电动机无故障的情况下，由于压缩机内的活动机械部件存在卡死的故障引起的。原因主要是压缩机油路被脏物堵塞，使供油系统不通畅，机件受到磨损而“卡死”。这些故障，通常称之为抱轴、卡缸故障。

脏物粘在活塞上（漆包线上的漆被腐蚀脱落，粘在汽缸、活塞上）或转轴与轴套磨损造成间隙过大，在通电后转子被电磁力吸到一边而偏芯，也是电机在通电后不能转动的另一种原因。

2）电流大　压缩机接通电源后，能够启动运转，但电流过大，例如 125W 电冰箱压缩机运转电流达 1.5～2A 之间。压缩机运转片刻后，热保护器就跳开而切断电源。这是由于压缩机的机械摩擦阻力过大造成的，或是由于电动机线圈存在匝间短路引起的。这种故障只有在剖开压缩机的机壳后，对电动机和压缩机的机械部分进行单独检查才能判断故障所在。具有电流过大的压缩机是不能继续使用的。

3）排气压力低　压缩机接通电源后能够正常启动、正常运转，运转电流也正常，噪声和振动较小。从这些条件看，压缩机的质量似乎很好。但是，压缩机排气口排出的气体量很小，压力很低，这时如果用手指堵住排气管口，可以封堵得很严以至于不漏气，当松开手指时，气流喷射能力很低。如果用手指堵住吸气管口，则没有手指被压迫、被吸入的感觉。这说明压缩机的低压腔压力过高，吸气能力很弱。这样的压缩机就是常说的“排气效率低”或“排气能力低”的故障。试验时，用手指封堵排气管口，良好的压缩机是无论如何也封堵不住的，总会有高压气体喷出。

这样的压缩机，由于吸、排气能力低下，高压和低压之间的压力差很小，基本失去输送气体的能力。把这样的压缩机安装在设备中，无法使制冷剂在压力差的作用下循环流动，即使制冷剂能够流动，其流动循环量也很小，这就使设备失去了制冷能力。产生这种故障的原因主要是高压排气管路断裂或密封垫击穿，使制冷剂在机壳内循环，产生气流声，造成电冰

箱不制冷或制冷效果不好。由于阀片破裂（液击或材质差）、阀片积炭（油过热变质）或压缩机活塞与汽缸间隙过大（磨损造成的），使压缩机排气量不足，也是影响制冷效果的另一个原因。

4）噪声大　压缩机接通电源后，能正常启动，正常运转，运转电流正常，排气能力也很好。但是，压缩机的振动和噪声很大，运转不平稳。这时用手把压缩机按住加以固定，观察，振动和噪声是否可以消除。在排除了由于试验时压缩机未加固定而引起的振动后，若振动和噪声仍然很大，表明这种振动和噪声是压缩机所固有的。这种压缩机是不能继续使用的。发生这类故障原因是减振弹簧严重变形、脱位和断裂，使弹簧失去减振作用，因而使机体撞击外壳内壁产生噪声；或是由于压缩机的机械运动部件损坏。

5）启动性能不稳定　压缩机接通电源时，第一次能正常启动，第二次可能不能正常启动，第三次、第四次等多次试验，正常启动与不能正常启动无规律变化。在这里，首先应弄清启动元件的容量和类型是否与压缩机相匹配，电源电压是否稳定，不然就有可能出现这种现象。例如，把 1/8 的重锤式启动器用在 125W 压缩机上；又如把 22～30Ω 的 PTC 启动器用在 125W 压缩机上；或使用 PTC 启动器时两次启动实验的时间间隔过短等。为了改善启动性能，在压缩机电动机的启动绕组回路中，串联一只 5～10μF 的电容器，启动不稳定的现象会被消除。当经过更换启动元件、启动电容器，反复实验仍不能使压缩机的启动性能稳定时，表明电动机内部有缺陷。

6）有异味　压缩机启动运转后，吸、排气正常。试验时压缩机吸入的是空气，排出的仍为空气，正常时排出的气体带有冷冻油的气味。但有的压缩机排出的气体带有异常气味。例如，压缩机中的电动机绕组漆包线，因过热或电流过大，漆包线的绝缘层已被烧焦、炭化，当电动机通电后，绕组中有电流流过而发热时，漆包线的绝缘层材料因被加热而产生一种油漆被烧焦的气味。这种气味随压缩机运转时间的延长会越来越浓。

7）其他　压缩机中含水量过多，会降低电动机的绝缘性能；压缩机中冷冻油过多，排气口喷出的气体中会带有油雾；压缩机中冷冻油过少，运行电流会逐渐变大，压缩机过热会出现摩擦声。凡此等等，应根据做实验时所选用的压缩机的具体故障内容而定。

4. 操作过程

① 把万用表调至 $R\times1\Omega$ 挡，调整零点。

② 取一台压缩机，通过测量、计算分清接线端子的 C、M、S 端。若 RMS≠RCM＋RCS，根据原理分析判断电动机的具体故障。

③ 用万用表 $R\times10\text{k}\Omega$ 挡，测量电动机线圈与机壳间的电阻值。必要时再用兆欧表测量它们之间的绝缘电阻，其值应大于 2MΩ。

④ 选用与压缩机功率相匹配的启动器和热保护器，并检查它们的质量后，按图 1-63 所示的线路接线，不得有误。

⑤ 钳形电流表卡入一根电源线，用手按住（垫隔绝缘物）压缩机，防止启动时跳动，把电源插头插入电源插座（用刀闸开关更好）内，启动压缩机。

⑥ 观察压缩机能否启动，并观测钳形电流表上的电流指示数。若压缩机不能启动，电流值很大，应尽快切断电源，然后再次实验。若仍不能启动，热保护器就会跳开切断电源。对压缩机不能启动的原因，根据原理进行分析，并得出结论。

⑦ 如果压缩机能够启动运转，观测启动性能、振动与噪声，在钳形电流表上读出运行电流值并与正常电流值进行比较。这时，可用手指按住排气管口，检测它的排气能力，如图 1-64 所示。

⑧ 对一台认为质量合格的压缩机，进行 3～5 次启动实验，每次实验其启动性能都应该

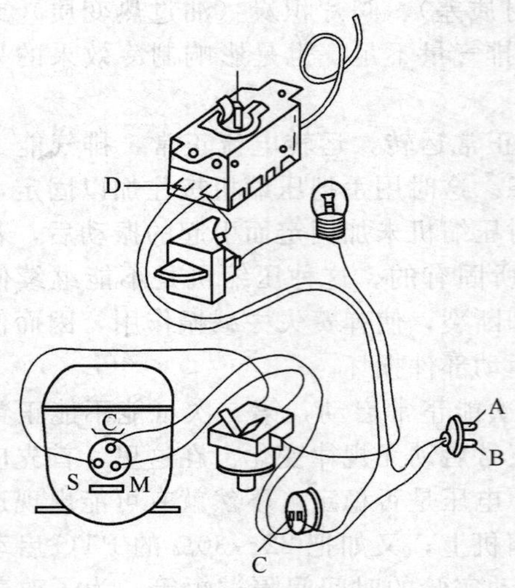

图 1-63 电冰箱的实物接线图

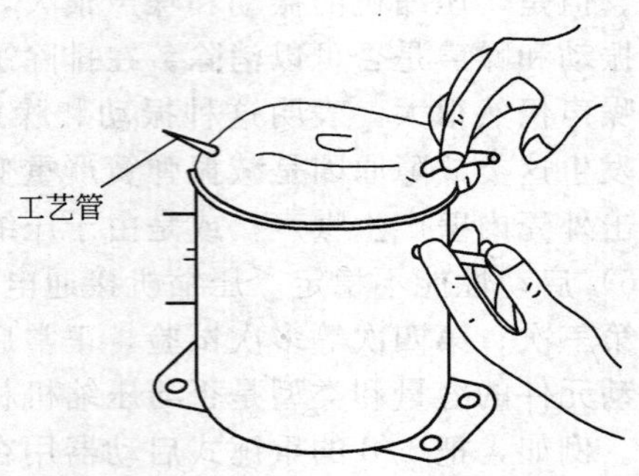

图 1-64 压缩机排气量测试

是正常的。

5. 注意事项

① 本训练至少两人一起共同操作，注意用电安全。

② 压缩机启动电路连接完毕，要详细检查、核对连接是否正确，要绝对防止出现短路现象。

③ 压缩机存在绝缘性能不良时，不能作通电、启动实验，以防触电事故。

④ 测量电动机的直流电阻时，接线端子金属柱表面应清除氧化层，表笔与接线柱间应接触紧固，以减少测量时的接触电阻。

⑤ 过热保护器应先检测正常后，才能使用，当压缩机不能启动或电流过大时，保护器应能够断开电源。

⑥ 用手指封堵排气管口之前，应先检查压缩机是否存在漏电现象。

实训项目十一：电冰箱制冷系统的清洗

1. 目的

压缩机电动机绝缘击穿、绕组匝间短路和烧毁是电冰箱的常见故障。电动机烧毁后会产生大量的酸性物质，使制冷系统遭到污染。当污染严重时，除更换压缩机和干燥过滤器外，还需对制冷系统进行清洗。如果仅更换压缩机和干燥过滤器，酸性物质逐渐腐蚀，使用一段时间后又会使电机遭到损坏。通过练习使学生熟悉电冰箱制冷系统的组成，熟悉电冰箱制冷系统的清洗方法，掌握其操作步骤。

2. 工具设备及材料

① 电冰箱一台

② 气焊设备一套

③ 氮气钢瓶、减压阀、胶皮管等

④ 漏斗、截止阀、ϕ6mm 铜管、扳手、尖嘴钳、割管器、扩管器、四氯化碳等

3. 操作过程

电冰箱制冷系统污染有严重污染和轻度污染之分，污染的程度不同，其清洗方法也不相同。因此，在清洗前首先应判断污染程度。当制冷系统轻度污染时，打开压缩机工艺管无焦油气味，倒出的润滑油比较清洁，其颜色无明显变化，用石蕊试纸浸入润滑油后，试纸的颜

色呈柠檬黄色。当制冷系统严重污染时，润滑油有焦油味，其颜色呈深棕色且混浊，用石蕊试纸检验时，试纸的颜色将变成淡红色或红色。

（1）严重污染的清洗　清洗严重污染的制冷系统时，首先应切开压缩机的工艺管，排完制冷剂，并拆下压缩机和干燥过滤器。然后，参照图 1-65 所示的接法，用四氯化碳作为清洗剂，用氮气分别对冷凝器和蒸发器进行吹洗。由于毛细管的阻流作用，清洗剂的流量很小，不易将污染物清洗干净，因此需要用气液交替的方法，反复进行清洗。在最后一次用氮气吹洗时，应将清洗剂吹洗干净，以防其积留在系统中。

对于蒸发器便于卸下和移出的系统，可将毛细管与蒸发器断开，参照图 1-66 所示的接法，以耐压胶管取代毛细管，将蒸发器和冷凝器连接起来进行清洗。

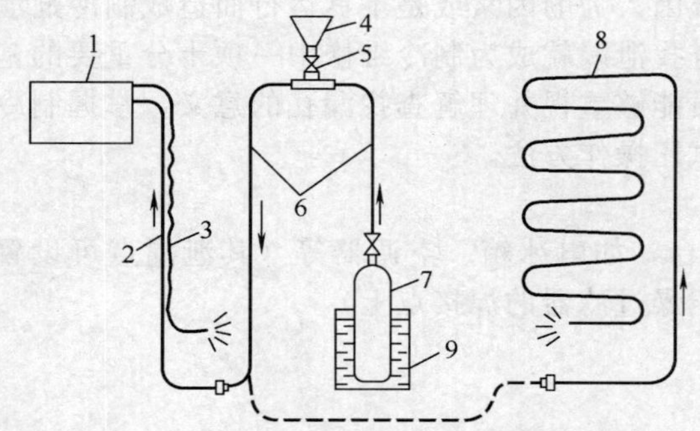

图 1-65　冷凝器和蒸发器分别清洗的方法示意图

1—蒸发器；2—吸气管；3—毛细管；4—漏斗；5—截止阀；6—软管；7—制冷剂钢瓶；8—冷凝器；9—温水桶

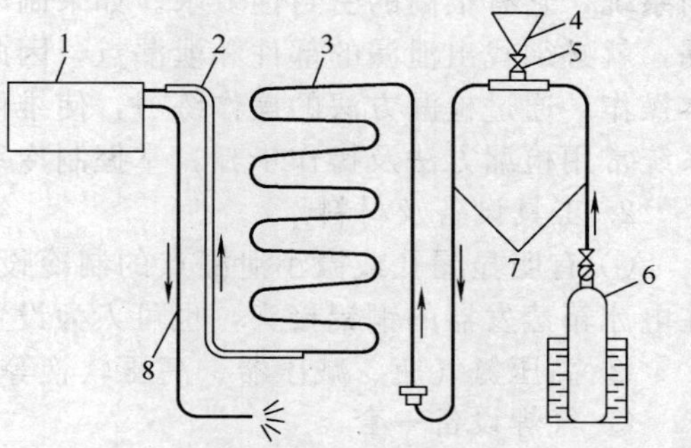

图 1-66　拆除毛细管全系统清洗方法示意图

1—蒸发器；2—连接软管；3—冷凝器；4—漏斗；5—截止阀；6—制冷剂钢瓶；7—软管；8—吸气管

（2）轻度污染的清洗　清洗轻度污染的制冷系统时，可在拆去压缩机和干燥过滤器后，按图 1-65 所示的方法，不加清洗剂，直接用制冷剂或氮气对冷凝器和蒸发器吹洗 0.5min 以上。具体操作步骤如下。

1）冷凝器的清洗

① 将压缩机的低压吸气管和高压排气管焊开。

② 将干燥过滤器的进出口连接部位焊开，拆下干燥过滤器。

③ 将冷凝器的进口与漏斗截止阀相接。

④ 将氮气钢瓶的减压阀与漏斗截止阀相接。

⑤ 打开漏斗截止阀，从漏斗注入 200mL 的四氯化碳。

⑥ 关闭截止阀。

⑦ 打压 0.8MPa。

⑧ 用手不断堵住和松开冷凝器的出口。

⑨ 重复步骤⑤～⑧，反复清洗，直至放在出口处的白纸不变色。

⑩ 关闭氮气钢瓶，将减压器调节杆旋回原位，拆除连接管和截止阀。

2）蒸发器的清洗

① 将蒸发器的管口与漏斗截止阀相接。

② 将氮气钢瓶的减压阀与漏斗截止阀相接。

③ 打开漏斗截止阀，从漏斗注入 200mL 的四氯化碳。

④ 关闭截止阀。

⑤ 打压 0.8MPa。

⑥ 用手不断堵住和松开毛细管的管口。

⑦ 重复步骤③～⑥，反复清洗，直至放在出口处的白纸不变色。

⑧ 关闭氮气钢瓶，将减压器调节杆旋回原位，拆除连接管和截止阀。

4. 注意事项

① 最后一次氮气吹洗时应将洗涤剂吹洗干净。

② 制冷系统清洗后不应久放，应及时更换压缩机、过滤器，并组装、封焊好。

实训项目十二：电冰箱制冷系统的试压和检漏

1. 目的

制冷系统是由压缩机、冷凝器、蒸发器、毛细管、过滤器等部件用管道连接而成的全封闭系统，它有很高的密封性要求。如果制冷系统因人为的因素或是不良运行而造成制冷剂泄漏，就必须找出泄漏的部件和泄漏点，因此，查找泄漏就成为制冷维修中一项十分重要的基本操作。通过检漏方法的操作练习，使维修人员能够重视并理解查找漏孔的意义，掌握制冷系统常用检漏方法及操作步骤，掌握制冷系统试压操作方法。

2. 工具设备及材料

① 有明显漏孔或微小泄漏点的制冷设备两台，如电冰箱、空调器等（其泄漏点可设置在电冰箱蒸发器的铜铝接头，也可人为设置在干燥过滤器的焊接点上）

② 高压氮气瓶、减压器、高压软管等

③ 气焊设备一套

④ 检修阀、真空压力表、真空泵、卤素检漏仪或电子检漏仪等。卤素检漏仪、电子检漏仪如图 1-67、图 1-68 所示

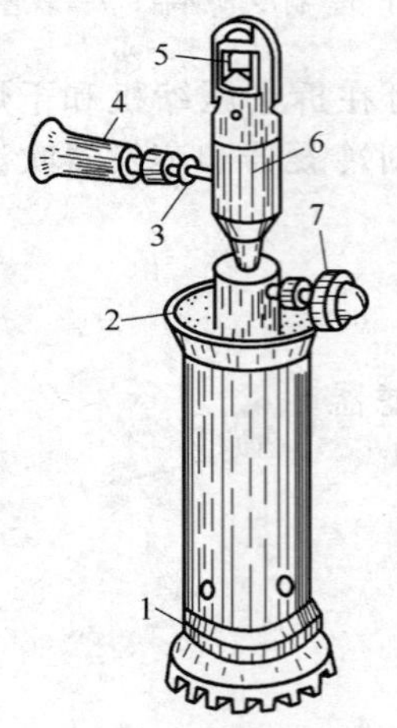

图 1-67 卤素检漏仪结构

1—底盖；2—烧杯；3—吸气软管；4—吸气管接头；5—火焰套；6—吸风罩；7—手轮

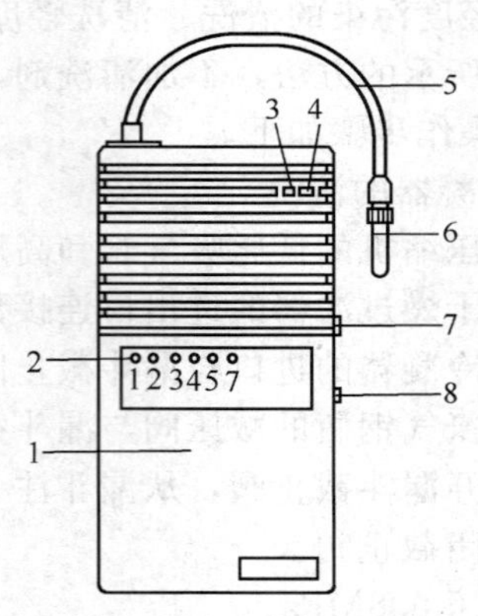

图 1-68 电子检漏仪

1—仪器壳体；2—泄漏量指示；3—报警指示；4—电源指示；5—软管；6—传感器探头；7—复位按钮；8—电源开关

⑤ 制冷剂、肥皂水或洗涤剂等

3. 操作过程

(1) 制冷系统氮气加压操作步骤

1) 割开电冰箱工艺管，排空系统内制冷剂。

2) 用焊枪在电冰箱工艺管上焊好工艺检修口。

3) 用软管连接电冰箱工艺检修口、双表阀及氮气钢瓶减压阀。

4）打开双表阀和氮气瓶阀门。

5）调节氮气减压阀，使氮气缓缓进入系统，同时注意观察双表阀压力表上的压力值。

6）当压力达到 0.8MPa 时，关闭双表阀和氮气瓶阀门，松开氮气减压阀丝锥，加压结束。

（2）制冷系统检漏操作步骤

1）外观检漏 用目测或手摸系统焊接处有无油渍，如有油渍，说明该处存在泄漏。

2）肥皂水检漏

① 用小刀将肥皂削成薄片，浸泡在热水中，并不断搅拌，使肥皂溶化并冷却成稠状浅黄色溶液。

② 给系统加氮气，使压力达到 0.6～0.8MPa。

③ 用毛笔或小毛刷子蘸肥皂水涂抹在初步判断可能泄漏的部位，每涂一处要仔细观察，如有气泡证明该处泄漏，重复涂抹 2～3 次，准确找到漏点。

④ 如初次未发现可疑漏点，则应用肥皂水涂抹所有外露管道和接头进行检漏。

⑤ 上述检漏操作如未发现漏点，而维修压力表读数下降，说明系统内漏，另行维修。

⑥ 找到漏点后，先用干毛巾擦去肥皂水并放出制冷系统中的氮气。

⑦ 用适当的方法进行补漏。

⑧ 重新打压检漏，直至系统无泄漏点。

⑨ 确认系统无泄漏点后，再向系统充入氮气，系统压力为 0.6～0.8MPa，保压时间为 24h。一般 24h 压力降不允许超过 0.01MPa，如果压力降超过 0.01MPa，则说明系统中仍然存在泄漏部位。上述操作过程需要重复进行，直至完善。

3）卤素灯检漏

① 通过三通修理阀对制冷系统内充入 0.3～0.4MPa 的制冷剂后关闭制冷剂钢瓶阀和三通修理阀。

② 将卤素灯的底座倒置，向灯筒内加入无水酒精后旋紧底座并将灯放正。

③ 顺时针旋转卤素灯的手轮，关闭阀芯，对酒精杯加满酒精并点燃。

④ 当酒精杯内的酒精燃尽时，逆时针旋转手轮约一圈。阀芯开启后，卤素灯火焰圈内即有酒精蒸气喷出并燃烧。

⑤ 将卤素灯的探管移至被检处。

⑥ 通过火焰是否变色判断是否有泄漏点。

⑦ 检漏完毕后将手轮按顺时针方向旋至关闭位置，然后将底盘打开，倒出未用完的酒精。

⑧ 在进行以上操作时应注意维修场地的通风。

4）电子检漏仪检漏

① 通过三通修理阀对制冷系统内充入 0.3MPa 的制冷剂后关闭制冷剂钢瓶阀和三通修理阀。

② 将电池装入电子检漏仪，打开电源开关，此时电源指示灯亮，同时听到电子检漏仪发出缓慢“嘟、嘟”声。此时表示电子检漏仪处于正常工作状态。如果打开电源，仪器啸叫，则按一下复位开关，便可恢复正常。

③ 将电子检漏仪的探头靠近被检处约 5mm，并慢慢移动。速度不大于 25～50mm/s，如图 1-69 所示。

④ 如电子检漏仪发出“嘟……”的长鸣声时，说明该处存在泄漏。为保证准确无误的确定漏点，应及时移开探头，待电子检漏仪恢复正常后，在发现漏点处重复检测 2～3 次。

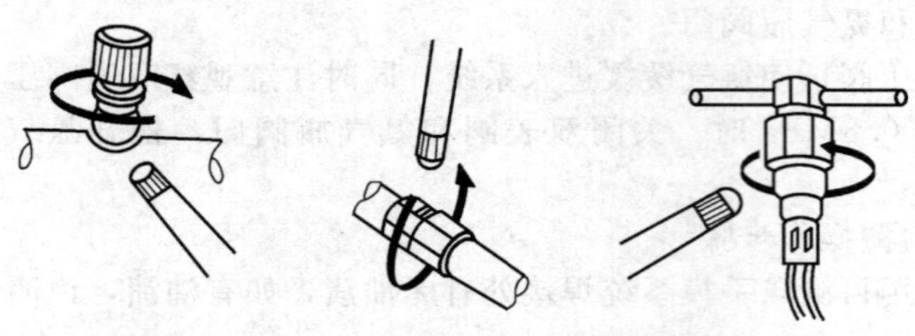

图 1-69　电子检漏仪检漏

⑤ 如找到一个漏点后，一定要继续检查剩余管路。

4. 注意事项

(1) 制冷系统氮气加压操作注意事项

① 电冰箱检漏时充注压力不宜过高，一般不要超过 1.2MPa。

② 氮气瓶一定要用氮气减压阀，不可将双表阀直接接到氮气瓶上。

③ 电冰箱制冷系统泄漏点有时比较小，一定要仔细观察，对有可能泄漏的部位应耐心反复检查 2～3 次。

④ 当对制冷剂加压检漏时，除用肥皂水检漏外，也可以用卤素灯、电子检漏仪进行检漏。

⑤ 在冬天，由于制冷剂本身压力较低，不宜采用制冷剂进行加压检漏。

⑥ 忌用压缩机或其他设备直接向制冷系统中注入空气进行加压检漏。

⑦ 系统与修理表阀的连接一定要密封，避免因连接处漏气造成错误判断。

(2) 制冷系统检漏操作注意事项

① 检漏应在系统内压力平衡后进行。

② 用肥皂水检漏找到漏点后，一定要先用干毛巾擦去肥皂水，以免肥皂水进入系统造成冰堵，然后放出制冷系统中的氮气。

③ 使用卤素灯检漏结束后，手轮不要关得太紧，防止灯冷却时阀体收缩而损坏阀座。

④ 在电冰箱维修过程中，只有用制冷剂打压检漏且制冷剂泄漏点很小时，才使用电子检漏仪进行检查。

⑤ 当制冷系统的泄漏点较大（压力下降很快）时，最好不使用电子检漏仪，以免损坏电子检漏仪。

⑥ 由于电子检漏仪是精密仪器，在使用过程中，一定要注意轻拿轻放。

⑦ 电子检漏仪灵敏度较高，在使用电子检漏仪进行检漏时，室内必须通风良好（无卤素气体），以免产生错误判断。

⑧ 电子检漏仪在使用过程中，万万不可将检漏口直接对准氟里昂钢瓶，然后打开阀门进行检测，以免损坏设备。

⑨ 电子检漏仪使用完毕后，取出电源，以免设备长期不用时，电池熔化，损坏设备。

实训项目十三：电冰箱抽真空和充注制冷剂

1. 目的

在电冰箱维修中，查找漏孔往往是排除制冷剂泄漏的第一步。当堵住了漏孔或更换了泄漏部件，确定系统无泄漏现象之后，就要进行下一步的操作，即将系统内混入的空气等不凝性气体从密闭的制冷系统中抽出，以保证系统内处于低于大气压的真空状态，便于制冷剂的充注或冷冻机油的补给。因此，抽真空的操作方法和结果是制冷系统能否正常运行的关键。另外，制冷设备的制冷循环系统，即便不出现微小漏孔，由于使用时间很长，制冷剂通过系统管壁向外渗透，也会逐渐造成制冷剂不足，或是修理中更换制冷循环系统的某个部件之后，制冷系统已经暴露在空气中。这些情况都需要重新给系统充注制冷剂。可见，抽真空、充注制冷剂的操作和充注量的控制，是维修人员必须熟练掌握的基本技能。

通过电冰箱抽真空和充注制冷剂操作练习，使维修人员能够熟悉电冰箱抽真空和充注制冷剂的方法，掌握抽真空和充注制冷剂的操作步骤。

2. 工具设备及材料

① 电冰箱一台

② 气焊设备一套

③ 复式修理阀及连接管

④ 真空泵（如图 1-70 所示）、计量加液器、割管器、扩管器、封口钳等

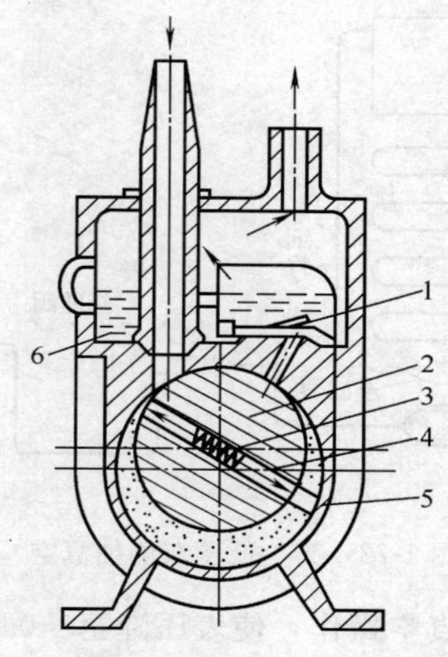

图 1-70 旋片式真空泵结构

1—排气阀；2—转子；3—弹簧；4—旋片；5—定子；6—润滑油

3. 操作过程

(1) 电冰箱制冷系统抽真空操作

1) 低压单侧抽真空的操作

① 检查并确定制冷系统内的制冷剂基本排空。

② 在压缩机的维修工艺管上焊接带有真空表的修理阀。

③ 用一根胶管将真空泵的抽气口与带有真空压力表的修理阀连接起来，如图 1-71 所示。

④ 关闭修理阀开关，然后启动真空泵，同时再缓慢打开修理阀的开关进行抽真空。

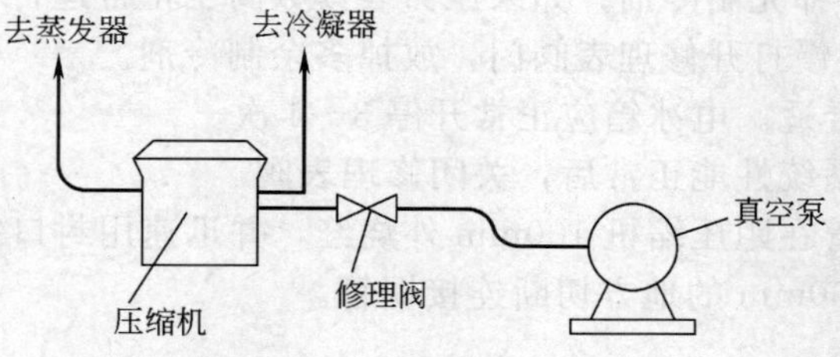

图 1-71 低压单侧抽真空示意图

⑤ 30min 后，关闭修理阀，并观察真空压力表指针变化，若压力回升，说明系统有渗漏；若压力无回升，则表明系统无渗漏，此时可继续抽真空使系统绝对压力为 133Pa，并保持该压力 1～2h 不变。

⑥ 关闭修理阀开关，然后再切断真空泵电源。

2）高、低压双侧抽真空的操作

① 检查并确定制冷系统内的制冷剂基本排空。

② 在压缩机的维修工艺管上焊接带有真空表的修理阀。

③ 在双尾干燥过滤器的工艺管上焊接带有真空压力表的修理阀。

④ 用软管将压缩机、干燥过滤器、修理阀与真空泵并联在一起，其连接方法如图 1-72 所示。

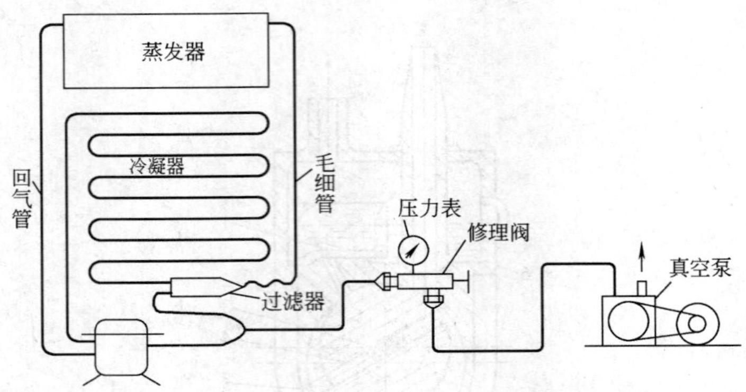

图 1-72 高、低压双侧抽真空

⑤ 启动真空泵，同时进行抽真空操作，使表压降至－0.1MPa。

⑥ 用封口钳将干燥过滤器上的工艺管封死后，关闭修理阀，继续抽真空 30～60min 左右。

⑦ 关闭修理阀开关，然后再切断真空泵电源。

(2) 电冰箱制冷系统充注制冷剂操作

① 在制冷系统抽真空完成后，将修理表阀与真空泵连接软管接头拆下，接到氟里昂钢瓶上，旋紧软管接头，然后打开钢瓶阀门。

② 适当松开修理表阀端与钢瓶连接的软管接头，排除连接软管内空气，然后旋紧接头。

③ 打开修理表阀门，让制冷剂充注至制冷系统。

④ 当系统压力与钢瓶压力平衡后，关闭修理表阀门。

⑤ 接通电冰箱电源，开启电冰箱。

⑥ 电冰箱运行后，仔细观察压力表。如果压力表读数低于正常运行值（或是负压）时，应慢慢打开修理表阀门，补充制冷剂；如果压力表读数高于正常运行值，应关闭制冷剂钢瓶阀门，松开软管接头，慢慢打开修理表阀门，放掉多余制冷剂。

⑦ 判断充注量是否合适。电冰箱应正常开停 3～4 次。

⑧ 确认电冰箱制冷系统性能正常后，关闭修理表阀。

⑨ 用气焊将加焊铜管在距压缩机 100mm 外烧红，并迅速用封口钳夹扁 1～2 处。

⑩ 在距夹扁处 20～30mm 的地方切断连接铜管。

⑪ 封焊工艺管口。

4. 注意事项

(1) 制冷系统抽真空操作注意事项

① 真空泵选择。真空泵的极限真空度要求超过制冷系统所要求的真空要求，真空泵的抽气速率一般视制冷系统大小而定，一般冰箱维修选用的真空泵为 2XZ-0.5、2XZ-1 即可。

② 真空泵在使用过程中要注意其油位，不得低于指示油位，真空泵应使用专用真空泵油。

③ 一般制冷系统维修过程中，为方便操作，采用的修理表为带负压的压力表（因为不是专用真空表，所以刻度指标不是很清晰）。

④ 抽真空的时间不宜太短，一般 30min 左右。

⑤ 抽真空前，制冷系统内压力一定要与大气平衡，以免系统压力过高，造成真空泵喷油。

(2) 制冷系统充注制冷剂操作注意事项

① 电冰箱系统制冷剂充注量一般比较少，不要将制冷剂钢瓶倒置。

② 初始充注时不要太多，以免向大气排放污染环境。

③ 制冷剂充注量调节时，应耐心、仔细。电冰箱正常开停 3～4 次后，确认电冰箱上箱和下箱温度都达到了要求值，然后进行封口处理。

实训项目十四：制冷剂的鉴别与分装

1. 目的

制冷剂的分装与鉴别是制冷设备维修人员经常遇到的操作实际问题。通过练习分装方法，可进一步理解制冷剂的性能和特点。通过鉴别各种制冷剂，可了解制冷剂的沸点和基本区分标准。制冷剂的分装与鉴别的操作过程，与制冷系统中充注制冷剂的操作方法有相通之处，因此通过此练习会同时有所帮助。

2. 工具设备及材料

① R134a 和 R12 或其他种类的制冷剂

② 测温范围为－50～0℃的酒精温度计、50mL 保温广口瓶、护目镜、帆布手套

③ 大小制冷剂钢瓶、连接用紫铜管或耐压胶管、干燥过滤器、称重衡量器、真空泵、搁置大钢瓶的三角架和各种操作工具，如扳手等

3. 操作过程

(1) 制冷剂 R134a 和 R12 的鉴别

① 取一广口烧杯或耐低温的厚壁玻璃杯，放入装有绝热材料的盒中，绝热材料可采用棉花或泡沫塑料等。用硬纸板制作保温广口瓶盖；在硬纸板上穿两个孔，以两孔为中心剪出大于瓶口的瓶盖。将一只测温范围在－50～0℃左右的温度计和加液管固定在瓶口的端盖中央，如图 1-73 所示。

② 缓慢打开制冷剂钢瓶阀门 7，向广口瓶内注入制冷剂，当瓶中的制冷剂液体达到 2/3 时停止充注。

③ 向上移开硬纸板瓶盖，制冷剂在大气压下沸腾汽化，观察瓶中的温度计测量值。当温度值在某一数值不再变化时，即可确定为被测制冷剂在正常大气压下的沸点。若测得温度是－26.5℃，即为 R134a 制冷剂，若温度值为－29.9℃，则为 R12 制冷剂。

④ 鉴定出 R134a 或 R12 后，在制冷剂钢瓶上贴好标签。

(2) 制冷剂的分装

① 将制冷剂大钢瓶倒置在三角架上，如图 1-74 所示。

② 对小钢瓶进行检漏、抽真空。确定没有问题后放在称重衡量器上称出小钢瓶的质量，调整好称重衡量器上要充入制冷剂的质量砝码。

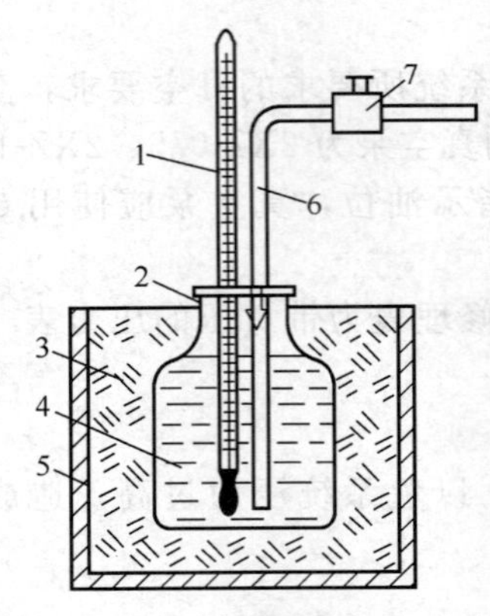

图 1-73　制冷剂种类简便鉴定装置

1—温度计；2—广口杯；3—保温绝热材料；4—制冷剂；5—木箱容器；6—导管；7—阀门

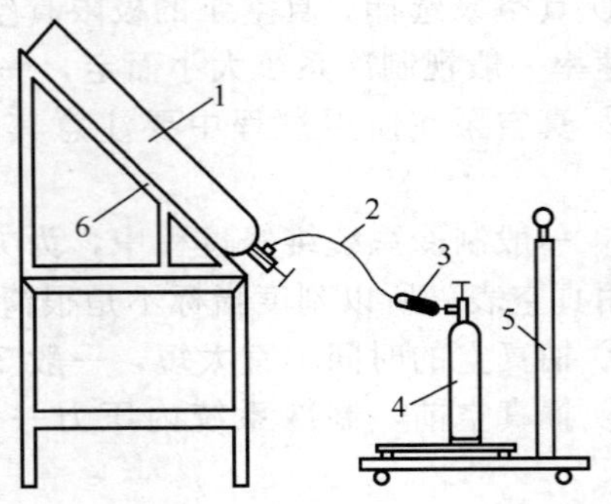

图 1-74　制冷剂分装示意图

1—大钢瓶；2—耐压胶管；3—干燥过滤器；4—小钢瓶；5—称重衡量器；6—搁置大钢瓶的三角架

③ 按图 1-74 所示，用带管帽的耐压胶管或铜管将大钢瓶、干燥过滤器和小钢瓶连接起来，连接处不能有泄漏并且管路要尽量短，以减少对称重的影响。

④ 松开连接小钢瓶耐压胶管或铜管的管帽，微微开启大钢瓶的阀门，让大钢瓶中的制冷剂把连接通路中的空气排出，当小钢瓶连接管帽处有制冷剂液体喷出时迅速拧紧管帽。

⑤ 开启小钢瓶阀门，这时可听到制冷剂从大钢瓶流入小钢瓶中的声响，然后逐渐加大大钢瓶阀门，注意观察称重衡量器变化，符合分装质量后立即关闭大钢瓶的阀门，然后关闭小钢瓶的阀门。

4. 注意事项

(1) 制冷剂 R134a 和 R12 的鉴别

① 制作保温广口瓶盖的硬纸板要有一定厚度。两个孔要能穿入温度计和加液管，孔的直径要大于温度计和加液管的直径。

② 温度计、加液管穿入广口瓶后，上下移动硬纸板瓶盖，不应有卡阻现象。

③ 观察温度计测量值必须戴好护目镜，以防制冷剂外溅，冻伤眼睛。

④ 由于制冷剂蒸发温度低，操作中应戴好手套，以防冻伤。

⑤ 鉴别中应考虑不同海拔地区的大气压力对制冷剂沸点的影响。

(2) 制冷剂的分装

① 在分装过程中要注意充注的制冷剂不得超过小钢瓶容积的 2/3～4/5，以防小钢瓶遇热压力升高造成爆裂。

② 各器件在操作前都必须进行检查，如耐压胶管需检漏、称重衡量器需检查其精度及校准等，防止操作时产生偏差。

③ 制冷剂从大容器移入小容器之前，必须利用制冷剂将胶管内的空气排出，防止空气随制冷剂一起进入小钢瓶。

实训项目十五：电冰箱“冰堵”与“污堵”的处理

1. 目的

电冰箱属于小型低温制冷设备，节流元件采用毛细管形式，制冷系统形成一个密闭的不可调整的固定系统。制冷循环系统中一旦进入过量的水分或水蒸气，这些水分在毛细管末端同制冷剂一起喷出时，由于在毛细管末端处的蒸发温度一般都低于－12℃，于是流动的水分在此处被冻结成冰，水分不断积累，形成一个冰珠且逐渐增大，当达到足够大时，将堵住毛细管末端的出液口，使制冷剂不能再流动，从而中断制冷循环，制冷设备也就失去了制冷能力。这就是“冰堵”故障。

本训练主要掌握“冰堵”故障前后电冰箱的各种状态和参数变化，从而提炼出分析冰堵故障的依据，提高判断能力。同时还要学习掌握排除冰堵故障的方法。以达到在维修实践中，在不同场合和条件下，都能够准确判断冰堵故障，明白产生冰堵的原因，具有现场排除冰堵故障的操作能力。

2. 工具设备及材料

① 电冰箱一台

② 钳形电流表、检修三通表阀、热吹风机各一个

③ 气焊焊接设备一套

④ 真空泵一台

3. 故障分析

(1)“冰堵”故障的形成　水分进入制冷循环系统，如果进入量很少，水分被干燥过滤器中的干燥剂所吸收，这时，没有水分参与制冷循环，也不会出现冰堵故障。当进入系统的水分过多时，干燥过滤器中的分子筛已吸收了足够的水分达到饱和状态，实际上干燥过滤器已失效。这时，水分就与制冷剂混合在一起，共同参与制冷循环。这样，当水分从毛细管的出口末端流出时，温度突然下降到0℃以下，就会结成冰珠，堵住毛细管的出口端管口，从而形成冰堵故障。

(2)“冰堵”故障的判断　当冰珠堵住毛细管的出口时，实际上是切断了制冷循环管路，使制冷剂液体不能从毛细管流出，即不能供给蒸发器制冷剂，蒸发器内无液体蒸发，也就不能吸收周围物质的热量，因而，失去了制冷能力。同时，由于无液体制冷剂供给蒸发器，而蒸发器内的制冷剂蒸气，又不断地被压缩机抽吸，使得蒸发器内的蒸气越来越少，压力越来越低，直至产生负压。此时的电冰箱将出现冷冻室温度逐渐回升、蒸发器不冷、冷凝器不热、听不到毛细管对蒸发器供液的液流声、压缩机的运行电流减小、压缩机的振动声、噪声明显减弱而无负载感等现象。当然，这些现象是由轻微逐渐变为严重的，因为冰珠是逐渐增大的，堵塞毛细管也有一个时间过程。

上述故障现象是冰堵后的典型特征。当把电冰箱停机后，打开冷冻室箱门，过一段较长的时间，箱内温度升高到10℃以上，或是打开箱门后用吹风机直吹箱内，目的是使毛细管端口的冰珠融化。当箱内温度达到10℃以上一段时间后，若制冷系统中断确是因为冰堵造成，由于冰珠已融化，冰珠的融化表现为低压压力逐渐升高，直至升高到饱和压力，制冷系统则又被接通，制冷循环又可形成。此时，启动电冰箱，电冰箱恢复了正常工作，电冰箱的制冷效果与正常的电冰箱并无两样。但是，电冰箱运转一段时间后，由于系统内的水分又开始在毛细管出口端管口处重新积聚，于是又产生了如前所述的冰堵现象，即电冰箱又不制冷了。如果再使其升温、冰珠融化，电冰箱又可恢复制冷。电冰箱这种时好时坏的反复出现，足以说明电冰箱存在冰堵故障。

在制冷系统被堵塞的故障特征产生后，对冷冻室加热升温后，或是电冰箱停机一段时间之后，如果系统堵塞故障依然存在时，则为“污堵”。污堵故障还有一个检验方法是，在低压区充注制冷剂蒸气时，只要一停止充注，低压压力就会逐渐下降，直到出现负压，反复充注的结果总是这样。这是由于制冷剂蒸气被压缩机压缩到高压区之后，因系统有“污堵”的存在，制冷剂不能再流回到蒸发器内的缘故。

(3) 水分进入系统的原因　电冰箱制造厂家在给电冰箱充注制冷剂之前，有一道抽真

空、烘烤工序，目的是排除制冷系统内的空气和水分，所以新购置的电冰箱不会产生冰堵故障。但是，当电冰箱的蒸发器或低压区的某处出现漏孔时，造成制冷剂的大量泄漏，尤其是压缩机停机时，制冷剂泄漏得更快、更多，这就造成了制冷剂严重不足。这种情况下，一旦压缩机启动运转，制冷系统的低压区压力就会明显地降低到负压状态，环境中的空气就会从漏孔处进入系统，由于空气中含有一定量的水蒸气，水蒸气就大量进入系统，于是造成了冰堵故障。这样的电冰箱在修补漏孔之后，在充注制冷剂之前，只对制冷系统抽真空是不能解决“冰堵”问题的。因为水蒸气是很难通过抽真空而被排出系统的。若忽略了这一点，在只抽真空后就对系统充注制冷剂，因系统内仍然存有大量的水蒸气，而且，干燥过滤器中的分子筛也已吸收了足够的水分，这样，制冷设备运行一段时间后，水蒸气又会积聚在毛细管的出口处，从而又产生了冰堵故障。

在维修实践中有时也会把水分引入系统。例如：制冷剂的含水量过高；充制冷剂用的表阀和软管中带有水分；制冷系统拆开与大气接通而又存放时间过长，尤其是在潮湿的夏季，更容易使水蒸气进入系统；使用存放时间久而又未加密封保护的旧压缩机，空气中的水蒸气大量进入压缩机内；更换冷凝器、蒸发器未进行干燥处理，或抽真空不彻底。这些，都是由于非正常的原因，把水分引入系统而造成冰堵故障，这是维修人员应该尽力避免的。

(4) 冰堵、污堵的排除方法　在具体维修中，常常是在电冰箱压缩机的工艺管处接上真空泵，在对制冷系统抽真空的同时，用电热器具，如吹风机等对蒸发器加热，使之升温到60～70℃。与此同时，还要用气焊火焰对冷凝器、压缩机进行加热，不过焊炬的火焰要调整得温度较低、火焰较大，火焰在冷凝器和压缩机表面不停地扫动，切不可使火焰停留在某一具体部位。以上加热的目的是使蒸发器、冷凝器和压缩机等组成的制冷系统同时维持在60～70℃左右的温度下，使制冷系统内的水分变成水蒸气，从而被真空泵抽出。如此处理1～2h之后，再把干燥过滤器取下，换上新的干燥过滤器。然后经过抽真空，充注制冷剂，调整合适的充氟量，电冰箱的冰堵故障即可排除。

污堵故障多发生在干燥过滤器，或毛细管的初端一段长度内，或冷凝器的末端与过滤器接口处。在准确判断污堵故障所在部位之后，只要把存在堵塞的一段管道切割掉，然后把制冷管道接通。若被切去的管道较长，需更换上一段新管；切去的管道不长，可不必再接入新管。如有可能，在制冷管道接通之前，用瓶装的干燥氮气对系统进行冲吹。这样处理后，污堵故障即可排除。

4. 操作过程

① 在已具有冰堵故障的电冰箱上，冷冻室内放入电子温度计，用钳形电流表测量电源线中的电流，在压缩机的工艺管处接修理的真空压力表阀。

② 启动电冰箱压缩机使其运转，运转基本稳定后，记录压缩机运转电流、压缩机的吸气压力、冷冻室温度。同时，观测制冷系统的状态，例如冷凝器温度、冷冻室降温速度、压缩机噪声、毛细管的喷射液体声、回气管温度和是否结露等。以上观察都是为了表明，电冰箱在出现冰堵之前，性能是良好的。

③ 压缩机运转一段时间后，制冷状态逐渐恶化，直到冰堵产生。冰堵故障产生后，记录运转电流、吸气压力、冷冻室内的温度，并观测电冰箱的制冷系统状况，例如冷凝器不热、毛细管液流声消失等。

④ 停止压缩机的运转，打开冷冻室箱门，用热吹风机给冷冻室加温，使毛细管出口端的冰珠融化。冰珠融化的特征是，真空压力表指示由负压回升很快，直到升高至正压并接近饱和压力，这时就可认为冰堵又消失了。

⑤ 再次启动压缩机，电冰箱工作一段时间之后，冰堵故障将再次出现。

⑥ 冰堵故障的消除方法是，制冷系统抽真空的同时，对冷凝器、蒸发器、压缩机等进行加热升温，把系统内的水分抽出，再进行充制冷剂、封口等操作。

5. 注意事项

① 对电冰箱冰堵故障产生前后的状态、各有关参数进行比较，分析状态和参数变化产生的原理和过程。

② 对毛细管末端出口处进行加热，充分肯定冰珠已融化后，电冰箱仍能正常制冷，这是判断冰堵故障的要点。

③ 电冰箱产生冰堵故障后，表明干燥过滤器中的吸水材料已经饱和，失去了吸水能力，因而水分才能通过干燥过滤器流入毛细管，从而造成冰堵。在排除冰堵故障时，一般采取更换干燥过滤器的办法，但也可在对冷凝器等加热、抽真空的同时，对干燥过滤器加热，使干燥器中的吸水材料放出水分，恢复其吸水能力。不过，对干燥过滤器的加热，一是温度要高，二是时间要长一些。

实训项目十六：R134a、R600a 电冰箱维修技术

1. 目的

熟悉 R134a、R600a 电冰箱制冷系统的特点，掌握 R134a、R600a 电冰箱维修工艺。

2. 工具设备及材料

① R134a 电冰箱、R600a 电冰箱各一台

② 电冰箱检修常用设备、工具与材料

3. 故障分析

(1) R134a 电冰箱制冷系统的特点

1) 压缩机　采用 R134a 作为制冷剂的电冰箱，其压缩机是一种专用压缩机，普通压缩机不能代替。由于制冷剂 R134a 的效率低，为提高压缩机的效率，R134a 压缩机的吸气腔用软管与回气管直接相连，以减少能量的损失，而且电动机的效率要求也比普通压缩机要高。

R134a 压缩机内部的含水量和杂质要求比 R12 严格得多，通常 R134a 压缩机内部的含水量要求只有 R12 压缩机的一半，杂质要求只有 R12 压缩机的三分之二。由于酯类油具有很强的吸水性，所以在使用 R134a 压缩机的时候，一定要注意压缩机管口开放在空气的时间一般不要超过 1h。而且 R134a 的腐蚀性和亲水性比 R12 强，因此压缩机电动机的线圈及绝缘材料的等级要比普通压缩机电机高。

压缩机所采用的润滑油为酯类油，普通压缩机所用的矿物油比 R134a 的亲和力差，如用 R12 制冷系统中的润滑油替代，不仅不能满足压缩机的使用要求，而且还可能造成制冷系统的堵塞。

2) 干燥过滤器　常规的干燥剂在吸收水的同时也吸收制冷剂 R134a，所以对于使用 R134a 制冷剂的电冰箱使用专用的干燥剂，R134a 电冰箱的干燥剂分子筛直径小于 R12 电冰箱的干燥剂分子筛直径，常用 XH-7 或 XH-9 型作为干燥过滤器。而且为了加快干燥剂吸收水分的速度，用量也增加了 30%～50%。

3) 毛细管　毛细管在加工过程中，目前情况下要使用油作为润滑剂和冷却剂，所以 R134a 电冰箱毛细管在加工过程中必须使用酯类油，而且供货状态通常为整体盘状，如果一根根供货，则须将毛细管两端封口。

R134a 系统的毛细管很容易堵塞，故毛细管的长度和管径需作调整。在保证流量的前提下，内径应尽可能粗一些，同时应防止水分和杂质的进入。

4) 换热器　R12 系统所用的换热器可用于 R134a 制冷系统，但已接触过 R12 的蒸发器

和冷凝器及有关的配件不能用于R134a系统。

5）对制冷系统的要求　R134a的分子体积较小，易出现泄漏现象，同时压缩机在低温制冷工况下运转时，吸气压力比大气压力低，易进入空气，因此对制冷系统的密封性和密封材料的选用要求更高。又由于压缩机所采用的酯类油与水极易相溶，水和酯类油反应生成酸后会腐蚀制冷系统并使酯类油变质，所以对制冷系统含水量及杂质的含量要求也相当高。

(2) R134a电冰箱常见故障分析

1）维修设备及特点　以R134a为制冷剂的电冰箱维修设备与以R12为制冷剂的电冰箱维修设备相比较有如下区别。

① 真空泵　R12系统真空泵用油为矿物油，在R134a系统中抽真空时，真空泵要用酯类油，因为矿物油易污染R134a系统。

② 制冷剂充注机　由于电冰箱的R134a充注量较R12少15%左右，且所有制冷剂管道均不能含氯。因此，R134a充注机比R12充注机精度更高，且专用。

③ 检漏仪器　由于R134a中不含氯，卤素检漏仪不再适用，需用电子检漏仪等才行。

④ 其他　所有制冷管道均要经过不含氯清洗剂的高清洁度清洗，然后充氮封闭。所有铜管及压缩机漏空开放时间不得超过15min。干燥过滤器要用塑料封装或用专用干燥箱存放，拆封后20min内要焊到系统上，且焊接时尽量不要使用助焊剂。制冷系统抽真空时间比R12长。以确保真空度不大于60Pa。如利用二次抽空法时，第一次抽空5min后充注10g左右R134a，然后再抽空20min即可，这样可大大缩短抽空时间。

2）常见故障分析　为便于检修，将R12和R134a作制冷剂时，制冷系统有关参数如表1-6所示。从表中可知R134a吸气压力较低，排气压力较高，压比更大。R134a制冷量小，要获得相同制冷量，需选用排气量大一些的压缩机同时毛细管要作适当调整以加大制冷量，制冷剂充注量比R12减少10%～20%。

表1-6　不同制冷剂的相关参数

制冷剂	R134a	R12	制冷剂	R134a	R12
吸气压力/MPa	0.095	0.111	相对制冷量	0.92	1.0
排气压力/MPa	1.043	0.984	能效比	2.91	2.92
压力比	11.01	8.86			

① 制冷剂泄漏　首先检漏，可用氮气肥皂水检漏，方法与R12电冰箱相同，也可用专用电子检漏仪检漏，但不能用卤素检漏仪检漏。找到漏点后进行处理的方法与R12基本相同，只是要求抽空时间更长，维修要快速完成。因为R134a压缩机对制冷管道的残留水分、杂质含量要求相当严格，一旦发现制冷剂泄漏，干燥过滤器必须换掉。

② 脏堵　R134a电冰箱的脏堵主要是由于管路中水或氯与酯类油或R134a反应，生成沉淀物腐蚀并堵塞管路，或由于管道本来不清洁，有杂质等，最终堵塞干燥过滤器、毛细管，导致电冰箱不制冷。本故障的处理方法与R12冰箱相同，即换过滤器（堵塞严重时毛细管也得更换）用高压氮气吹通、吹净管路，检漏、抽空、充制冷剂、封口等，同样要求快速完成。

③ 冰堵　如果冰箱出现周期性不制冷现象，且在不制冷时用热毛巾敷毛细管与干燥过滤器连接部位，便很快恢复制冷，则可判定为冰堵。冰堵是由于制冷系统含水量超标，水在温度较低的干燥过滤器与毛细管连接部位结冰而堵塞毛细管。由于酯类油有极强的吸水性，极易吸收水分而变质，加之R134a水溶性较R12更差，因此R134a冰箱易发生冰堵故障。处理方法与R12冰箱基本相同。

其他故障维修方法，与 R12 冰箱维修方法相同，在此不再赘述。

(3) R600a 电冰箱制冷系统的特点

1）压缩机　R600a 制冷系统所用的压缩机也为专用压缩机。它的外形尺寸和制造工艺与普通压缩机基本相同，功率相同的电动机所配套的压缩机的制冷量也基本相同。但是，R600a 压缩机的汽缸容积要比 R12 压缩机大得多，增大了 65%～70%；同时压缩机的密封要求也更高。

由于在 32℃环境温度下，R600a 平衡压力只有 0.43MPa，而 R12 却达到了 0.79MPa。所以尽管 R600a 使用的润滑油是矿物油，但在使用中绝对不能与 R12 的压缩机互换，更不能与 R134a 的压缩机互换。

2）干燥过滤器　对于使用 R600a 制冷剂的电冰箱可使用 R12 和 R134a 电冰箱的干燥剂，因为 R600a 制冷剂分子的直径均大于 R12 和 R134a 的分子直径。

3）毛细管　因为 R600a 的容积密度在同样的温度下远小于 R12 和 R134a，所以在相同制冷量的情况下，R600a 通过毛细管的体积流量将大于 R12 和 R134a。也就是说，在 R600a 的电冰箱上，毛细管的出口处，制冷剂流速将会很大。因此，为了防止 R600a 的电冰箱在毛细管出口处产生异常噪声，R600a 电冰箱的毛细管不得有很小的弯曲半径，毛细管内壁应无过多的毛刺。

4）换热器　R600a 电冰箱冷凝器与蒸发器除了在加工过程中不需要有酯类油的限制以外，其余的加工工艺要求与 R134a 的冷凝器和蒸发器相同。由于 R600a 在制冷系统中的流速相对 R12 和 R134a 较快，因而 R600a 制冷剂对压缩机和制冷管路内表面冲击程度较大，在 R600a 制冷系统中，压缩机及制冷管路内表面的杂质更容易被冲刷下来，所以，实际上，对 R600a 的制冷系统而言，压缩机和制冷系统杂质含量的要求应至少不低于 R134a 的制冷系统。

5）对制冷系统的要求　由于 R600a 这种制冷剂是易燃性工质，因此它的安全性能要求很高。冰箱中的电气元件均采用防爆型，如它不能采用有触点的重锤式启动继电器，而必须使用经良好密封的 PTC 启动继电器。在维修时，充注 R600a 的场所中所有的电气设备必须可靠接地；在打火的电器件区域内，R600a 的浓度不得高于爆炸极限浓度；含有或曾经含有 R600a 的制冷管路，不能进行气焊和电焊，现场维修的场所必须通风等。

R600a 制冷系统中制冷剂的充入量较少，还不到 R12 系统的一半，因此充注量一定要精确。

(4) R600a 电冰箱常见故障分析　R600a 电冰箱的维修操作与 R134a、R12 电冰箱维修操作区别很大，这是由于 R600a 的易燃易爆性决定的。维修人员必须了解 R600a 的危险性，维修现场要防烟火，应在大空间检测，通风良好，避免在封闭小空间维修，从冰箱上拆下的压缩机，在未排干润滑油或未用锁环连接密封全部压缩机的开口以前，不允许车辆运输。下面重点叙述 R600a 冰箱维修方法及工艺要求。

1）管路锁环连接　这类冰箱的管路不允许焊接，而需用锁环连接，有黄铜和铝两种材料的锁环可用，可根据管路材料进行选用，如表 1-7 所示为锁环选用表。

表 1-7　锁环选用表

管路材料	铝-铝	铝-铜	铝-钢	铜-铜	铜-钢	钢-钢
锁环材料	铝			黄铜		

锁环连接的步骤如下。

① 用钢丝绒或纱布擦净待接管的端口。注意擦磨时，应围绕管路端口旋转，避免管路

横向的擦伤。

② 将锁环伴侣涂在待接管口以充填管路表面不平滑处（该锁环伴侣能适用于异丁烷）。

③ 将待接管路的两个端口插入锁环中并旋转 360°，使锁环伴侣流遍接合面。

④ 用夹具夹紧锁环 2～3min。

2）异丁烷的检漏　异丁烷的检漏可用氮气肥皂水进行检漏，方法同 R12 冰箱。如果采用异丁烷检漏仪来检漏，必须注意管路内的压力问题，由 R600a 的性质（详见有关资料）决定了冰箱在运转时，低压侧常处于负压，这时运行中的检漏是不利的。原 R12 或 R134a 的检漏仪不允许用来检漏异丁烷。

3）制冷剂的排放　由于 R600a 性质决定，系统内制冷剂充注量比 R12、R134a 冰箱少，系统平衡压力也比 R12、R134a 冰箱低，且 R600a 又易燃易爆，因此，排放制冷剂时，要按下列步骤进行。

① 将打孔钳与压缩机工艺管连接，用软管连接排放口，并经一真空泵排到室外大气中，严禁向室内排放。

② 检查真空泵后开始抽系统，打开电冰箱的门以加速制冷剂蒸发，有利于提高排放速度。

③ 摇晃压缩机，检查真空泵，当抽到 1.01×10^{5}Pa 时结束，禁止抽到负压，避免空气进入。

④ 如果要打开系统，可切开管路，但绝不能使用气焊或电焊。

4）系统抽空　由于 R600a 在压缩机润滑油中的高溶解性，抽真空的步骤有所变动。如使用新压缩机，系统抽空可用一般方法，真空泵必须适用易燃易爆气体。如使用旧压缩机的系统，则按以下步骤进行。

① 用真空泵抽 10min。

② 启动压缩机运行 10min。

③ 再用真空泵抽 5min。

④ 启动压缩机运转 1min。

⑤ 再用真空泵抽 3min。

5）制冷剂的充注　R600a 的充注方法与 R12 基本相同，但要注意这类冰箱充注制冷剂比 R12、R134a 少得多，要有更高的准确度要求，所以采用定量充注法。

4. 操作过程

（1）R134a 电冰箱维修操作

1）系统抽真空、充注制冷剂的操作步骤　R134a 抽真空、充注制冷剂的基本操作方法与 R12 相同，但设备要求略有不同，操作时注意区别。

① 连接电冰箱、真空泵、表阀及 R134a 专用充注机。

② 打开真空表及真空泵阀门开关，进行抽真空。

③ 抽真空 30min 后，并确认系统绝对压力至 133Pa 以下，关闭真空表阀门及真空泵阀门。

④ 系统静置片刻，观察系统压力有无回升，如有回升请检查连接软管。

⑤ 确认真空度达到要求后，给系统充注 R134a。

⑥ 系统运行调试。

2）系统维修操作工艺　R134a 电冰箱系统维修与 R12 系统维修基本一致，但是由于 R134a 化学性能不稳定，容易与水发生去卤反应，而使系统管道内酸化、锈蚀，阻塞系统，造成电冰箱无法修理，所以系统在修理过程中一定要充氮置换焊接管道内的气体。具体操作方法如下（以更换过滤为例）。

① 切开冰箱工艺口，将系统中的制冷剂完全排放。

② 拆下电冰箱干燥过滤器。

③ 在工艺管道上焊上工艺接口，并连接好氮气减压阀及氮气瓶，用 0.3MPa 压力充氮气约 10s，确认高低压管道均有氮气排出。

④ 焊接好电冰箱过滤器。

⑤ 充入氮气，打压检漏。

⑥ 抽真空、充入 R134a 制冷剂。

⑦ 运行调试。

⑧ 封口检漏。

⑨ 运转，交付使用。

（2）R600a 电冰箱维修操作

① 检查专用打孔钳松紧，调至合适。

② 将排气管引至室外，用专用打孔钳卡在干燥过滤器处，排放制冷剂。

③ 启动压缩机，运行 5min 后停止。振动压缩机以便使与冷冻机油兼容的部分制冷剂排放出来，暂停 3min 后再接通电源启动压缩机，将制冷系统内的制冷剂含量减少至最小。

④ 断开电源，密封干燥过滤器的排气孔。

⑤ 将专用打孔钳卡在压缩机的工艺管处，用专用真空泵抽真空（将排气管置于室外），抽真空时间不少于 10min。

⑥ 再次接通电源启动压缩机，运转 1min，然后停机，重复抽真空 10min。

⑦ 用割管器拆除压缩机、干燥过滤器，并用氮气将管路吹 50s 以上。

⑧ 更换相应部件，焊接各接口（或用锁环连接各接口）。

⑨ 充加氮气检漏，检查不漏后放掉氮气抽真空 20min 以上。

⑩ 充注制冷剂，运行调试。由于 R600a 制冷剂的充注量比 R12 少得多，要使用较高精度的制冷剂充注设备，例如用电子秤按规定的充注量充制冷剂，或按吸气压力根据经验判断制冷剂的充注量是否合适。

⑪ 电冰箱正常运转后，用专用封口维修接头洛克令（Lokring）进行封口。

⑫ 用肥皂水检漏。

⑬ 电冰箱插上电源运行，交付使用。

5. 注意事项

（1）R134a 电冰箱维修操作注意事项

1）系统抽真空、充注制冷剂的操作注意事项

① 必须使用 R134a 专用真空泵进行抽真空，真空泵的真空度不得低于 1.33×103Pa，抽气速率要求大于 24L/min 以上。

② 系统抽真空必须采用双侧抽真空的方法，保证系统真空度要求。

③ R134a 制冷系统，必须充入专用制冷剂，不得充入 R12 代替，以防因 R12 充入系统引起润滑油恶化造成系统管道堵塞，电冰箱无法修理。

④ R134a 的充注量相对 R12 减少了 10%～20%，停机后压力平衡相对要长一些。充注时，一般采用低压表观察和检验、判断，表 1-6 给出了 R12 和 R134a 制冷系统吸、排气压力的参数，供维修时参考。

2）系统维修操作注意事项

① R134a 电冰箱使用的过滤器是专用过滤器，干燥剂容量也增加了 10～15g，不可混

用，常用过滤器有 XH-7、XH-9 等。

② 各管路不能同时进行焊接，应在高压侧、低压侧分别进行氮气置换。压缩机焊接时应在过滤位置进行氮气置换，然后更换过滤器。

③ R134a 电冰箱打开系统维修时，过滤器必须更换。

④ 合成酯类油容易吸水（相对矿物油而言，吸水量是其 15 倍），系统中含水量过高，容易引起循环系统堵塞而造成电冰箱无法修理，所以系统打开后时间不宜过长。

⑤ 焊接时禁止使用助焊剂。

⑥ R134a 系统检漏时，卤素检漏仪已不适用，而应采用电子检漏仪或肥皂水等。

（2）R600a 电冰箱维修操作注意事项

1）维修场地及专业要求

① 场地要空旷，不准设在地下室及其他闭塞通风不良的地方，周围环境无明火，场地附近 10m 内不准有易燃物。始终保持良好的通风，维修时通风换气不少于 10 次/h。

② 由于 R600a 密度比空气大，场地内应平整，不宜存在沟槽及凹沟，防止 R600a 气体积存。

③ 维修场地的通风设备及其他电器应使用防爆型的，排气系统由风机管道等组成，要注意换气量及排气均匀。

④ 总电源开关应设在场地之外，并有防护装置。

⑤ 维修场地内要备有两个灭火器并放置在随手可及的地方。

⑥ 维修人员每日进入维修场地前，应首先检查附近有无火源，保证无火源后进入维修场地，打开通风系统后才能进行电冰箱的维修工作。

⑦ 所有维修人员必须经过专业培训。

2）系统维修操作注意事项

① 维修时若更换压缩机，充注量为规定值；不更换压缩机，充注量为规定值的 90%。

② 由于使用 R600a 制冷剂的电冰箱有一定的危险性，原则上不要在用户家中打开制冷系统及进行相应的操作。

③ 更换下的压缩机存放时应将冷冻机油倒掉并密封各管口。

④ 维修时始终要注意安全问题，操作时要避免静电产生的火花，所有的设备接地必须可靠，接线牢固，不允许出现错接现象。

⑤ 制冷剂瓶的装卸、运输、储存应符合易燃危险物的相应操作规程。

第二章　家用空调的安装与维修

第一节　家用空调器的基本形式及结构

一、空调器的性能指标及命名规则

1. 空调器的性能指标及其概念

（1）试验工况　试验工况是指对空调器进行性能测试时特定的试验条件，又称特定工况或额定工况，GB 7725—87 称作名义工况，GB 7725—1996 又改称试验工况。表 2-1 是 T1、T2、T3 类空调器试验工况的具体条件。

表 2-1　T1、T2、T3 类空调器试验工况的具体条件（根据国标 GB 7725—1996）

工况条件			室内侧空气状态/℃		室外侧空气状态/℃	
			干球温度	湿球温度	干球温度	湿球温度
制冷运行	额定制冷	T1	27	19	35	24
		T2	21	15	27	19
		T3	29	19	46	24
	最大运行	T1	32	23	43	26
		T2	27	19	35	24
		T3	32	23	52	31
	冻结	T1	21	15	21	—
		T2			10	
		T3			21	—
	最小运行		21	15	制造厂推荐的最低温度值	
	凝露、冷凝水排除		27	24	27	24
制热运行	热泵额定制热	高温	20	15(最大)	7	6
		低温			2	1
		超低温			−7	−8
	最大运行		27	—	24	18
	最小运行		20	—	−5	−6
	自动除霜		20	12	2	1
	电热额定制热		20	—	—	—

（2）制冷量（名义制冷量）　空调器在特定工况（名义工况或试验工况）条件下进行制冷运行时，单位时间内从密闭空间、房间或区域内除去（吸收）的热量总和称为名义制冷量，单位为“W”。

（3）制冷消耗功率　在试验工况下，空调进行制冷运行时，所消耗的总功率称为制冷消耗功率，单位为“W”。

（4）制热量　在试验工况下，空调进行制热运行时，单位时间内送入密闭空间、房间或区域内的热量总和称为制热量，单位为“W”。

注意：只有热泵制热功能时，其制热量称为热泵制热量。

(5) 制热消耗功率　在试验工况下，空调器进行制热运行时，所消耗的总功率称为制热消耗功率，单位为“W”。

注意：只有热泵制热功能时，其制热消耗功率称为热泵制热消耗功率。

(6) 制冷性能系数—*EER*（Energy Efficiency Ratio）　空调器的能效比，就是名义制冷量（制热量）与运行功率之比，即 *EER* 和 *COP*。

EER 是空调器的制冷性能系数，也称能效比，表示在额定工况（高温）和规定条件（试验工况）下，空调器进行制冷运行时，制冷量与有效输入功率之比称为能效比，其值用 W/W 表示。

(7) 制热性能系数—*COP*（Coefficient Of Performance）　*COP* 是空调器的制热性能系数，也称空调器的单位功率制热量。表示在额定工况（高温）和规定条件下，空调器进行热泵制热运行时，制热量与有效输入功率之比其值用 W/W 表示。

注意：有效输入功率指在单位时间内输入空调器内的平均电功率。其中包括：

① 压缩机运行的输入功率和除霜输入功率（不用于除霜的辅助电加热装置除外）；

② 所有控制和安全装置的输入功率；

③ 热交换传输装置的输入功率（风扇、泵等）。

房间空调器的能效比（*EER*）、性能系数（*COP*）见表 2-2。

表 2-2　房间空调器的能效比、性能系数（根据国标 GB 7725—1996）

额定制冷(热)量/W	*EER*、*COP*(W/W)	
	整体式	分体式
＜2500	2.45	2.65
2500～4500	2.50	2.7
4500～7100	2.45	2.65
＞7100	2.5	

(8) 循环风量（房间送风量）　循环风量是指空调器在通风门和排风门完全关闭、并在额定制冷运行条件下，单位时间内向密闭空间、房间或区域内送入的风量，即室内侧蒸发机组的循环风量，单位为 m^3/s（m^3/h）。

(9) 噪声　空调器在运行时，室内、室外均会产生噪声，以室内侧噪声作为重点，因室内机噪声直接影响用户，所以各制造厂家对室内噪声控制比较重视。

室内机噪声主要来自风机气流声、电动机电磁声、塑料件因装配等原因而产生的摩擦声、振动声等。

GB 7725—1996 对空调器室内、外机噪声标准的规定见表 2-3。

表 2-3　空调器室内、外机噪声标准

额定制冷(热)量/W	室内噪声/dB(A)		室外噪声/dB(A)	
	整体式	分体式	整体式	分体式
＜2500	≤53	≤45	≤59	≤55
2500～4500	≤56	≤48	≤62	≤58
4500～7100	≤60	≤55	≤65	≤62
＞7100	—	≤58	—	≤68

2. 空调器的命名方法

(1) 空调器的分类

1) 按使用气候环境（最高温度）分类　按使用气候环境分类见表 2-4。

2) 按结构形式分类

表 2-4 按使用气候环境分类

类型	气候环境最高温度	类型	气候环境最高温度
T1	43℃	T3	52℃
T2	35℃		

注：目前我国空调厂家生产的空调器大多为 T1 型的空调，故对于 T1 型的空调在命名时往往省略。

① 整体式，其代号为 C。整体式空调器结构分类为窗式（其代号省略）、穿墙式及移动式等，其代号分别为 C、Y 等。

② 分体式，其代号为 F。分体式空调器分为室内机组和室外机组。室内机组结构分类为吊顶式、挂壁式、落地式、天井式及嵌入式等，其代号分别为 D、G、L、T、Q 等。室外机组代号为 W。

3）按主要功能分类

① 冷风型，其代号省略（制冷专用）。

② 热泵型，其代号为 R（制冷、热泵制热，制冷、热泵与辅助电热装置一起，制冷和以转换电热装置与热泵一起使用的辅助电热装置制热）。

③ 电热型，其代号为 D（制冷、电热装置制热）。

（2）空调器的命名方法 产品型号及含义如下所述。

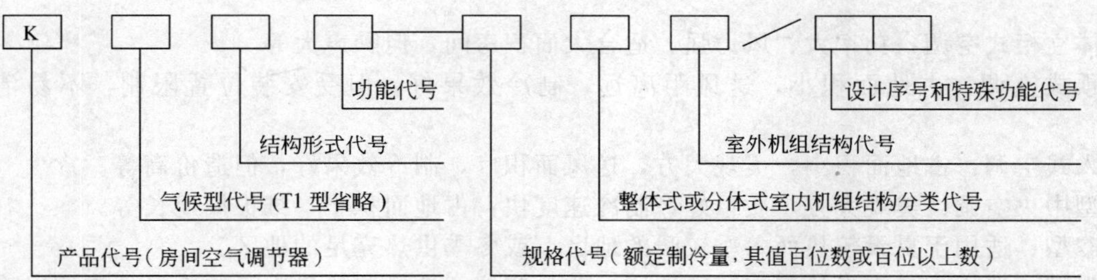

型号识别示例如下所示。

【例 1】 KT3C-35/A

表示：T3 气候类型，整体（窗式）冷风型房间空调器，额定制冷量为 3500W，第一次改进型设计。

【例 2】 KFR-120LW/BP

表示：T1 气候类型，分体热泵型落地式变频空调器（包括室内、外机组）。额定制冷量为 12000W。

【例 3】 KFR-46LW/YDA1

表示：T1 气候类型，分体热泵型落地式、带遥控电辅热、荧光显示房间空调器（包括室内、外机组）。额定制冷量为 4600W，A1 表示荧光显示，A 表示液晶显示。

【例 4】 KF-25GW

表示：T1 气候类型，制冷量为 2500W 的单冷型分体挂壁式室内、外机组。

【例 5】 KF-50 LW/Y

表示：T1 气候类型，制冷量为 5000W 的单冷型带遥控分体落地式柜机室外机组。

3. 市场流行的“匹”与公司生产机型的对应关系

表 2-5 是“匹数”与公司生产机型的对照。

表 2-5 “匹数”与公司生产机型的对照

匹 数	制冷量/W	对 应 机 型
0.75P	1700～2100	KF-20
1P	2100～3000	KF(R)-22、25、26、27、28
1.5P	3000～4000	KF(R)-30、32、33、35、40
2P	4180～5560	KF(R)-45、46、50
2.5P	5560～6800	KF(R)-60、61
3P	6800～9800	KF(R)-75
4P	10000～11500	暂无
5P	12000	KF(R)-120

二、家用空调器的基本形式及结构

目前，我国现普遍采用的空调方式基本可分为独立系统的小型家用空调和大型的集中式中央空调两种基本形式。前者包括：窗式空调器、壁挂分体式空调器、柜式分体空调机和大型立柜式空调机等；后者包括以各种冷热水机组做主机、风机盘管做末端的水循环集中式空调系统。不同形式的空调器有其不同的优缺点。

窗式空调：室内室外机合为一体，适用于小面积房间，安装方便且价格便宜，但噪声大等。

分体挂壁式空调：不受安装位置限制，更易与室内装饰搭配，噪声小，需要安装质量较高等。

分体立柜式空调：功率大、风力强、适合大面积房间，但噪声大等。

吊顶式空调：占地面积小，送风距离远，制冷效果好，但受安装位置限制，不易清洁等。

嵌入式空调：占地面积小，美观大方，送风面积广，制冷效果好，但造价高等。

小型中央空调：美观大方，质量好，制冷速度快，占地面积小，维护周期长等。

单冷型：适用于夏天较热而冬季较暖的地区，或冬季供热充足的地区。

冷暖型：适用于夏季炎热冬季寒冷地区；并且应注意选择制热量大于制冷量的空调以确保制热效果。

电辅助加热型立柜式空调：除立柜式空调一般特点外，还增加了电辅助加热部件，确保冬季制热强劲。

本章重点介绍窗式空调器和分体式空调器。

1. 窗式空调器

(1) 概述　窗式空调器具有结构紧凑，泄漏点少、制冷管道系统不容易发生泄漏，安装较为随意，维修和保养较为方便，控制系统可以做成简单的机械控制式，价格较为便宜的优点。但是，由于窗式空调器将振动和噪声较大的压缩机及轴流风扇合为一体，故振动大、噪声大，并且由于受结构的限制，能效比（*EER*）较低，制冷量一般只能做到5000W以内。

(2) 窗式空调器的基本结构　窗式空调器和其他家用空调器一样，都是由制冷系统、空气循环系统和电器控制系统三大部分组成。

各系统所包含的结构件主要包括：钣金件、塑料件、防振隔音件、密封隔热件、泡沫件、空气处理组件、电器系统组件、制冷系统组件和空气循环系统组件等。如图 2-1、图 2-2 和图 2-3 所示。

1）制冷系统　制冷系统主要包含压缩机、冷凝器、蒸发器、节流装置、制冷管道以及辅助装置。辅助装置有四通阀、（干燥）过滤器、单向阀、辅助毛细管、电辅助加热器、配管和消音器等。

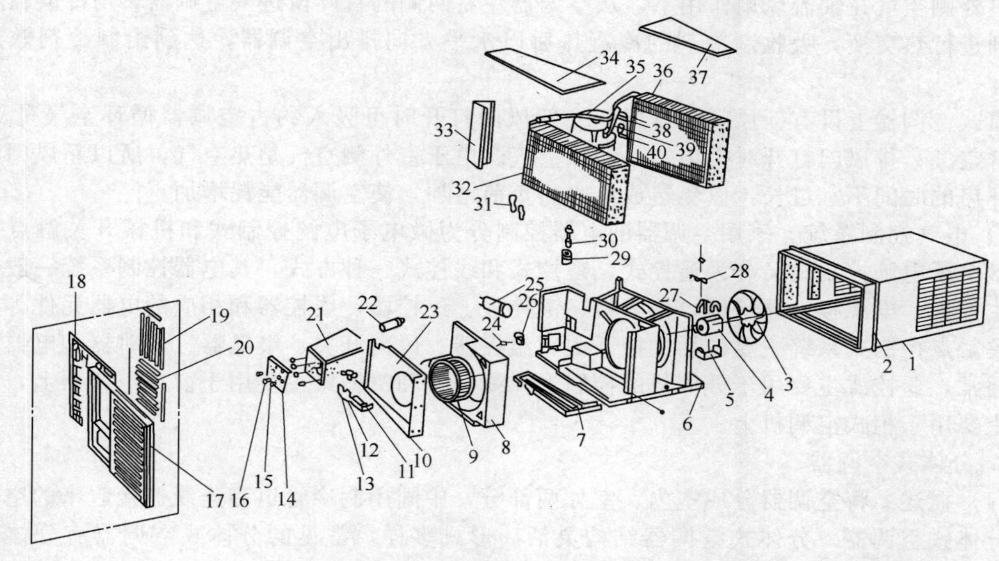

图 2-1　窗式空调器结构分解图

1—机壳；2—密封条；3—轴流风扇；4—风扇电动机；5—电动机支座；6—底盘；7—水盆；8—风壳；9—离心风扇；10—冷热开关；11—风门开关；12—温控开关；13—选择开关；14—面板；15—风门扳手；16—旋钮；17—面板；18—过滤网；19—左右导风叶片；20—上下导风叶片；21—电气盒；22—风扇电容；23—前板；24—风门钢索；25—压缩机电容；26—风门；27—电动机固定卡；28—电动机保护器；29—压缩机减振垫；30—压缩机固定螺钉；31—温包支架；32—蒸发器；33—护板；34—前盖板；35—压缩机；36—冷凝器；37—后盖板；38—换向阀；39—毛细管；40—换向阀线圈

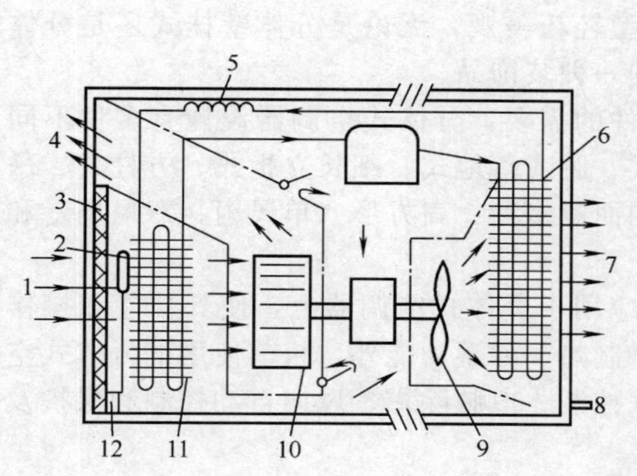

图 2-2　单冷型窗式空调器原理示意图

1—室内循环空气入口；2—温控器感温包；3—空气过滤器；4—室内循环空气出口；5—毛细管；6—冷凝器；7—室外排风；8—出水管；9—轴流风扇；10—离心风扇；11—蒸发器；12—温控器

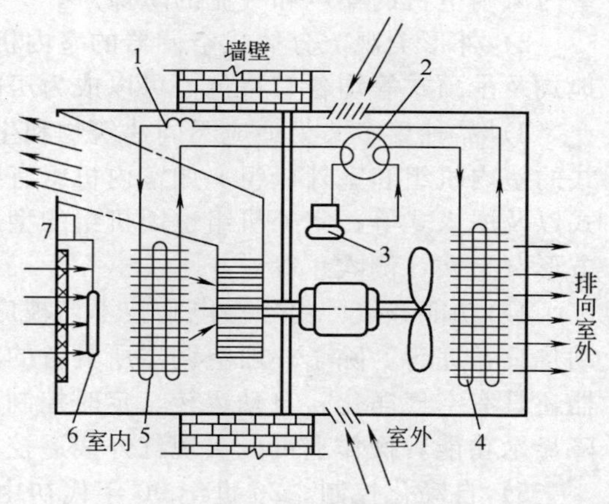

图 2-3　热泵型窗式空调器原理示意图

1—毛细管；2—电磁换向阀；3—压缩机；4—冷凝器；5—蒸发器；6—温控器感温包；7—温控器

2）空气循环系统　空气循环系统主要包括风机、风扇（轴流、贯流、离心风扇）、风室（腔）以及空气处理装置（换新风装置、负离子发生装置、触媒装置）。

室内侧空气在离心风扇作用下，水平进入空调器，经空气过滤网滤尘后，与蒸发器中的制冷剂进行热交换，达到给室内空气降温去湿、除尘和改变气流速度的目的。

室外侧空气在轴流风扇作用下，从空调器左右两侧的百叶窗进入空调器，与冷凝器中的制冷剂进行热交换，吸收制冷剂的冷凝热后以水平方向排出空调器，达到给制冷剂散热的目的。

窗式空调器上设有新风门和排风门。新风门打开时可吸入约占空调器循环空气量15%的新鲜空气；排风门打开时排出的是污浊空气。由于室外侧空气是热空气，所以新风门和排风门开启的时间不宜过长，以免造成室内热负荷增加，使空调器能耗增加。

3）电气控制系统　家用空调器的电器控制分为微电子电脑控制式和机械开关触点控制式。微电子电脑控制式又分为遥控式、键控式和线控式三种方式，其电器控制系统一般包括电脑主控板、电源板、显示板、接收板、键控板、遥控器、线控器和相应的电器元件等；机械开关触点控制式系统主要包括主控开关、温控器、风向开关、继电器、定时器和电器元件等。通常，遥控式主要用于分体机的控制上，线控式和机械式主要用于窗式空调器上，而键控式主要用于柜式空调机上。

2. 分体式空调器

（1）概述　将空调器分成室内、室外两部分，中间用制冷管道和连线连接起来的空调器称为分体式空调器。分体式空调器结构灵活，形式多样，常见的分体式空调器有分体壁挂式、分体落地式、分体吊顶式、分体嵌入式和分体一拖多式等。常用的分体式空调器有单冷型、热泵型和电辅助加热型三种。

分体式空调器具有以下优点。

1）运转宁静　由于空调器主要的运转部件，如压缩机、轴流风扇及电动机设置在室外机组，因而其运转引起的振动与噪声不会传入室内，它比整体式空调器（如窗式空调器）的噪声低得多。一般室内机组的噪声在40dB(A）以下，分体式空调器室内侧主要噪声来源是室内风扇电机的噪声和气流的摩擦声。

2）外形美观　分体式空调器的室内机组造型轻巧美观，无论是分体壁挂式还是分体落地式及吊顶式等均各有特色，可以成为房间内的一种装饰品。

3）品种繁多　为适应不同建筑物和生活条件的需要，分体式空调器设计有多种不同形式的室内机组和室外机组。如室内机组有壁挂式、卧式落地式、细长立柜式、方柱式、吊顶式以及嵌入式等；室外机组也因机组的型号不同而有多种：扁方形（单风扇、双风扇）和正方形（上吹、侧吹）等。

4）功能齐全　由于微电脑技术已被广泛地应用于分体式空调器上，使其功能和操作自动化日益完善。除了一般空调器所具备的制冷、制热、除湿功能外，目前使用的分体式空调器还具有空气净化、自动运转、定时控制、睡眠控制、电脑除霜、风向自动控制和保护及故障显示功能，操作上可以实现红外线遥控。

5）自动化控制　20世纪90年代初由日本三菱重工首先推出了自动化程度更高的模糊控制空调器，它可以根据温度、湿度、辐射、气流、穿衣量和代谢量6种综合因素自动调节，为室内提供舒适的环境。

结合了变频技术的模糊控制空调器，可以根据冷热负荷的大小改变压缩机转速。在以较大的功率快速制冷或制热后，以较小的功率运转维持室温，节能效果更明显。

6）能效比高　由于分体式空调器分为室内、室外两部分，因而结构空间较大，两器设计较为方便，可以较为充分地考虑换热器的换热面积，同时送风系统的设计也较为方便，对流换热的效果也加强了，这些优点都使得分体式空调器的制冷效果高于窗式空调器。

7）制冷能力大　由于分体式空调器的结构空间大，因而可以将制冷量做得更大，一些分体式空调器已经做到了8匹以上（20000W）。

但是，分体式空调器也有不少缺点。分体式空调器因室内外的连接而增加了可能的泄漏点，因而容易造成泄漏。而且由于分体式空调器有室内室外两个单元，并且室外单元多为高空悬挂安装，故保养和维修较为麻烦。另外，分体式空调器的价格相对较贵。

(2) 分体壁挂式空调器　分体壁挂式空调器和其他家用空调器一样，同样是由制冷系统、通风系统和电器控制系统三大部分组成。与窗式空调器相比，分体壁挂式空调器室内外机组的结构相对简单，但总体的零部件多一些，并且多出了室内外机连接管和高低压截止阀。

图 2-4、图 2-5 所示为分体壁挂式空调器室内、外机系统构成图。

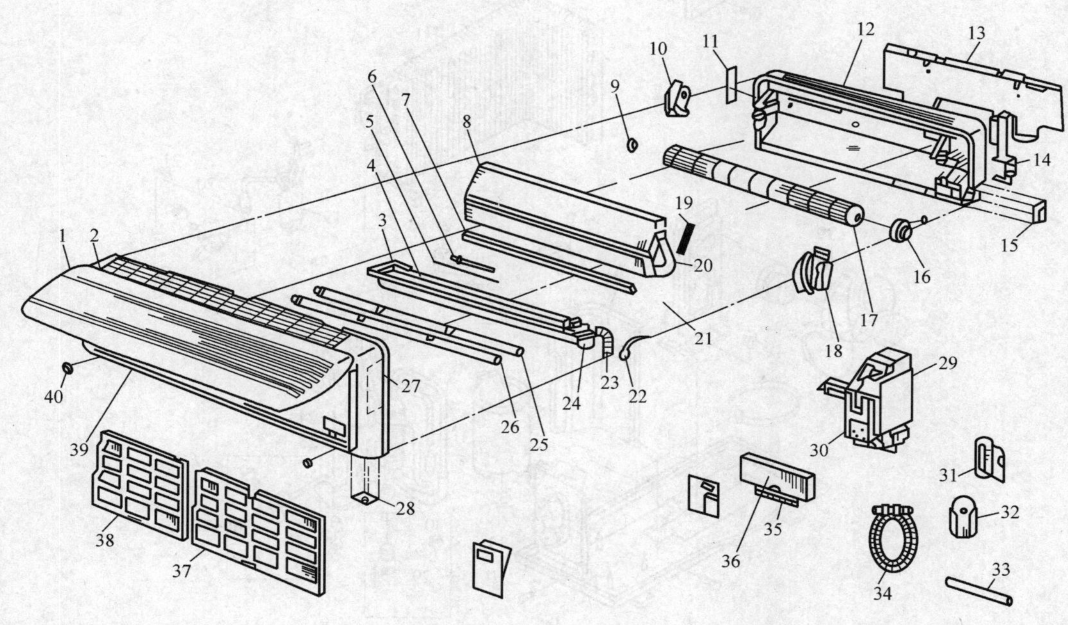

图 2-4　分体式空调器室内机组分解图

1—回风口格栅；2—面板座组件；3—排水槽和垂直导风叶支架；4—垂直导风叶组件；5—蒸发器进液管；6—蒸发器出气管；7—蒸发器中间槽隔条；8—蒸发器总成；9—贯流风扇轴承；10—轴承座；11—铭牌；12—室内机后座；13—安装板；14—导管引出口；15—后座右活动盖；16—风扇电动机；17—贯流风扇；18—电动机支座；19—泄水盘导槽；20—蒸发器进出管隔热套管；21—温度传感器固定夹；22—摇摆电动机；23—排水软管；24—导风叶片臂组件；25—上水平导风叶片；26—下水平导风叶片；27—接线图和铭牌；28—指示灯组件；29—电器盒组件；30—电器盒盖组件；31—无线遥控器；32—遥控器支架；33—排水软管隔热材料；34—排水软管；35—过滤器手柄；36—脱臭过滤器和静电过滤器；37—右滤网；38—左滤网；39—面板卡；40—面板座固定螺钉罩帽

1) 制冷系统　制冷系统主要包含压缩机、冷凝器、蒸发器、节流装置、制冷管道以及辅助装置。辅助装置有四通阀、(干燥) 过滤器、储液器、单向阀、辅助毛细管、电辅助加热器、配管和消音器等。

2) 空气循环系统　与窗式空调器相比，分体式空调器有两套独立的空气循环系统，室外空气循环系统有单风道和双风道两种，使用的电机为铁壳电机，风扇为轴流风扇；室内空气循环系统的电机一般为塑封电机，风扇为贯流风扇。

3) 电器控制系统　与窗式空调器相比，分体式空调器的电器控制系统全部为电脑控制，控制系统比较复杂，但控制功能更为齐全，使用更方便。

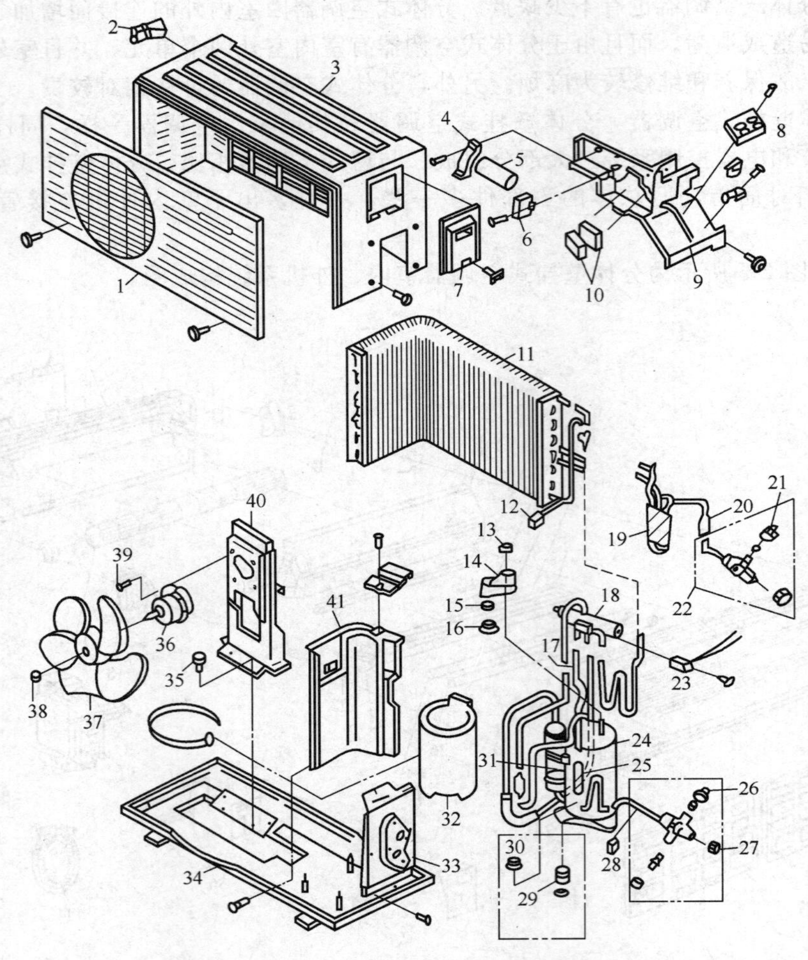

图 2-5 分体式空调器室外机组分解图

1—室外机前面板；2—把手；3—机壳组件；4—电容器托架；5—压缩机电容器；6—风机电容器；7—控制盒盖；8—电源引线端子板；9—控制板；10—电磁开关；11—冷凝器；12—压力开关；13—压缩机端子罩螺母；14—压缩机端子罩壳；15—过载保护器压紧弹簧；16—过载保护器；17—压缩机管路；18—四通换向阀；19—毛细管；20—过滤器；21—扩口螺母；22—二通阀；23—四通换向阀线圈；24—压缩机；25—排气缓冲容器；26—扩口螺母；27—三通阀阀帽；28—压力开关；29—压缩机底座橡胶圈；30—压缩机底座固定螺母；31—储液分液器；32—压缩机保温隔声棉；33—制冷剂阀支架；34—底座；35—风扇电动机支架螺钉；36—风扇电动机；37—风扇；38—风扇固定螺母；39—电动机固定螺钉；40—风扇电动机支架；41—隔板

(3) 分体落地式空调器　分体落地式空调器（柜式空调器）和其他家用空调器一样，同样是由制冷系统、空气循环系统和电器控制系统三大部分组成。

总体上来看，分体落地式空调器与壁挂式空调器在结构上基本相同，不同之处是室内机落地摆放，外形尺寸大、体积也较大。分体落地式空调器分立式和卧式两种，制冷量可以做到更大，5 匹及以上室外机采用双风道；8 匹以上的分体落地式空调器也有采用水作载冷剂的，即室外冷凝器为风冷式，蒸发器为水冷式。图 2-6、图 2-7 所示为分体落地式空调器室内、室外机结构。

1) 构件　分体落地式空调器室外机在结构上与壁挂式空调器室外机相似，但两者室内

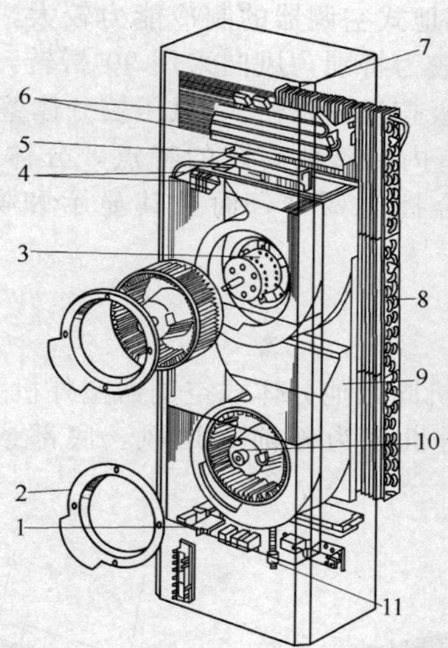

图 2-6　柜式空调器室内机组结构

1—室内控制板；2—风口；3—风扇电动机；4—电容器；5—控制器；6—加热器；7—熔丝；8—热交换器；9—罩；10—风机；11—排水管

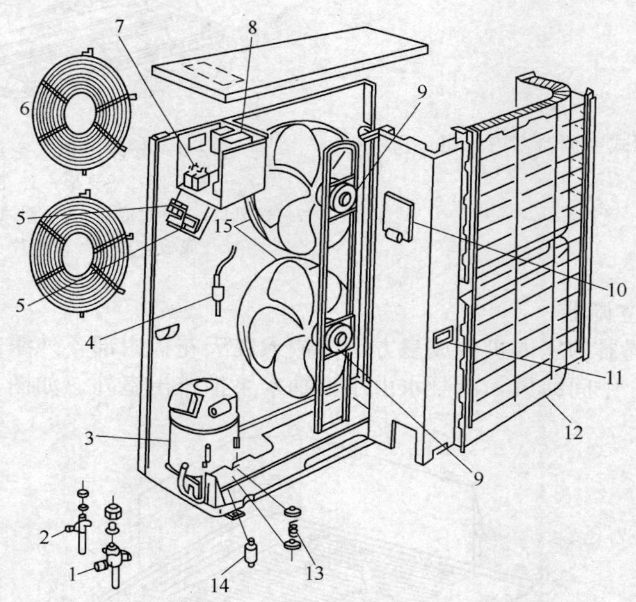

图 2-7　柜式空调器室外机内部结构

1—气体截止阀；2—液体截止阀；3—压缩机；4—高压开关；5—接线端子；6—防护罩；7—电解电容；8—电磁开关；9—电动机；10—开关盒；11—吊装孔；12—冷凝器；13—减振弹簧；14—干燥器；15—风扇

机在结构上却有很大区别，分体落地式空调器室内机的结构比较复杂，送风系统使用离心风扇。分体落地式空调器的零部件也比壁挂式空调器要多。

2）制冷系统　分体落地式空调器的制冷系统大多增加了专门的储液器、消音器和压力保护开关，并且由于室内侧的蒸发器比较大，所以也增加了制冷剂平衡分配器和毛细管束。

3）空气循环系统　分体落地式空调器的制冷能力较大，所以室内外侧都有一个或两个风机和风扇，室内机的风道也较为特别，风向采用90°折转，间接吹扫过蒸发器（分体壁挂式空调器和窗式空调器是空气吸扫过蒸发器），风压较分体壁挂式空调器大。

4）电器控制系统　根据室内机落地安装的特点，分体落地式空调器的电器控制系统有独立键控或键控与遥控混合控制两种，而且其显示和操作部分相比之下更为美观和完善。

三、其他形式空调器

1. 分体吊顶式空调器

分体吊顶式空调器的室外机同其他分体式空调器室外机一样，室内机则做成扁平状，悬挂在房顶的天花板下，其室内机多为侧前方送风，底部或后部回风。如图2-8和图2-9所示。

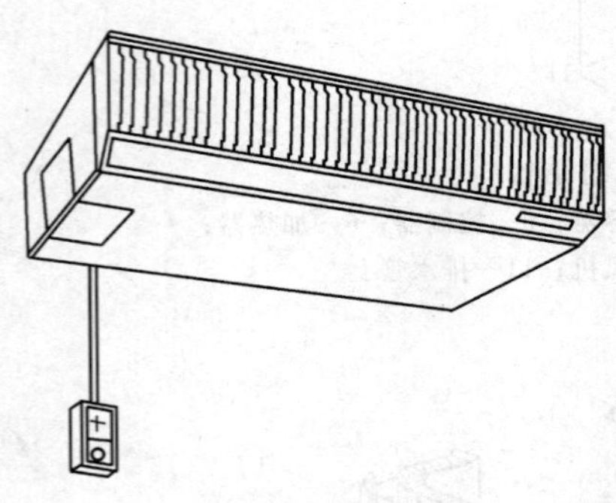

图2-8　分体吊顶式空调器室内机组

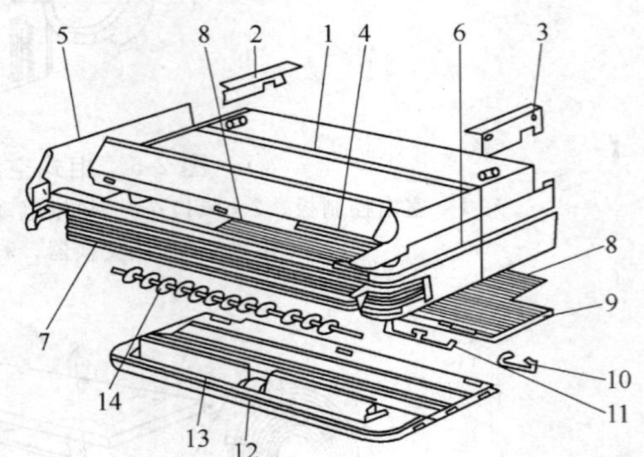

图2-9　分体吊顶式空调器内部结构

1—上板；2、3—支架；4—前板；5、6—侧板；7—送风口；8—过滤器；9—回风格栅；10、11—卡子；12—底板；13—导向叶片；14—旋转百叶

2. 分体嵌入式空调器

分体嵌入式空调器的室内机做成扁方形，嵌入在天花板内部，外露部分只有进出风口表面，多为四面出风，中间回风，冷凝水由小型抽水泵抽排出室外。如图2-10所示。

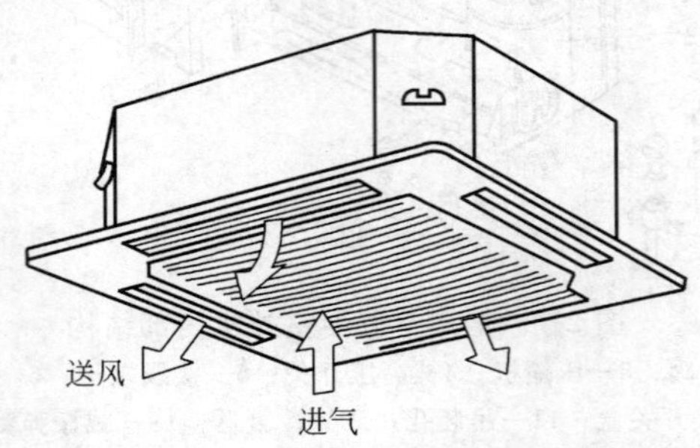

图2-10　分体嵌入式空调器室内机组外形

3. 移动式空调器

移动式空调器与窗式空调器一样，都是一体式空调器，但可以移动，冷凝器的热量由水来冷却，并以蒸汽的形式由风机通过管道排出室外。其结构如图2-11所示。移动式空调器结构紧凑，较为省电、节能，使用灵活，噪声也比较小。

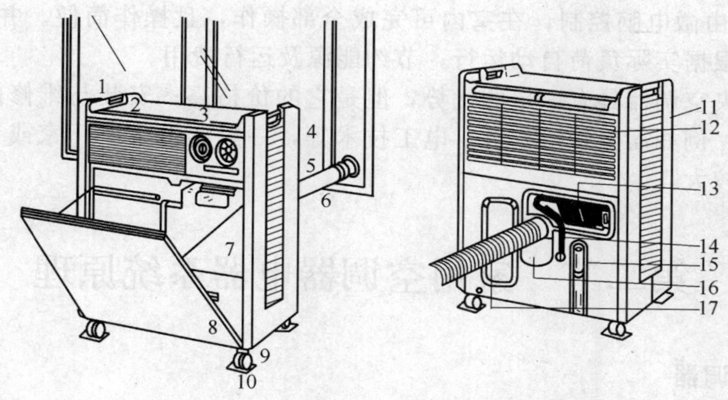

图 2-11　移动式空调器外形及结构

1—空气出口盖；2—空气出口；3—定时器；4—选择开关；5—温控器；6—高压开关；7—水箱；8—前门；9—脚轮；10—脚轮座；11—空气过滤器；12—空气入口；13—装线盒；14—电源线；15—排水管；16—排气管盖；17—排气管

4. 一拖多空调器

利用可变容压缩机，通过微电脑控制系统，使一台室外机带动两台以上的室内机，这种空调器称为一拖多空调器。其自动控制包括压缩机容量控制、风量控制、制冷剂调节和分配、温度控制等，以实现对整个系统的控制。变容压缩机包括变频式、双速式、双压缩式等。室外机也可以采用模块式。

一拖多空调器可以代替小型中央空调，故也称为户式中央空调或商用空调。

5. 户式中央空调器

户式中央空调器主要由三部分组成：第一部分是为空调系统提供冷/热源，对于单冷型系统，它通常是一台制冷机组，对于冷暖型系统，它通常是一台热泵机组，在特别寒冷地区，还经常辅助以燃油（气）或电热装置，以满足极端天气的采暖需求；第二部分是将冷/热量输送到各个需用场合的输送分配系统，它主要由管道、载热/冷介质及控制分配的阀门等装置组成；第三部分是将冷/热量传递到空调房间的末端装置，它可以是风机盘管、散流器或是由蒸发器和风扇组成的室内机。

户式中央空调器主要有两种形式：一是风机盘管形式，它采用一台主机与多个末端分离安装的方式。主机可安装在室外阳台的“隐蔽处”，并根据实际负荷自动运行。末端的设备即风机盘管具有多样化、易配套的特点，可根据用户的喜好选配设计管路、位置，也可实现单独的有效控制，任意调节各房间的温度，特别适用于 100～600m^2 的商用住楼、高级公寓、单元住宅楼和别墅；二是全风系统瑞姆形式，采用系统风管向各房间输送清新空气，优异的气流组织可使室内温度均匀，几无温差，亦可随意调节各房间温度。同时由于具有送、回风及新风系统，降低了室内空气污染对人体健康的危害，提高了室内空气品质。

户式中央空调器有以下特点。

① 户式中央空调器是小型化的中央空调系统，可满足用户多居室需求，以家庭为单元，可适应用户的个性化需求，不受其他用户影响。

② 由于户式中央空调器采用了分体式空调室内机与室外机相分离的结构形式，使主机与末端装置相分离，这样就保证了宁静的家居环境，符合空调低噪声的发展趋势。

③ 室内末端装置可采用多种方式安装，如暗藏、半暗藏、明装等方式，极适宜配合室内装修。

④ 由于主机由微电脑控制，在室内可完成全部操作，且操作简便。并采用了先进的电子控制系统，可根据实际负荷自动运行，节约能源及运行费用。

虽然户式中央空调器具有一定的优势，但是它的价格高；安装与维修的技术含量较高，涉及的工种较多，例如需要管道安装、电工技术等，一般要由生产厂家或专业公司来完成，安装维修的成本较大。

第二节　家用空调器电器系统原理

一、窗式空调器

1. 单冷型电路

单冷型窗式空调器电路如图 2-12 所示。

(1) 工作原理　压缩机为全封闭式，电源为单相220V、50Hz，压缩机采用PSC启动方式，有一只运转电容器串联在绕组中，以改善压缩机的启动和运转性能，提高功率因数。单相电源风扇电机电路中也串联一只运转电容器，起同样的作用。

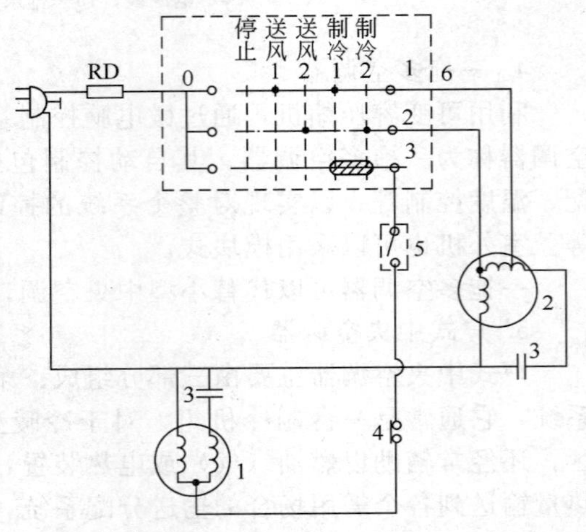

图 2-12　单冷型窗式空调器电路图

压缩机主电路中有一只过载保护器，其结构为双金属片圆壳式，装于压缩机外壳上。

制冷压缩机的开、停由温度控制器控制，压力式感温元件置于空调器回风口处，能感受室内温度。当室温高于设定温度时，温控器触点吸合，接通电路，压缩机、风机启动运转，空调器开始制冷。当室温降至设定温度时，温控器触点断开，使压缩机电路断电、停机。

空调器的选择开关为五挡：送风（强、弱）、制冷（强、弱）、停机。图中当选择开关置于制冷 1 位置时，选择开关接点 0 与 1 接通、0 与 3 接通，其他接点不通，此时为弱冷挡次，制冷压缩机制冷。弱冷挡次时，制冷机运转，室内风扇以低速挡运转。

将选择开关置于制冷 2 位置时，主令开关接点 0 与 2 接通、0 与 3 接通，风扇在高速下运转，压缩机同时运转制冷，此时为强冷状态。用于房间内的急速降温。

当选择开关置于送风 1 时，0 与 1 接通，风扇低速运转，压缩机不制冷，只有风扇低速运转，即弱风。风扇电机因抽头不同而有高速（强风）、低速（弱风）或中速运转的不同。压缩机不制冷时，风扇运转用于室内通风换气。

室内的温度由温度控制器进行控制，其高低由空调器控制面板上的温度控制旋钮的位置而定。在一般情况下，温度控制旋钮逆时针旋转温度的给定低，相反，温度的给定高。

(2) 电气零部件　窗式空调器电器控制系统的主要作用是控制空调器正常工作和运行，保护空调器压缩机和双伸轴电动机正常运行而不被损坏。

窗式空调器的电器控制系统主要由压缩机驱动电动机、双伸轴电动机、电容器、热保护器、温度控制器、功能选择开关等几部分组成。

1) 压缩机驱动电动机　电冰箱、空调器以及其他小型制冷装置上的制冷压缩机，广泛使用单相异步电动机驱动。单相异步电动机通单相电无法产生旋转磁场，不能获得启动转矩，要使它具有一定的启动转矩，就必须设法使它在启动时能产生一个旋转磁场，通常在单相电机的定子中安排两个绕组，其中一个为工作绕组（也称主绕组），另一个为启动绕组（也称副绕组）。由于工作绕组与启动绕组的阻抗不同，在空间又相隔 90°电角度。所以通电后这两个绕组内产生的磁场在时间和空间上将存在着相位差，当接通电源时，在电动机气隙中便产生一个合成的两相旋转磁场（圆形或椭圆形）。

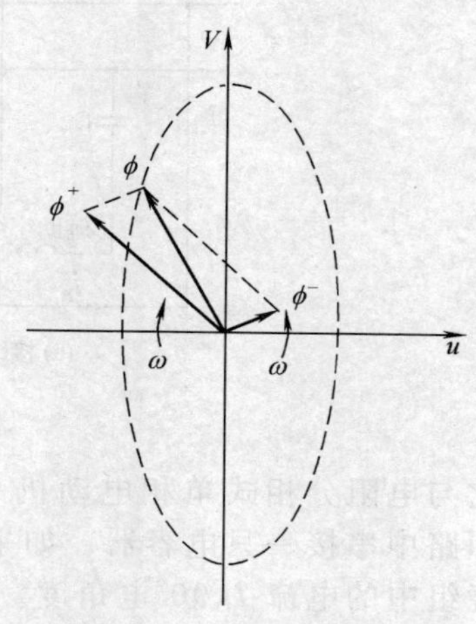

图 2-13　两相绕阻产生旋转磁场示意图

单相异步电动机两相绕组产生旋转磁场的示意图如图 2-13 所示。在这旋转磁场的作用下，电动机转子绕组将产生感应电流，由于磁场和电流作用的结果，电动机转子开始启动运转。

单相异步电动机依照启动方法、副绕组的位置及参量不同，常有多种不同形式。常用的单相异步电动机主要有分相式电动机和电容运转式电动机。

① 分相式电动机　如果在启动绕组中串入一个适当的电阻或电容器，那么，这两个绕组中的电流的相位也就不同，就能产生旋转磁场，从而产生启动转矩。

启动绕组按短时运行状态设计，在启动绕组线路中串入有离心开关或继电器，在转速达到一定时，开关自动打开，使启动绕组脱离电源，正式靠工作绕组单相运行。用上述方法启动的电机称为分相电机。分相电机又可分为电阻分相及电容分相两类。

a. 电阻分相电动机（电阻启动电动机）　电阻分相电动机定子内具有主、副两个绕组。通常副绕组的导线较细，匝数较少，因此它的电阻较大，电感较小，它的电流领先于工作绕组电流。如图 2-14 所示。启动绕组 I_B 与电压 U_1 之间的相角 θ_B 较小；而主绕组电阻较小、电感较大，主绕组电流 I_A 与电压 U_1 之间的相角 θ_A 比较大。这样，在 I_A 和 I_B 之间造成了一定的相位差，形成两相电流。

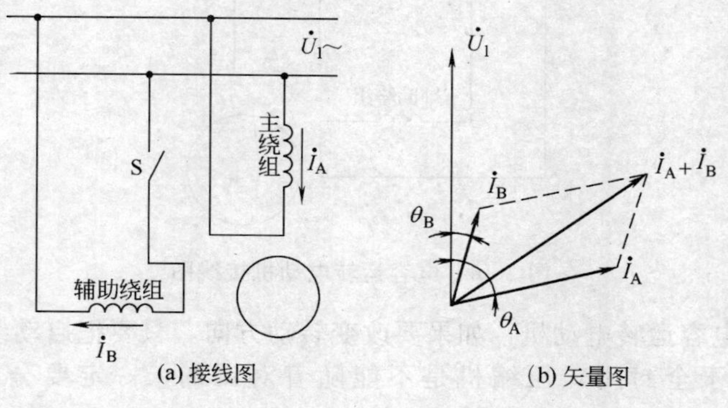

(a) 接线图　(b) 矢量图

图 2-14　电阻分相电动机

从图 2-14 可以看到，I_A 和 I_B 之间的相位差不能达到 90°电角度，因此，在电机气隙中建立的是椭圆磁场，从而产生的电磁转矩较小，启动电流较大。

b. 电容分相电动机（电容启动电动机）　电容分相电动机的接线原理图，如图 2-15 所

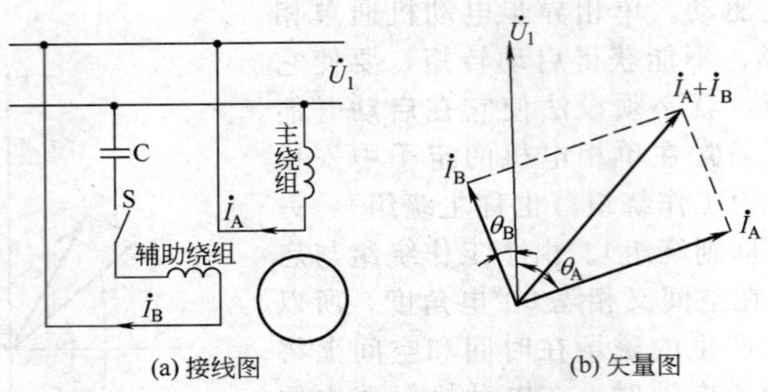

图 2-15 电容分相电动机

示。它与电阻分相式单相电动机一样，电动机定子内有主、副两套绕组。不同的是副绕组回路中串接一只电容器。如果电容选择适当，可以使启动绕组中的电流 I_B 领先于工作绕组中的电流 I_A 90°电角度。这就能在电机气隙中建立一个较好的旋转磁场，得到较大的启动转矩和较小的启动电流。由于电容器只作启动用，通电时间短，可以偏大选择。

② 电容电动机（电容运转电动机） 图 2-16 为电容运转式单相异步电动机接线原理图。这种电动机定子内也同样具有主、副两个绕组。它们的轴线在空间相差 90°电角度，副绕组回路串接一个电容器，与主绕组一道长期接于电源工作。由于两组绕组都参与工作，因此，定子绕组在空气隙中建立较好的旋转磁场，使电机运行性能得到改善，这种电动机的功率因数、效率、过载能力都比较高。而且省去了启动装置，使用可靠性也高。由于电容器长期接在电源上工作，在选择电容器时应考虑有较好的运行性能和较高的耐压值。

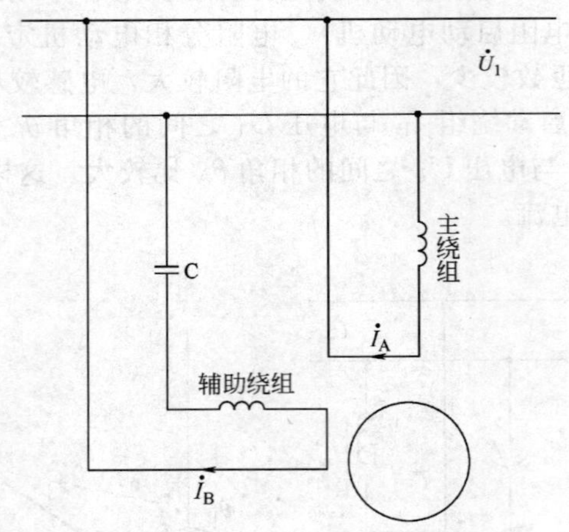

图 2-16 电容运转电动机接线图

分相电动机或电容运转电动机，如果要改变转动方向，只要把启动绕组和运行绕组对调一下就行了。但对于全封闭式压缩机是不能随着对调的，一定要分清启动绕组和运行绕组。

窗式空调器用的压缩机驱动电动机一般为电容运转式电动机，它由定子和转子两部分组成，在定子上设两组绕组：运行绕组（亦称主绕组），其端子符号用“M”（或“R”）表示；启动绕组（亦称副绕组），其端子符号用“S”表示，公共端用符号“C”表示。

2）双速（三速）单相电机 窗式空调中的双伸轴风机电动机多为双速（三速）单相电

机，单相双速电容电动机转速的变更并不一定要更改它的极数，只要把加在运转绕组上的电压降低就可以使电动机的转速下降，为了使运转绕组的电压降低，另外用一个辅助绕组与运转绕组串联，辅助绕组的绕法与运转绕组一样，放在相同的槽内。

如图 2-17 所示，将开关 S 置于低速挡，主绕组 L1 与辅助绕组 L3 串联后并接在电源线上，整个电源电压即被分配在这两个绕组上，运转绕组所受到的电压只有电源电压的一部分，因为电压降低了，电动机的转速随之降低。

当开关 S 置于高速挡时，主绕组直接接在电源上，而辅助绕组则改为与启动绕组和电容器 C 串联，主绕组获得电源的全部电压，因而提高转速。

要使电动机逆转，可将启动绕组的两端互换。三速单相电容运转电动机的接线方法如图 2-18 所示。

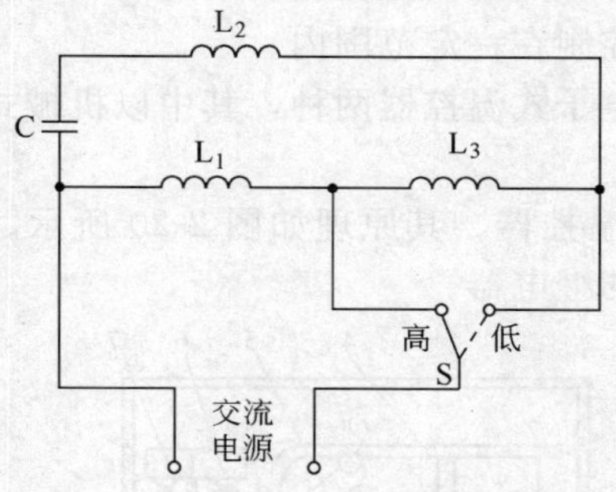

图 2-17 单相双速电机接线图

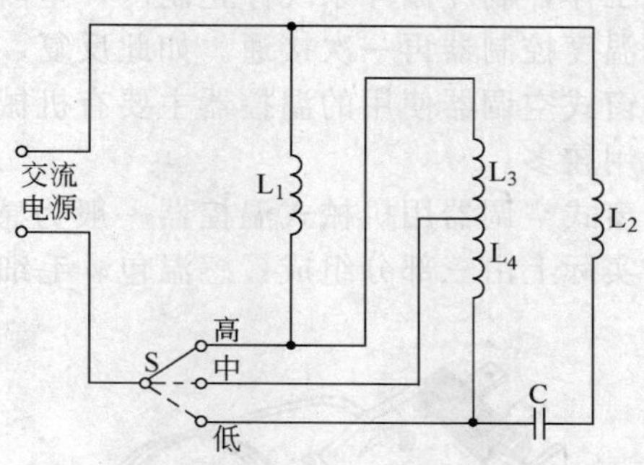

图 2-18 单相三速电机接线图

3）过载保护器 过载保护器又称热继电器或热保护器。为了防止空调器的压缩机驱动电动机因出现过热或过电流等原因而损坏，通常在压缩机驱动电动机的电路上都串接有过载保护器。

目前家用窗式空调器普遍使用的是双金属碟形过载保护器，如图 2-19 所示。它具有过电流和过热保护双重功能，紧贴于压缩机机壳外表面。

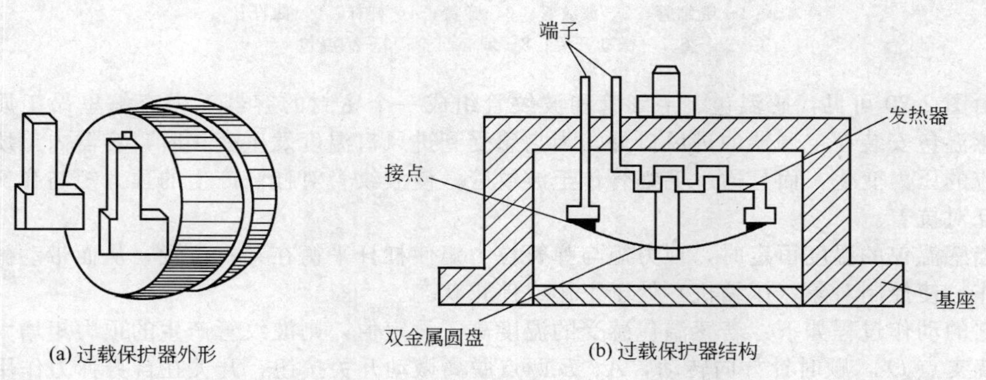

(a) 过载保护器外形 (b) 过载保护器结构

图 2-19 过载保护器

过载保护器由碟形双金属片，动、静触点，端子，电热丝，调节螺钉和锁紧螺母等组成，碟形双金属片由双层金属片构成，上层金属片热膨胀系数小，下层金属片热膨胀系数大。在正常工作状态时，碟形双金属片处于将端子间的电路接通的位置。

如果电路中的电流因某种原因超过额定电流时，电热丝立刻升温，碟形双金属片受热向上翘曲，使动、静触点断开，切断电源，起到保护作用。电源切断后双金属片温度逐渐下降，大约十几秒钟后，双金属片复位，再接通电路。

如果压缩机电动机在运行过程中，运行电流正常，而压缩机机壳因某种原因温度过高时，通过热辐射或热传导，碟形双金属片也会因受热而动作，切断电路，对压缩机电动机进行保护。

4）温度控制器　温度控制器简称温控器，其作用是控制空调器的工作状态，使室内温度始终处于人们所选定的预置范围内。

当室内温度高于设定温度时，温控器接通，接通压缩机驱动电动机的供电电源，压缩机工作，制冷循环系统开始制冷，室内温度慢慢下降。

当室内温度达到设定温度后，温控器跳开，断开压缩机驱动电动机的供电电源，压缩机停止工作，制冷循环系统停止制冷，室内温度不再下降。当室内温度慢慢上升到设定温度以上，温度控制器再一次接通。如此反复，使室内温度控制在一定范围内。

窗式空调器使用的温控器主要有机械式温控器和电子式温控器两种，其中以机械式温控器使用较多。

窗式空调器用机械式温控器一般为感温波纹管式温控器。其原理如图 2-20 所示。该控制器实际上由三部分组成：感温包、毛细管和壳体内的继电器。

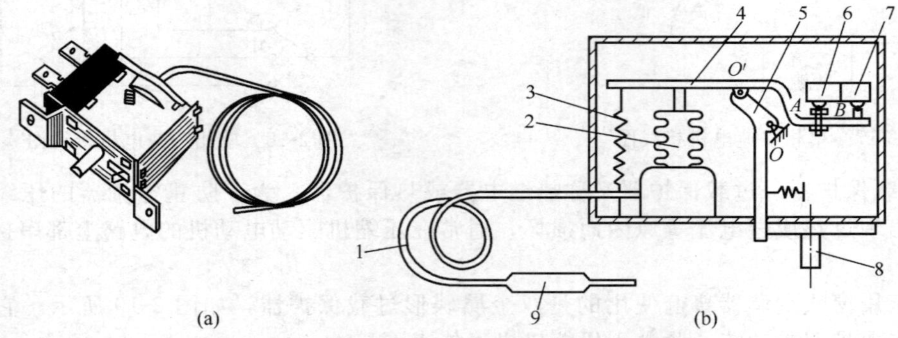

图 2-20　温度控制继电器外形及动作原理图

1—毛细管；2—波纹管；3—弹簧；4—杠杆；5—曲杆；6、7—微动开关；8—偏心凸轮；9—感温包

由图 2-20 可见，感温包、毛细管和波纹管组成一个密封的容器，内充氟里昂工质。通常将感温包安装在空调器的进风口处，当它感受到进风口温度发生变化时，容器内工质将产生相应的压力变化，而且通过毛细管传至波纹管，使波纹管对杠杆产生的顶力矩与弹簧拉力矩相互对抗着。

当感温包的温度恒定时，顶力矩与弹簧拉力矩使杠杆平衡在某一位置，从而带动微动开关动作，使控制对象（压缩机）处于工作或停止状态。

它的动作过程如下：若感温包感受的温度高于设定值，则波纹管产生的顶力矩增大，使杠杆绕支点 O'，顺时针方向转动，A、B 两点脱离微动开关按钮，开关在自身弹力作用下复位，触点闭合，压缩机处于工作状态；相反，若感温包感受的温度低于设定值，则波纹管的顶力矩减小，杠杆绕支点 O'，逆时针方向转动，A、B 两点按压微动开关按钮，使触点切断电源，压缩机处于停止工作状态。

温度控制器的温控设定值可通过调节偏心轮的位置获得，当旋动偏心轮使曲杆绕 O 点左移时，O'支点上移，弹簧拉力矩增大，显然，温度控制的设定值将提高。相反，当旋动偏心轮使曲杆绕 O 点右移时，O'支点下移，弹簧拉力矩减小，温度控制的设定值降低。温度控制继电器的图形符号见图 2-21 所示。

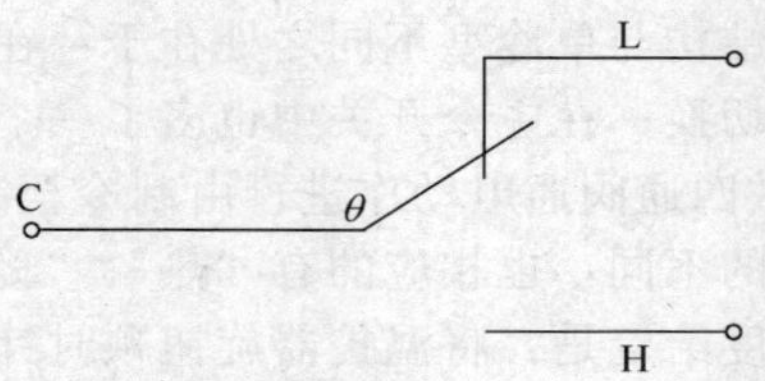

图 2-21　温度控制继电器的图形符号

5）功能选择开关　功能选择开关（又称主令开关）在空调电器中主要用来控制通风、制冷、制热等各种功能的切换。

图 2-22 是 LS1-15 旋转式选择开关，它有 5 个操作位置，触点是分层安置，并由中间的凸轮来控制通断。由于每层凸轮做成不同的形状和大小，因此开关转到不同的位置时，通过凸轮的作用，就可使各对触点按所需要的规律接通或断开。

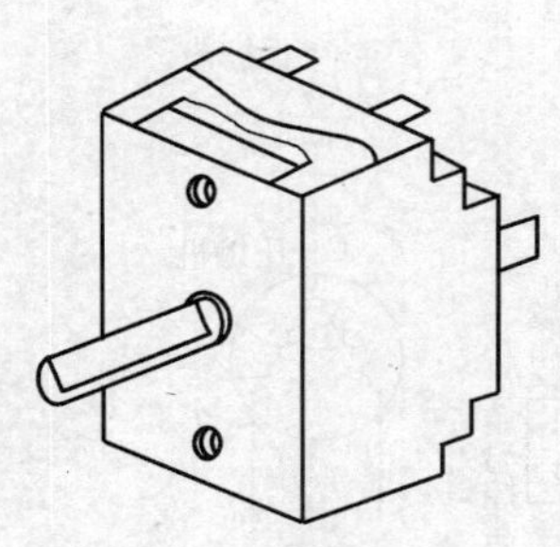

图 2-22　旋转式选择开关

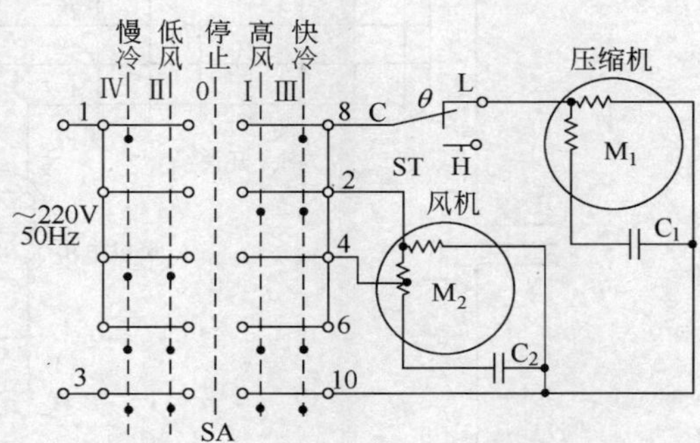

图 2-23　控制原理图

图 2-23 为应用 LS1-15 旋转式选择开关的单冷窗式空调电气控制原理图。开关有五个操作位置：0 位（中间）、Ⅰ位（右旋 60°）、Ⅱ位（左旋 60°）、Ⅲ位（右旋 120°）、Ⅳ位（左旋 120°）。开关的各对触点在旋钮转到不同操作位置时的通断状态，如表 2-6 所示。其中“＋”表示触点闭合，“－”表示触点断开。对照触点通断状态表可以看出，上述线路在开关置于 0 位时，空调器处于断电状态；转到Ⅰ位时，风机高速运行；转到Ⅱ位时，风机低速运行；转到Ⅲ位时，风机高速运行、压缩机运行实现快速制冷；转到Ⅳ位时，风机低速运行、压缩机运行实现慢速制冷。

表 2-6　LS1-15 旋转式选择开关触点通断状态表

触点标号	手柄位置				
	Ⅳ	Ⅱ	0	Ⅰ	Ⅲ
1—2	—	—	—	+	+
1—4	+	+	—	—	—
1—6	+	+	—	+	+
1—8	+	—	—	—	+
3—10	+	+	—	+	+

在电气原理图中，选择开关可按图 2-23 所示将操作位置用虚线表示，在每一操作位置上处于闭合的触头，应于该触点的下方或右侧，在与虚线相交的位置上用涂黑的圆点标注。

2. 冷、热两用热泵型电路

冷、热两用热泵型空调器电路如图 2-24 所示。

冷热两用热泵型空调器的结构与单冷型不同之处在于：在制冷系统中增加了一个电磁四通阀，可以进行制冷与制热的切换；在主令开关中也多了一个制热选择，当将选择开关置于“热”或“暖”的位置时，电磁四通阀通电动作进行由制冷至制热的切换。

制热运转时由于风扇速度的不同，也相应的有“热”、“暖”等强弱挡之分。

温度控制器在制热时的温度给定是：将温控器旋钮顺时针方向旋转时温度高。

冷热两用热泵型空调器的控制电路中，电磁四通阀线圈和风机的公共回零回路上串接了一只化霜温控器，当制热工作时室外蒸发器结霜达到一定程度，化霜温控器断开，电磁四通阀线圈失电，电磁四通阀反向工作，此时室外蒸发器变为冷凝器，高温高压气体将霜融化。此时由于化霜温控器断开，风机是不工作的，这样可防止室内温度出现较大的波动。

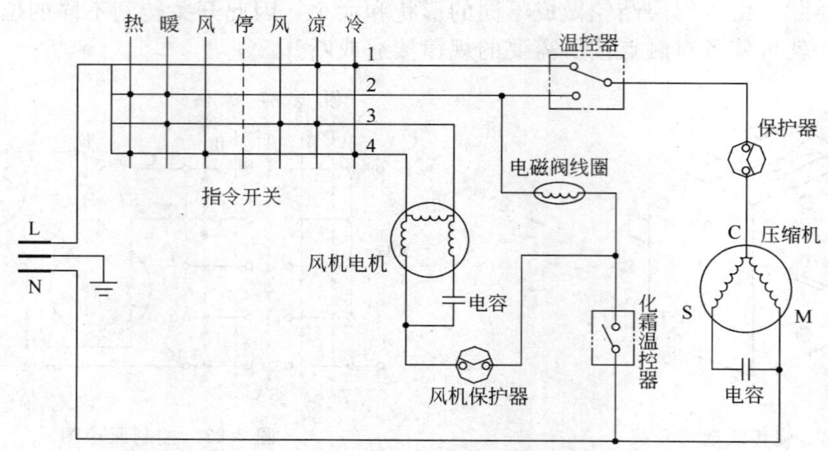

图 2-24 冷、热两用热泵型空调器电路图

3. 电热型电路

电热型的窗式空调器电路如图 2-25 所示。

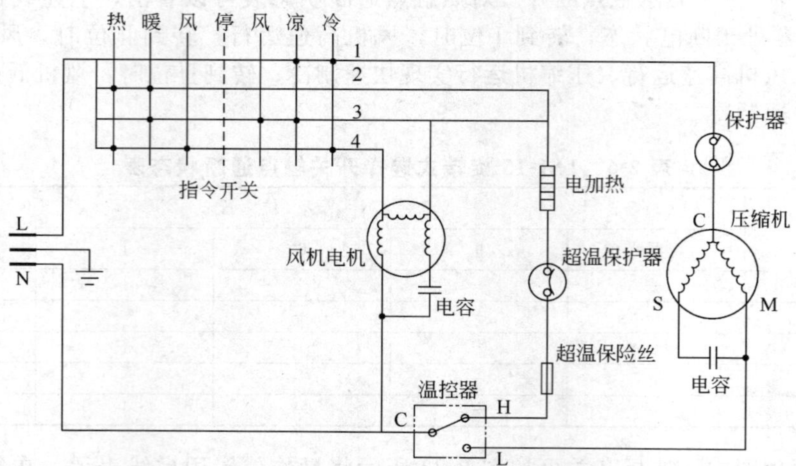

图 2-25 电热型的窗式空调器电路图

电热型的窗式空调器与冷、热两用热泵型空调器的不同之处在于：增加了一组电加热器，制热时是由电加热器发热，风机吹出热风。制冷系统和单冷型是一样的，制热时压缩机不工作。

在电热型的窗式空调器控制电路中，电加热控制回路中增加了超温双金属保护器和超温保险丝。在制热工作时如果风机有故障，电加热器周围温度急剧升高，达到一定温度，超温双金属保护器动作断开，切断电路防止过热。如果超温双金属保护器由于故障不能动作，当温度达到一定温度时（105℃以上），超温保险丝熔断切断电路，保护空调器。

二、分体式空调器

以美的清爽星 KFR-33GW/CY 微电脑控制电路为例。

1. 电源电路分析

电源（220V/50Hz）经熔丝管、压敏电阻、变压器降压为交流 14V 电压，通过桥式整流器 IC7，滤波电容 C6、C10 输出 13V 左右的直流电压，经过 7812 三端稳压器，滤波电容 C7、C11，输出直流＋12V 电压，为启动继电器、蜂鸣器、步进电动机、风机内部霍耳检测板等提供工作电压。然后直流＋12V 电压再经过 7805 三端稳压器、滤波电容 C8、C12，输出直流＋5V 电压，提供给主芯片 IC，并作为指示灯电路、温度检测电路、时钟电路、复位电路等的工作电压。电源电路如图 2-26 所示。

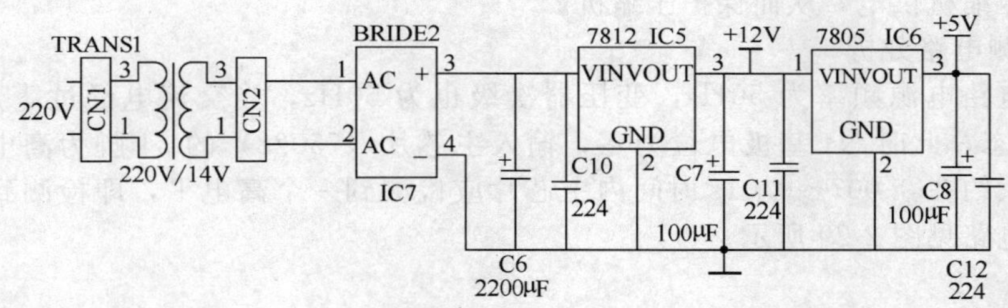

图 2-26　电源电路

2. 温度检测电路分析

温度检测电路如图 2-27 所示。电路中 T1 为环境温度传感器，T2 为蒸发器管温度传感器。当温度改变时，T1、T2 温度传感器阻值也随之改变，并通过电阻 R_{32}、R_{27} 分压后输入主芯片（75028）25 脚、24 脚，这时电压也随之改变，从而完成由温度信号向电压信号转变的过程，实现温度检测，控制压缩机的启停。

3. 电流检测电路分析

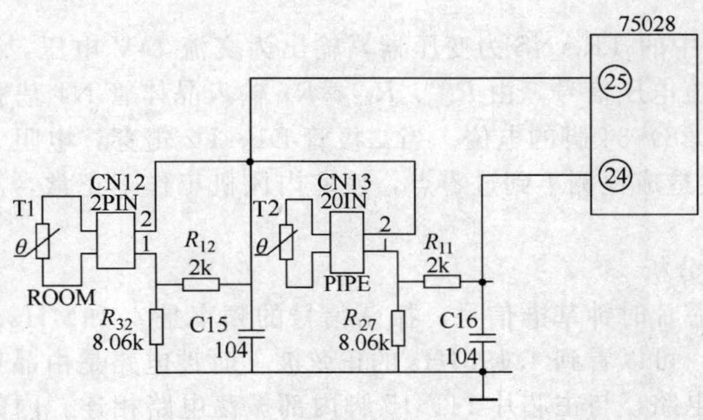

图 2-27　温度检测电路

电流检测电路主要是检测压缩机工作电流，压缩机在工作中电流过小或过大超过设定值时，使压缩机停止工作，电流检测电路如图 2-28 所示。图 2-28 所示的电路中，D7 为钳位二极管，D4 为整流二极管，R_{25}、R_{24}、R_{23}、R_{10}为限流电阻，电容 C9 为滤波电容。

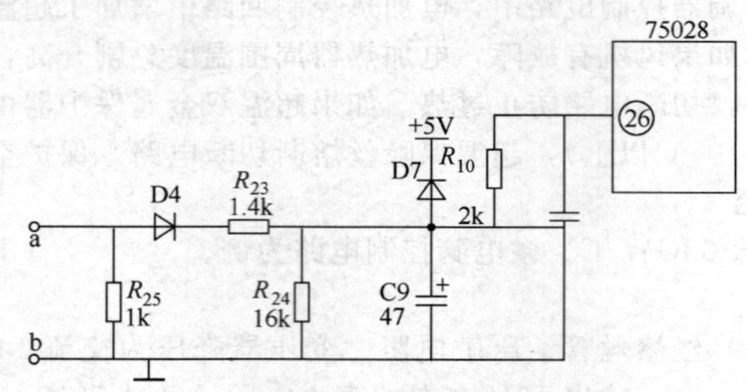

图 2-28　电流检测电路

压缩机工作时，在感应线圈 a、b 两端感应出相应电压，经 D4 整流，C9 滤波后，信号经 R10 输入主芯片（75028）26 脚。当压缩机工作电流增大时，a、b 端感应电压相应升高，输入主芯片 26 脚的电压也升高，当芯片 26 脚输入电压过高时，芯片确认压缩机回路工作电流过大，切断压缩机供电，从而保护压缩机。

4. 过零检测电路分析

过零检测电路电源频率为 50Hz，变压器次级也为 50Hz，当交流电经过零点时，D1、D2 处于截止状态，此时 N4 基极电位为零，输入主芯片（75028）的 34 脚为高电平。通过电源周期计算大约在 0.007～0.01s 时间内主芯片应检测到一个高电平，即检测到一个过零点。过零检测电路见图 2-29 所示。

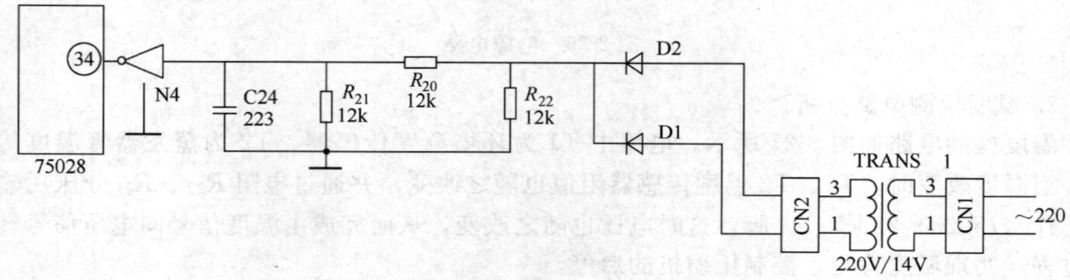

图 2-29　过零检测电路

图 2-29 所示电路中的 TRANS 为变压器，输出为交流 14V 电压，经 D1、D2 组成的全波整流电路后输出直流电压信号，由 R_{20}、R_{22}、R_{21}输入晶体管 N4 基极，通过 N4 的放大，改变输入主芯片（75028）34 脚的电位。当二极管 D1、D2 击穿，电阻 R_{20}开路，C24 击穿，N4 工作不正常时均会造成检测不到过零点，使室内风机工作不正常，甚至出现整机不工作现象。

5. 时钟振荡电路分析

振荡电路提供主芯片时钟基准信号，振荡信号的频率是 4.19MHz，用示波器测量主芯片（75028）的 14 脚，可以看到 4.19MHz 的正弦波。时钟电路是由晶体振荡器 NT 及两个电容组成的并联谐振电路，与主芯片 14、15 脚内部振荡电路相连。内部电路以一定频率自激振荡，为主芯片工作提供时钟脉冲，若晶体振荡器损坏或振荡电路中某一元件损坏，均不能给主芯片（75028）提供时钟脉冲，此时主芯片不工作，整机处于保护状态。时钟振荡电路如图 2-30 所示。

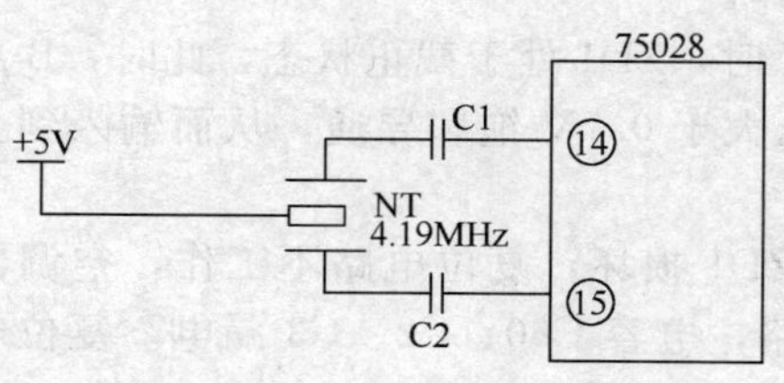

图 2-30　时钟振荡电路

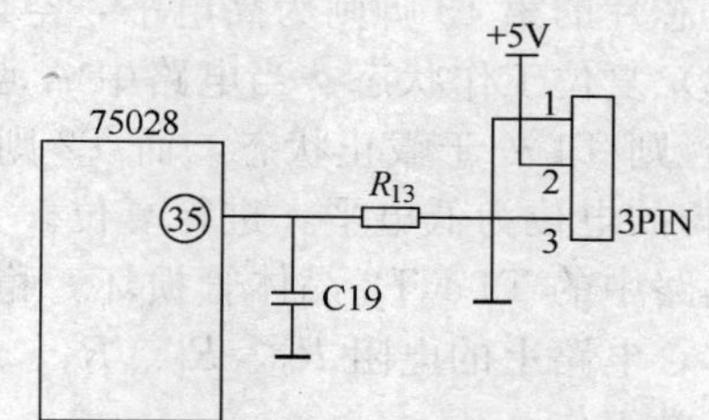

图 2-31　遥控接收电路

6. 遥控接收电路分析

遥控接收电路如图 2-31 所示。电路 3PIN 为红外接收器，其内部有光电晶体管，当遥控器发射红外信号后，接收器把收到的红外脉冲信号转变为电信号，经过电阻 R_{13} 输入主芯片 35 脚。当 3PIN 光电晶体管击穿，限流电阻 R_{13} 损坏，主芯片 35 脚均接收不到遥控脉冲，从而使遥控器无法控制。

电路上的 C19 为抗干扰电容，当其出现短路故障时，所接收的遥控脉冲会对地短路。

7. 蜂鸣器驱动电路分析

该电路利用主芯片（75028）的 25 脚输出脉冲信号，控制晶体管 N3，靠 N3 工作在截止或饱和状态，从而使 BUZ 回路断开或接通。蜂鸣器驱动电路如图 2-32 所示。

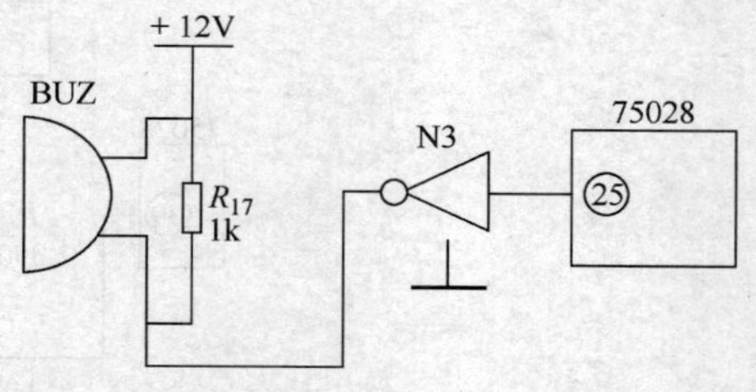

图 2-32　蜂鸣器驱动电路

图 2-32 所示电路工作正常时，主芯片（75028）25 脚输出低电平，N3 处于截止状态，BUZ 回路断开，不响应。当主芯片（75028）接收到输入指示后，由 25 脚输出高电平脉冲信号，此时 N3 瞬间处于饱和状态，BUZ 回路接通，蜂鸣器鸣叫发出“笛”声。

8. 复位电路分析

复位电路如图 2-33 所示。主芯片（75028）的 13 脚为复位电平检测脚，空调器正常工作时为高电平，低电平时复位有效。电路工作原理分析如下。

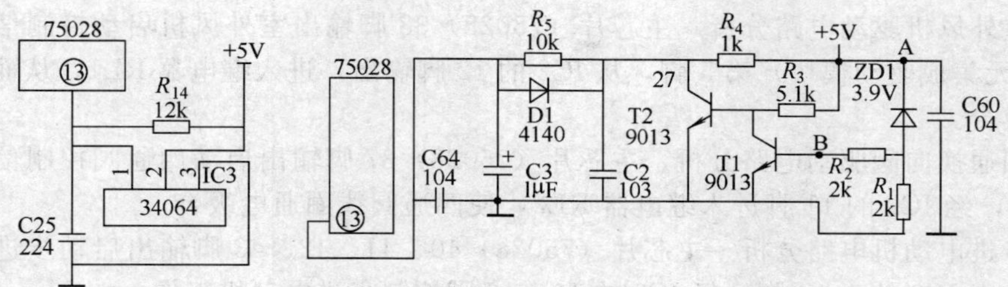

图 2-33　复位电路

(1) 正常工作状态　当电路中A点电位为正常+5V时，硅稳压管ZD1导通，B点电位高于0.7V，则T1处于饱和状态，将T2的基极电位钳制在低电位，使T2处于截止状态，此时主芯片的第13脚则为高电平，空调器正常工作。

(2) 复位工作状态　当电路中A点低于3.9V时，ZD1处于截止状态，此时，B点电位为0V，则T1处于截止状态，而T2则因基极电压大于0.7V饱和导通，从而输入到主芯片第13脚的电位为低电平，进行复位。

电路中的T1、T2晶体管损坏，稳压二极管ZD1损坏，复位电路不工作，空调器运转不正常，电路上的电阻R_5、R_4、R_3、R_2、R_1开路，电容C60、C2、C3漏电，复位电路均无法正常工作。

9. 室内风机调速电路分析

室内机主芯片接收到控制风速信号，39脚相应输出控制低、中、高风的信号电平，经过晶体管N5的饱和或截止，控制IC4内部发光二极管，从而控制IC4内部双向晶闸管的导通角来控制输入电动机的电压，控制室内贯流风机的低、中、高风速。

室内风机调速电路如图2-34所示。

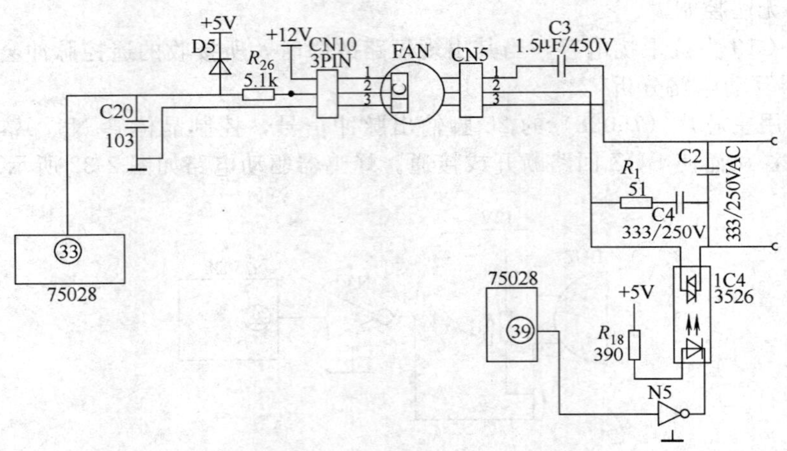

图2-34　室内风机调速电路

10. 驱动电路

美的KFR-33GW/CY分体式空调器微电脑控制电路中，主芯片将各种输入信号经微处理器计算后，控制驱动电路驱动负载工作，完成设定功能。如图2-35所示。

(1) 压缩机驱动电路分析　主芯片（75028）36脚输出的压缩机启动控制信号送入IC2第7脚，其将主芯片送入的驱动信号进行电流放大，使A端接+12V与RL3对地形成回路，此时继电器线圈有电吸合，压缩机工作开始。

(2) 室外风机驱动电路分析　主芯片（75028）38脚输出室外风机启动控制信号，送入IC2（七单元集成驱动模块）第5脚，从IC2的12脚输出，进入继电器RL1，从而使室外风机继电器吸合。

(3) 四通换向阀驱动电路分析　主芯片（75028）37脚输出启动四通阀控制信号，送入IC2的6脚，经IC2的11脚进入继电器RL2，使四通阀线圈通电吸合。

(4) 步进电动机电路分析　主芯片（75028）40、41、42、43脚输出启动步进电动机控制信号，送入IC2的1～4脚，经IC2的13～16脚控制步进电动机工作。

(5) 七单元集成驱动模块（2003）基本特性　每当驱动元件输入端为低电平时，相应的

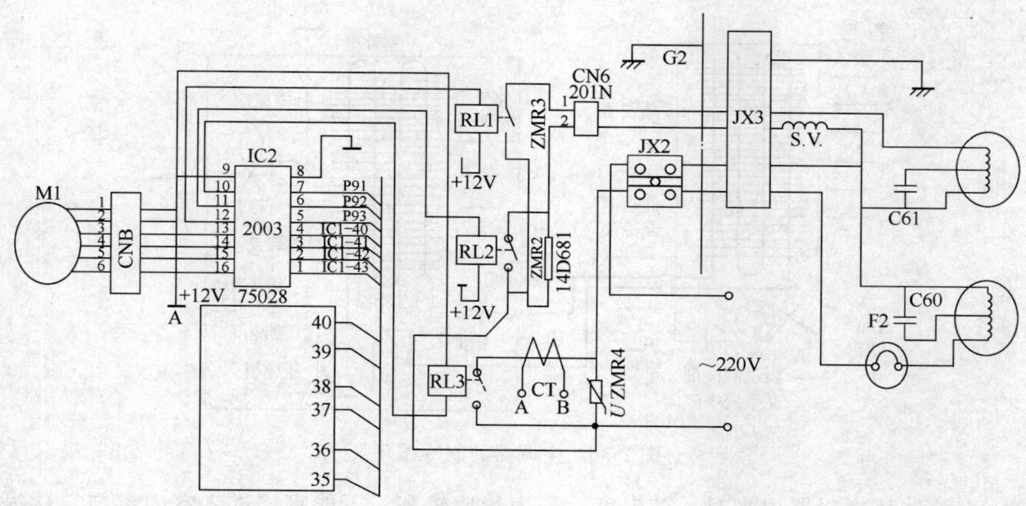

图 2-35　驱动电路

输出端与地之间处于截止状态，当输入端为高电平时，相应的输出端对地之间处于导通状态。IC2（2003）输入端电平 0～5V，输出端最大驱动电压 50V，电流 500mA。

（6）其他元件在电路中作用　电路中的 RL1、RL2、RL3 为控制负载继电器，当内部线圈加上工作电压时继电器吸合，电路中的 ZMR2、ZMR3、ZMR4 为压敏电阻，并联在继电器触点之间，以防止继电器动作瞬间烧坏触点，从而起保护触点作用。

第三节　家用空调器制冷系统原理

一、制冷循环

1. 制冷工作原理

压缩机从蒸发器吸入低温低压的制冷剂蒸气，压缩成高温高压气体，排入冷凝器，轴流风扇用室外空气来冷却冷凝器，使制冷剂在其中冷凝成高压常温的液体。高压液体制冷剂进入毛细管节流降压后，成为低温低压的液体，进入蒸发器，在蒸发器中吸收室内空气的热量蒸发成低温低压的蒸气，然后再被压缩机吸入，重复上述制冷循环。

2. 制冷剂在系统内流动的具体过程及状态

制冷时制冷剂在空调器内循环过程及状态如图 2-36 所示。

① 从室外进入室内的液态制冷剂 R22，其状态：温度为 7.2℃，压力为 5.3×10^5Pa（5.4kgf/cm^2）。这些制冷剂进入蒸发器，并与房间内的空气进行热交换。液态的 R22 由于吸收房间空气中的热量由液体变成气体，其温度压力均不变化，而房间内空气中的热量由于被带走，温度下降。

② 在室内被汽化后的液态 R22 的状态：温度为 7.2℃，压力为 5.3×10^5Pa（5.4kgf/cm^2）。当其从室内侧进入压缩机时，被压缩成高温（70～90℃）和高压［14.7×10^5Pa（15kgf/cm^2）～19.6×10^5Pa（20kgf/cm^2）］的气体，然后进入室外冷凝器。

③ 高温高压气体制冷剂在冷凝器中与室外空气进行热交换后，被冷却成中温（54.4℃左右）和高压［$(14.7\sim19.6)\times10^5$Pa］的液体，室外空气吸收热量，使温度升高，然后被排到外界环境中去。

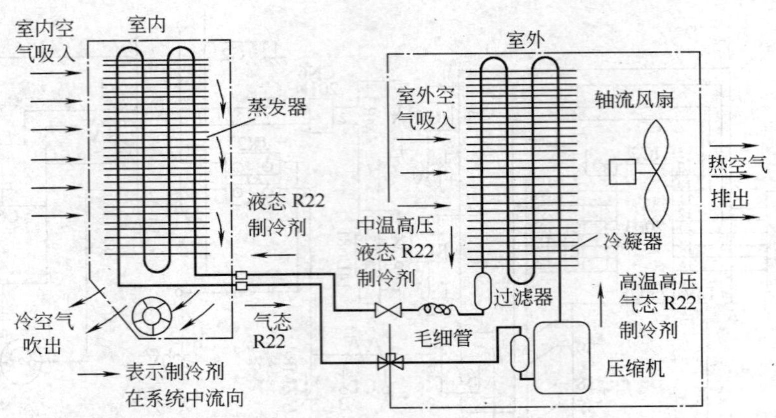

图 2-36 空调器的制冷循环

④ 当液体从冷凝器出来时，其温度、压力均比较高，不能直接进入室内参与一次循环，必须通过节流元件——毛细管进行节流降压，使温度压力均下降，进入蒸发器蒸发吸热，然后被压缩机吸回并进行下一轮循环。

这时，空气循环系统的室外轴流风机和室内离心风机进行工作。室外轴流风机迫使室外空气经过冷凝器流动，将制冷剂 R22 放出的热量带走，以便制冷运行。而室内离心风机吸入室内空气，经过空气过滤网净化后，再经风机涡壳，并在蒸发中接受制冷剂传递给的冷量，然后吹向室内，如此不断地循环，使室内空气温度均匀地降低。

二、制热循环

1. 制热工作原理

压缩机排出高温制冷剂蒸气流向室内机蒸发器中放热，蒸发器变为冷凝器，将热量向室内排入然后冷凝成高压常温的制冷剂液体通过毛细管节流降压，进入室外机组的冷凝器中蒸发吸热，冷凝器变为蒸发器，以吸收室外空气中的热量，制冷剂蒸发成低温低压的蒸气，被压缩机吸入，重复上述制热循环。

2. 制冷剂在系统内流动的具体过程及状态

当主控开关拨到“制热”挡位置时，电磁四通换向阀通电，换向阀换向，空调器开始制热运行。其流程是：从压缩机出来的高温高压气体排向室内侧蒸发器，使室内温度升高，而 R22 在室内被冷凝成液体，经节流后排向室外冷凝器，通过吸收室外环境的热量，将液体蒸发成气体，再进入压缩机进行下次循环。具体原理图及冷媒流向如图 2-37 所示。

3. 电磁四通换向阀的结构及工作原理

(1) 电磁换向阀的结构　热泵空调器是通过电磁换向阀改变制冷剂流向的，使其夏季能制冷、冬季能制热。当低温低压制冷剂进入室内换热器时，空调器向室内供冷气；当高温高压制冷剂进入室内换热器时，空调器向室内供暖气。

图 2-38 所示为电磁换向阀结构，它由电磁导向阀和四通换向阀构成，电磁导向阀用来控制四通换向阀的动作。

电磁导向阀由两部分构成，一部分是电磁体，由衔铁、线圈和弹簧等组成。当线圈通电后，便产生磁场，衔铁在磁场的吸力下，克服弹簧压紧力向右移动；当切断电源时，磁场消失，衔铁在弹簧力的作用下向左移动复原；另一部分是阀体，阀体内有两个阀芯，分别控制一个阀口，两阀芯与衔铁在阀体内同一轴线上，在左右端弹簧的压紧下，相互靠成一体，当线圈通电时，衔铁被吸引而移动，两阀芯也跟着一起移动。在两阀芯中间的阀体上有三个出

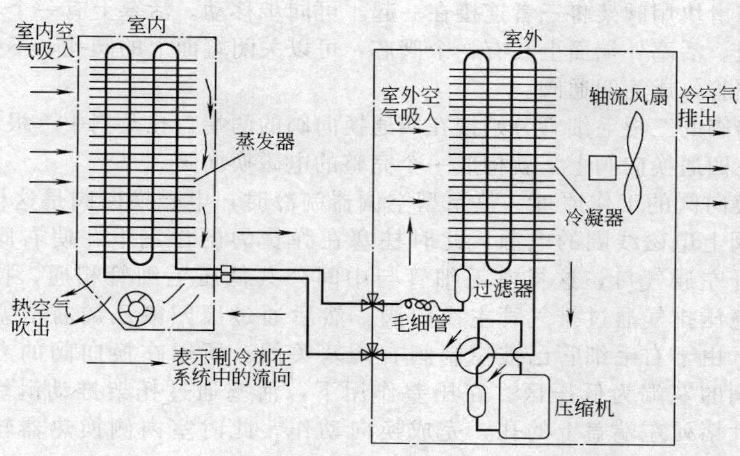

图 2-37 热泵型空调器的制热循环

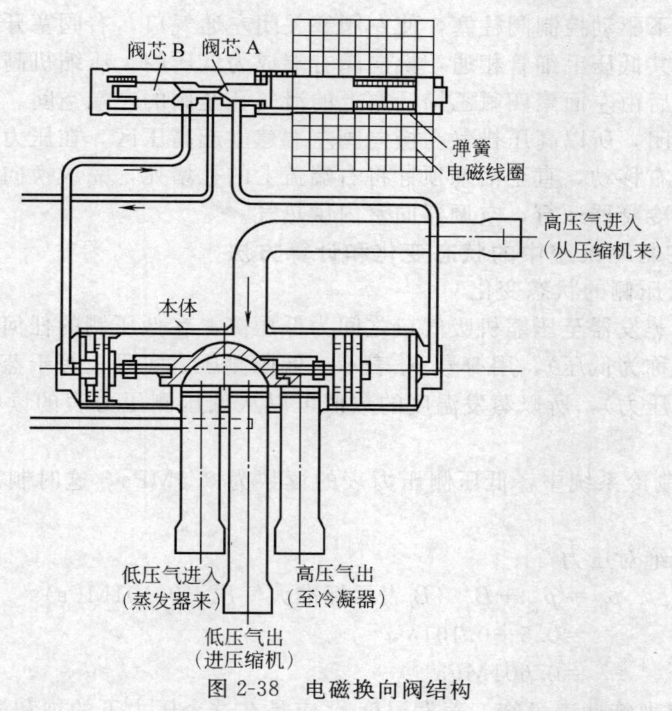

图 2-38 电磁换向阀结构

口，分别插焊着三根毛细管，成为三通阀。未通电时，右边弹簧力比左边弹簧力大，右边弹簧推着衔铁、阀芯等向左移动，这时右阀门关闭、左阀门打开，左边两根毛细管相通，右边毛细管通路被切断。通电时，电磁场吸引衔铁向右移动，阀芯在左弹簧的推动下，一起向右移动，结果左阀门关闭、右阀门打开，右边两根毛细管相通，左边毛细管通道被切断。四通换向阀有四根连接管及两端盖上的两个小孔，阀体内装有半圆阀座、滑块以及两个活塞。阀座上有三个孔，由阀体外插进三根铜管，半圆阀座、阀体及铜管同时钎焊在一起。滑块就是阀门，它在阀座上可以左右移动，滑块平面盖在阀座上，只能盖住两个阀孔，使盖住的两孔相通，但这两孔与筒体内部不通。当滑块左移时，它就盖住左边两孔，右边一孔与筒体连通；当滑块右移时，它就盖住右边两孔，左边一孔与筒体连通。两个活塞分别装在筒内左、右端口，活塞与滑块用阀架将三者连接在一起，可同步移动。活塞上有一个小孔，气体可通过小孔左右流通，活塞外端面上装有一个阀芯，可以关闭端面上的阀孔，不使其漏气。阀体中心插焊一根铜管，成为四通阀。

将电磁导向阀的三根毛细管分别接在四通换向阀的两端盖孔及当中一根铜管上，并将电磁导向阀固定在四通换向阀上，就构成一个完整的电磁换向阀。

（2）电磁换向阀的工作原理　热泵型空调器制冷时，电磁换向阀是这样换向的：冷热开关切断控制阀上电磁线圈的电源，此时柱塞在弹簧力的作用下，使右阀塞关闭右通气口，左阀塞打开左通气口，这样左毛细管与中间公共低压毛细管相通，换向阀左端为低压区。压缩机高压排气通过排气管主换向阀。然后通过聚四氟乙烯右活塞上的泄气孔至阀的右端空间。由于右毛细管已被控制阀右阀塞关闭。所以在换向阀的右端建立起高压区。因为换向阀的左端为低压区。在压差作用下，活塞通过托架推动滑块向左移动，直至左活塞上顶针堵死左端盖上的孔，完成换向动作，此时室内侧换热器转换为蒸发器运行，空调器向室内吹冷气。

热泵型空调器制热时，电磁换向阀是这样换向的：冷热开关接通控制阀上电磁线圈的电源，在电磁力作用下驱动控制阀柱塞，使左阀塞关闭左通气口，右阀塞开启右通气口。这样右毛细管和中间公共低压毛细管相通，换向阀右端成为低压腔。压缩机高压排气通过排气管至换向阀阀体，然后由左面聚四氟乙烯活塞上的泄气孔至阀的左端空间。由于左毛细管已被控制阀的左阀塞关闭，所以高压排气在换向阀左端建立起高压区，在压力差作用下，通过活塞托架推动滑块向右移动，直至活塞顶针将右端盖上的孔堵死，完成换向动作，此时，室内侧换热器转换成为冷凝器运行，空调器向室内供热气。

三、制冷剂在制冷系统中的状态变化和计算方法

1. 制冷剂在低压侧的状态变化

从膨胀阀经过蒸发器至压缩机吸气口之间为低压侧，在低压侧的任何地方都具有相等的低压侧压力（或简称为低压），用符号 p_0 表示。低压侧压力实际上等于蒸发器内的压力（即蒸发温度下的饱和压力），所以蒸发温度的数值可以从低压侧压力表的读数经核查制冷剂热力特性表得知。

【例 1】 R22 制冷系统中，低压侧压力表的读数为 0.5MPa，这时制冷剂的蒸发温度 t_0 大致是多少度？

解：制冷剂的绝对压力

$$
\begin{aligned}
p_0 &= p_{表} + B \quad (B\text{ 表示标准大气压：0.101MPa}) \\
&= 0.5 + 0.101 \\
&= 0.601\text{MPa}
\end{aligned}
$$

根据 R22 的热力特性表可知，蒸发温度 t_0 应是在这个压力下的饱和温度，查表得

$$t_0 = 6℃$$

在低压侧，制冷剂的压力保持一定的低压 p_0，与此同时，制冷剂不断从周围吸取热量。制冷剂的变化主要是蒸发，而且蒸发结束以后，制冷剂继续吸取热量，因此经常出现过热现象。

制冷剂在经节流后，进入到蒸发器时是处在低压 p_0 下，这时由于节流膨胀原因已有部分液态制冷剂变为蒸气，呈湿蒸气状态。在压-焓图上，以 F 点表示，如图 2-39 所示。

低压侧制冷剂的变化是在压力一定的条件下实现的，因在变化过程中不断取得热量，所以焓值增大，它的变化在压-焓图上应从 F 点指向焓值增大的方向，即由 F 指向右方的水平

线 FA。压缩机所吸入的蒸气，如果是干饱和蒸气时，就由饱和蒸气线上的点 A 表示，低压侧的变化用图 2-39（a）表示；如果压缩机所吸入的是湿蒸气，制冷剂在低压侧的状态变化可由图 2-39（b）表示；如果压缩机所吸入的是过热蒸气，那它的变化就如图 2-39（c）所示。它是一条进入过热区的水平线 FA。

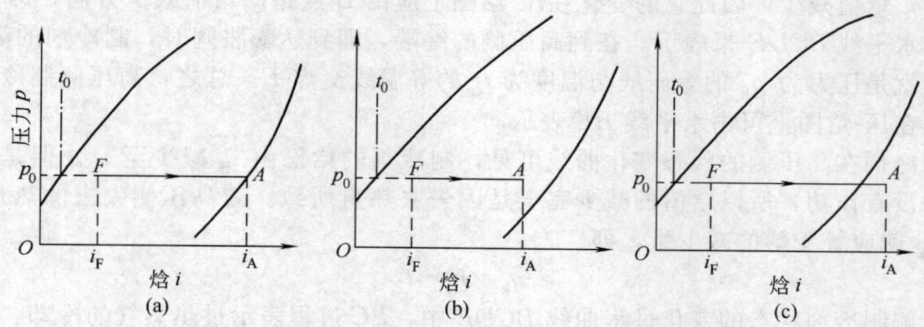

图 2-39　制冷剂在低压侧的状态变化

在低压侧，制冷剂通过蒸发器从外部取得热量，或者说对外部起到冷却作用。在蒸发器中每千克制冷剂所取的热量，叫做单位重量制冷量（制冷能力）。用符号 q_0 表示，单位是kcal/kg。

虽然制冷剂在低压侧发生了状态变化，焓值增大，但是在低压侧中并没有作功，所以焓值的增大只是因为热而引起的。从而焓的增大量就应和制冷剂所取得的热量相等。即

$$q_0=i_A-i_F$$

由图 2-39 中的（a）或（b）可知，压缩机所吸入的制冷剂如果是干饱和蒸气或湿蒸气时，则其变化仅在饱和区内进行，压力是定值，所以制冷剂的蒸发温度 t_0 不变。但图 2-39 中的（c）则不同，压缩机所吸入的是过热蒸气，它的变化已进入到过热区，在这个变化过程后期使蒸气过热（显热），制冷剂的温度上升。

2. 制冷剂在高压侧的变化

从压缩机出口经冷凝器到节流装置之前这一段为高压侧。在高压侧的任何地方都具有相等的高压侧压力（或简称为高压），用符号 p_k 表示。高压侧的压力实际上等于冷凝器内的压力，即在冷凝温度下制冷剂的饱和压力，所以通过高压侧的压力表读数经核查制冷剂热力特性表可知冷凝温度大概的数值。

【例 2】 R22 制冷系统中，高压侧压力表的读数为 1.8MPa 时，冷凝温度大约是多少度？

解：压力表读数为 1.8MPa 时，绝对压力应为

$$p_k=p_{表}+B$$

$$p_k=1.8+0.101=1.901\text{MPa}$$

根据 R22 的热力特性表可知，冷凝温度是在此压力下的饱和温度，即 $t_k=50℃$

在高压侧，制冷剂的压力保持一定的高压 p_k，并且制冷剂要向周围环境散发热量。制冷剂的状态变化主要是冷凝，此外也存在过热蒸

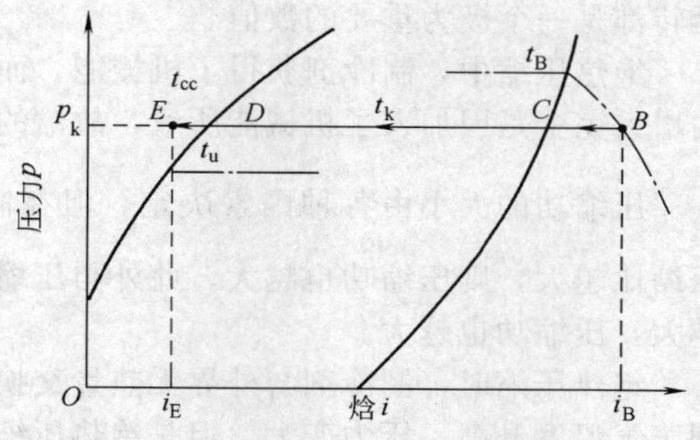

图 2-40　制冷剂在高压侧的状态变化

气的冷却及饱和液体的过冷。

制冷剂从压缩机排出进入高压侧时的压力为 p_k，一般都是过热蒸气状态，用如图 2-40 所示中的 B 点表示。

制冷剂在高压侧中的状态变化是在等压条件下进行的，在这一变化过程中，因制冷剂失去了热量，焓值减少，因此它的变化在压-焓图上应由 B 点指向焓值减少方向，即由 B 点指向左方的水平线 $BCDE$ 来表示。在到高压侧的终端，即到达膨胀阀时，制冷剂的温度为 t_u，该状态点就是压力为 p_k 的等压线与温度为 t_{cc}的等温线交点 E。总之，高压侧制冷剂状态的变化过程在压-焓图上可由水平线 BE 表示。

从制冷剂在高压侧的状态变化曲线可见，制冷剂的焓已由 i_B 减少至 i_E。但是制冷剂在高压侧并没有作功，所以焓值的减少完全是因失去热量所致。若高压侧失去的热量用 q_k 表示，则 q_k 就应等于焓的减少量，即

$$q_k = i_B - i_E$$

高压侧制冷剂状态的变化过程曲线 $BCDE$ 中，BC 过程表示过热蒸气的冷却，此过程中制冷剂的温度下降，由压缩结束时的温度 t_B 降到冷凝温度 t_k。CD 过程是蒸气的冷凝过程，在此过程中温度不变，保持着一定的冷凝温度 t_k。DE 是饱和液的过冷过程，其制冷剂的温度由冷凝温度 t_k 降至 t_u。

3. 制冷剂在压缩机中的压缩

制冷剂由于压缩，体积缩小，压力由低压 p_0 上升到高压 p_k。随着压力和比容的变化，制冷剂的温度就升高。一般来讲，制冷剂被压缩后变为过热蒸气。

由于压缩是在极短时间内完成的，所以可认为在这极短时间内，制冷剂与外界没有热量交换，可近似认为是绝热压缩。在绝热压缩过程中，蒸气的压力 p 和比体积 v 的特性方程为

$$pv^k = 定值$$

如图 2-41 所示。

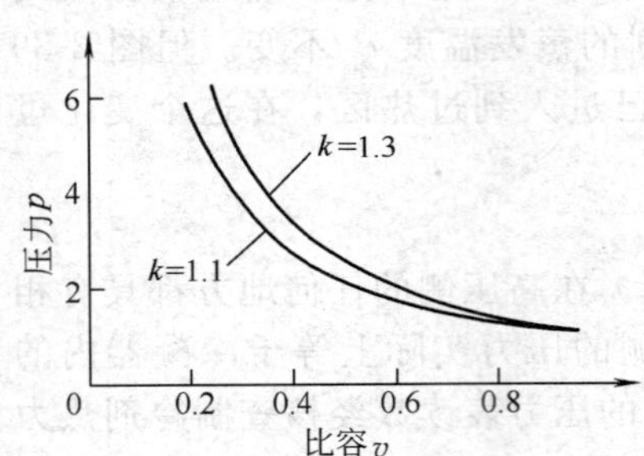

图 2-41　pv^k＝定值的压力比容

这就是说，因绝热压缩而使压力上升的程度与 $k=\frac{C_p}{C_v}$ 的数值有关，k 叫做绝热压缩指数。压缩终点的压力和初压力之比，即高压 p_k 和低压 p_0 之比叫做压缩比。

$$压缩比 = \frac{高压\ p_k}{低压\ p_0} = \frac{冷凝压力}{蒸发压力}$$

压缩时，压缩功的大小及因压缩而造成蒸气温度上升的程度都取决于压缩比。此外，压缩机的容积效率与压缩效率也都和压缩比有关，所以压缩比对制冷系统的性能和运转都是一个极为重要的数值。

绝热压缩中，制冷剂获得了机械能，而制冷剂又与外界没有热量交换，所以制冷剂焓值的增大完全是因加入了机械能所致，故焓的增量等于所消耗的机械功（压缩功）。

压缩功的大小由各种因素决定，但在制冷系统中影响压缩功最大的因素是压缩比 $\frac{p_k}{p_0}$，压缩比越大，则压缩功也越大。此外与压缩开始时制冷剂蒸气的比体积 v 大小有关，比体积越大，压缩功也越大。

绝热压缩时，制冷剂与外界无热量交换，所加给制冷剂的机械功都转变成热，致使制冷剂蒸气温度升高，压力变大。但是绝热压缩过程中制冷剂的焓值不变。

4. 制冷剂在膨胀阀中的节流膨胀

制冷剂由冷凝器到达膨胀阀时，一般是高压过冷液。当制冷剂在通过膨胀阀的狭窄阀路或毛细管的狭长管路时，由于阻力的作用，使制冷剂的压力从高压 p_k 降到低压 p_0。但是这个变化是瞬间形成的，这时的制冷剂与外界既没有热的交换（即绝热膨胀），又没有作功，因而在能量上并没有多少变化，制冷剂的焓值保持一定。但因压力降低的缘故，温度也将随之下降，加之因一部分液态制冷剂变为蒸气（闪发蒸气），体积显著增大，所以进入蒸发器时制冷剂已变为湿蒸气。

制冷剂通过膨胀阀时，在膨胀阀中发生变化，即焓值一定，压力下降，比体积增大，这种变化叫做节流膨胀。

在膨胀阀中制冷剂的压力虽然显著下降，但焓值不变。由 $h=u+pv$ 可知，比体积 v 要有相应增大，一部分液态制冷剂就变为蒸气。液体变为蒸气时需要得到蒸发潜热，而在膨胀阀中，制冷剂并不与外界发生热交换，所以制冷剂蒸发所需的热量只得取自本身，其结果是制冷剂的温度下降。

制冷剂通过膨胀阀时，因节流膨胀而使一部分液态制冷剂变为蒸气，所以从膨胀阀流出时已是液态和蒸气的混合状态，即湿蒸气，它的压力是蒸发器中的压力 p_0。所以经节流膨胀后的制冷剂温度是在低压 p_0 下的饱和温度，即为蒸发温度 t_0。

第四节 家用空调的安装与维修实训项目

实训项目一：分体式空调器的安装

1. 目的

因安装不好，很可能会使空调器不能实现或不能理想实现其预定的安全和使用性能。据空调生产厂方统计，空调器故障有三分之一是由于安装不当而引起的。空调器安装工作是整个空调器制造过程的延续，可以说分体空调器在出厂时是半成品，要通过安装工安装、调试后才是成品，所以空调器的安装质量尤其重要。

通过分体式空调器的安装操作练习，使维修人员能够熟悉分体式空调器的结构和工作原理，掌握分体式空调器的安装方法。

2. 工具设备及材料

分体式空调器及附件、冲击钻、铁锤、力矩扳手、活络扳手、内六角扳手、一字形和十字形旋具、钢丝钳、錾子、卷尺、水平尺、扩口器、割刀、万用表、钳形电流表、电工刀、温度计、检漏仪、肥皂水或洗涤剂、PVC 包扎带、橡皮泥、水泥钢钉、膨胀螺丝等。

3. 操作过程

分体式空调器的安装步骤如下：确定安装位置；安装室内外机组；连接室内、室外机组之间管路；安装电气线路；检漏、试机。

（1）确定安装位置　一般情况下，家用分体式空调器室内、室外机组的连接管路之间的距离以不大于 5m 为好，最长不超过 10m，室内、室外机组的高度差不应超过 5m。

1）室内机组安装位置的选择　室内机组的安装位置，要求放在平稳、坚固的墙壁面或地面上，考虑到产品造型，安装时要注意与室内陈设的协调，以增加美感。其进出风口处不能有障碍物，在环境条件允许的情况下，尽量安装在房屋中部区域，使冷风、热风能有效地送到室内各个角落。从安全检查考虑，室内机组要安装在远离热源、易燃气体源处。室内机组不宜安装在电视机等家用电器上方，以防止室内机组由于安装的水平而使冷凝水滴到家用电器上，造成家用电器损坏。应远离电视机、收音机、无线电装置，距日光灯也要有 1m 以上的距离，以防电磁波干扰空调器正常工作。选择能使室内外机组连接管路尽可能短并且排水方便的地方。

① 挂壁式空调器的位置 室内机组左、右两侧距墙面的最小距离应在 5cm 以上，顶部距天花板最小距离应为 5cm，室内机组其高度应在距地面 1.8m 以上。如图 2-42 所示。

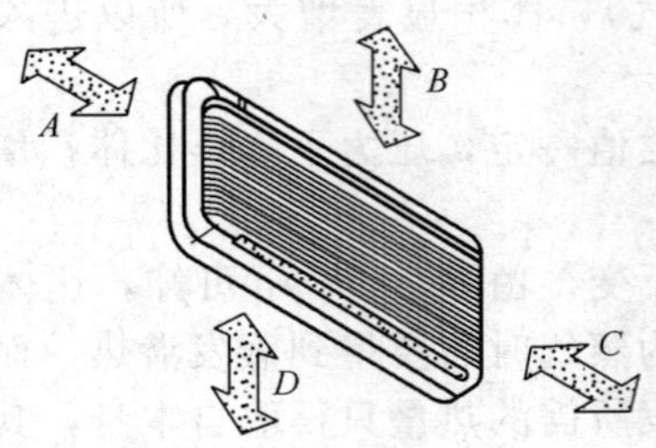

图 2-42 挂壁式空调器距离要求

$A \geqslant 5\text{cm}$；$B \geqslant 5\text{cm}$；$C \geqslant 5\text{cm}$；$D \geqslant 180\text{cm}$

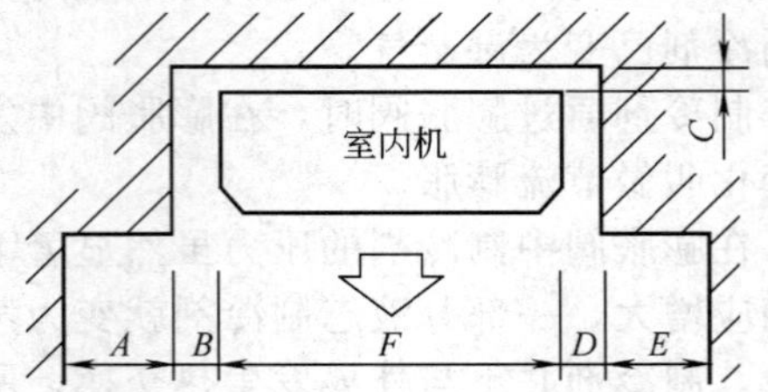

图 2-43 立柜式空调器距离要求

$A \geqslant 50\text{cm}$；$B \geqslant 10\text{cm}$；$C \geqslant 1\text{cm}$；$D \geqslant 10\text{cm}$；$E \geqslant 50\text{cm}$；$F \geqslant 100\text{cm}$

② 立柜式空调器的位置 立柜式空调器的室内机组一般靠墙壁安装，要求空调器前面无阻挡物，保证冷热风吹向远处。

室内机组左、右两侧距墙面最小距离应为 10cm，室内机组后面距墙壁最小距离应为 1cm。室内机组前面应保持 100cm 内无障碍物。如图 2-43 所示。

2）室外机组安装位置的选择 室外机组应用固定支架固定在坚固的墙面或地面上。尽量安装在北面墙或东面墙上，北面墙和东面墙受太阳的直射少，有利于室外机组的散热。如果一定要安装在南墙或西面墙上，必须有遮阳措施，但不能妨碍空气流通。室外机组应尽可能靠近室内机组安装，这样可以减少连接管道的长度，减少管路阻力损失。室外机组周围应无障碍物，以保持空气流动畅通，产生良好的散热效果。室外机组离地面应有一定距离，一般在 20cm 以上，沿街安装时，空调器底部应离地面 2.5m 以上，使吹出的热风不侵袭过路人。其他方向距离如图 2-44 所示。

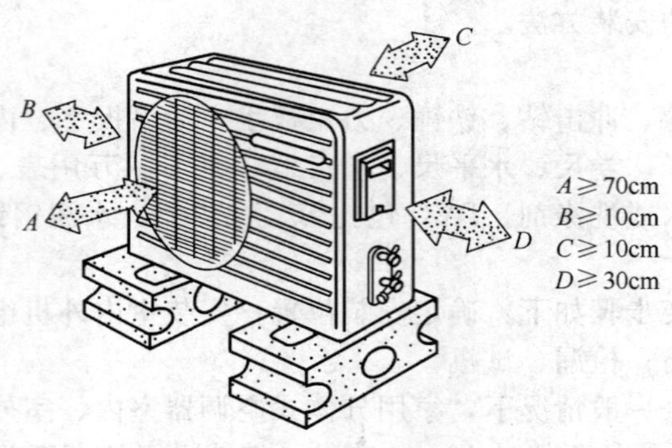

图 2-44 室外机组的空间尺寸

（2）室内机组的安装

1）挂壁式空调器室内机组的安装 室内机组的安装首先考虑连接管的方向、挂壁板固定位置、墙壁开孔位置。

① 确定连接管引出方向，如图 2-45 所示。安装引出连接管时，由房间安装位置而定。

② 打穿墙孔，装配保护套管。根据室内机挂墙的位置及连接管引出方向确定了穿墙孔

的位置以后，用冲击钻钻一个穿墙孔，如图 2-46 所示。墙孔从室内侧应向下倾斜 10°～20°，以便空调器工作时冷凝水流出。孔径一般 φ65mm，对于有换气功能的空调器，由于增加了一条换气管，此时开孔的孔径应增大到 φ70mm。

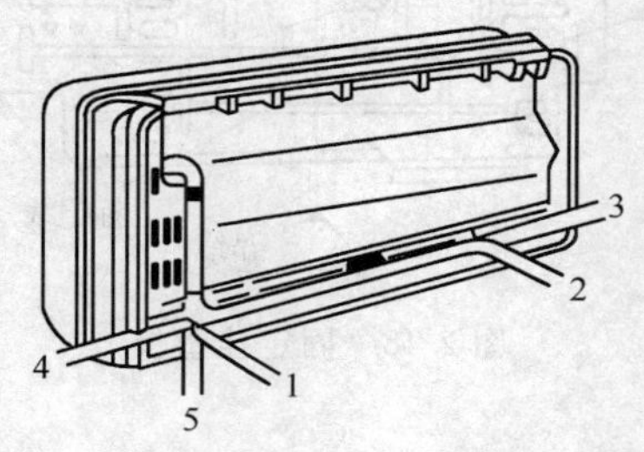

图 2-45 室内机组连接管引出示意图

1—后出管；2—左后出管；3—左出管；4—右出管；5—下出管

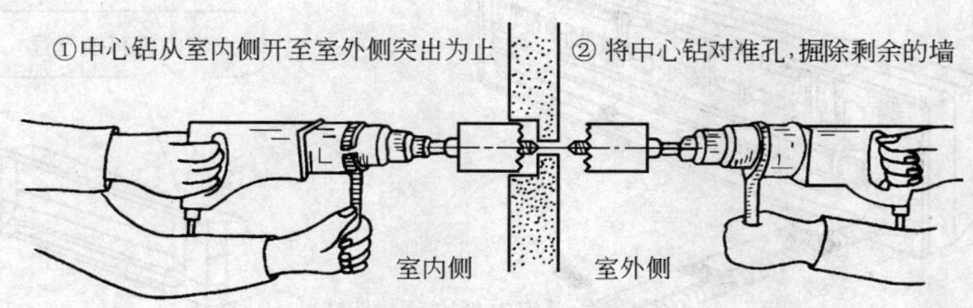

图 2-46 打穿墙孔

如图 2-47 所示，在穿墙孔处安装保护套管（防止穿墙孔管路磨损），并用遮帽封住管口四周，有些厂家还随机配有密封胶泥，以进一步粘封保护套管的四周。

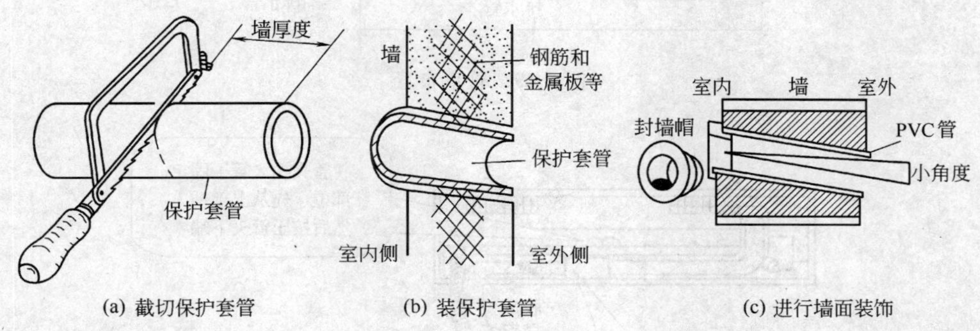

(a) 截切保护套管 (b) 装保护套管 (c) 进行墙面装饰

图 2-47 安装保护套管

③ 安装挂壁板。挂壁板要固定在坚固的壁墙上，要保证水平安装，如挂壁板安装倾斜，空调工作时冷凝水就容易滴落到室内。如图 2-48 所示，用一根系有螺钉的线，从板中心的上部垂下（或用水平尺），找出水平位置。安装板一般用 6 只以上水泥钢钉或 φ6mm 塑料膨胀管和 φ4mm 的自攻螺钉来固定。对于空芯墙或粉刷层较厚的墙壁，可用 φ6mm 或 φ8mm 膨胀螺丝来固定。也可用木塞加自攻螺钉来固定。如果是后出管，应用卷尺测出穿墙孔的位置。安装后应保证挂壁板与墙面之间无空隙，挂壁板牢固无松动，挂壁板安装后的支承力不少于 60kg。

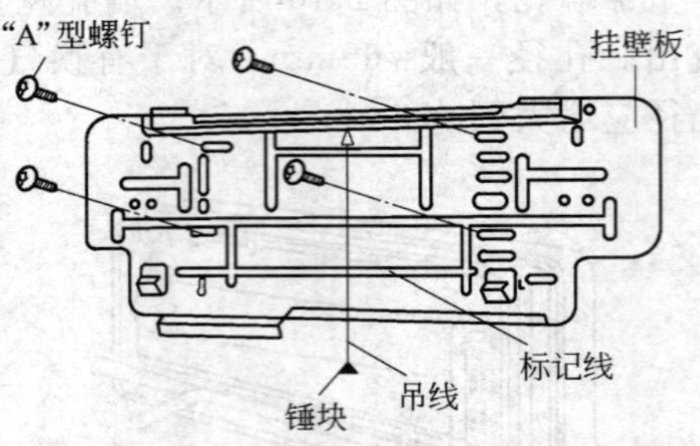

图 2-48 固定挂壁板

④ 室内机连管、连线。

a. 弯管 室内机本身连带有长 1m 左右的连接管路引管和 1m 长的排水管。根据图 2-49

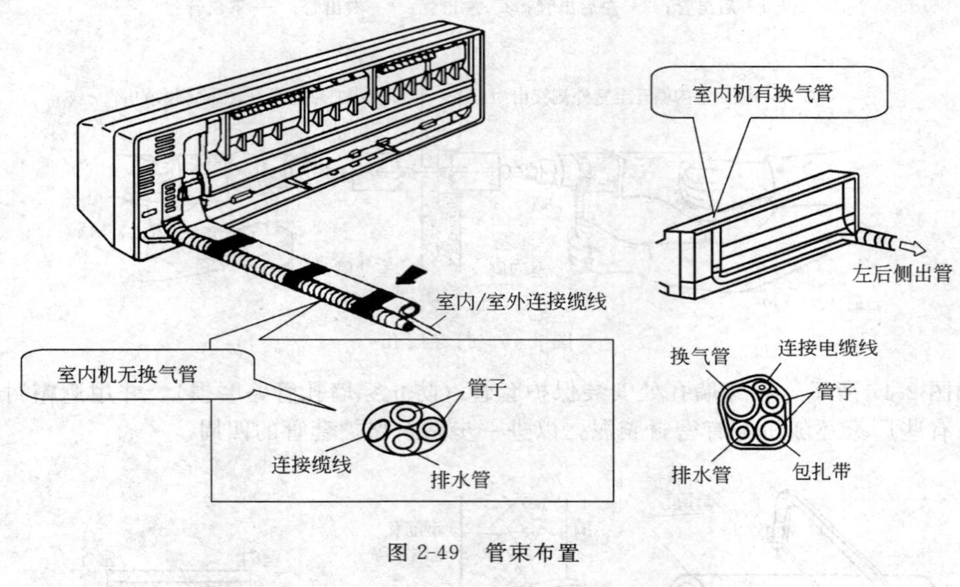

图 2-49 管束布置

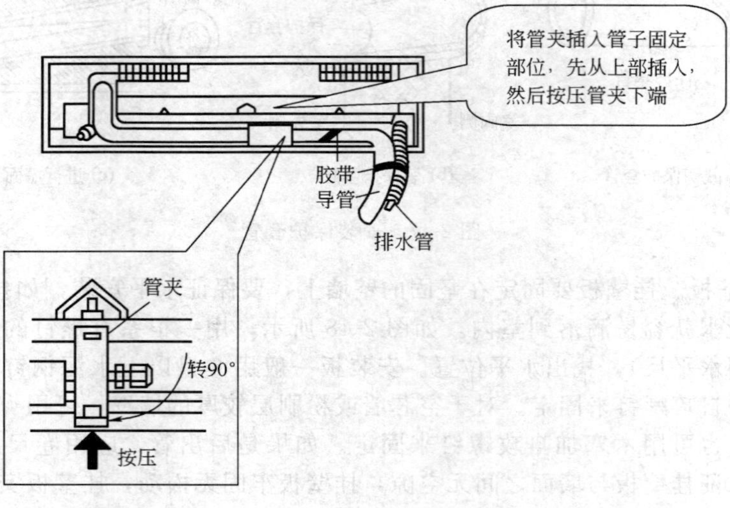

图 2-50 管夹安装

所示的管路走向，首先弯曲好室内机引管的方向。在室内机管路布置时，排水管要放在下面，连机电源线要放在上面，并用包扎带扎好，如图 2-49 所示。用管夹将管子和连接电缆固定在机壳的背面，如图 2-50 所示。

b. 配管出口　根据室内机组连接管引出方向，用钢丝钳扳开机壳背面外壳的孔作为配管引出孔。

c. 配管展开　分体式空调器一般随机附有两根连接配管，一根为气管（粗管），一根为液管（细管）。将随机配管展开，展开方法是与盘曲方向相反，压住配管端部，滚动向后展开。

d. 室内机连管　如果室内外机组之间距离过大，需加长连接配管。连接配管时需选择同规格的、退火并且酸洗过的紫铜管。弯曲铜管时一定要使用弯管器，以免损坏铜管。

连接配管的方法有两种，一种是扩口连接，另一种是快速接头连接。

所谓扩口连接，是指对配管（气管和液管）进行扩口，将铜管管口做成喇叭形，然后用锥形螺母旋紧在接头上。

管路连接前一定要保持连接管内干燥无杂物；否则将使系统造成冰堵和脏堵。连接时要在室内机引管的接头的锥面和配管的喇叭口上涂上少许冷冻机油，对正中心后用手将螺母拧到位，再使用扳手拧紧。使用扳手时，室内机引管一侧的扳手应固定不动，而转动另一面的扳手，以防止室内机引管变形。注意操作过程勿使灰尘、脏物、水汽等进入管内，如图 2-51 所示。接头处旋不紧会漏气，旋太紧会损坏喇叭口。旋紧力矩见表 2-7。

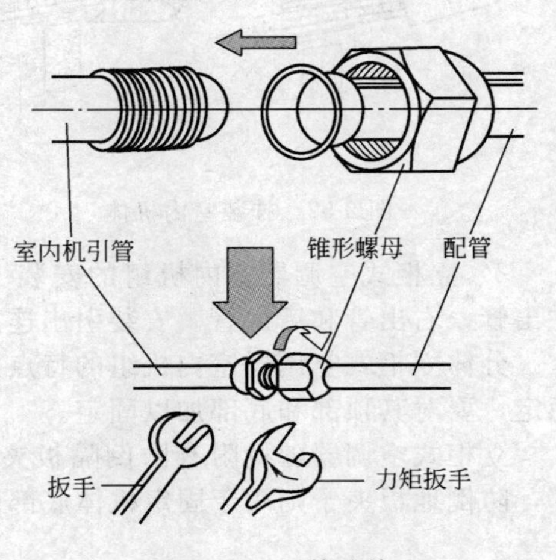

图 2-51　配管连接

表 2-7　接头处旋紧力矩

管子外径/mm	φ6.35	φ9.52	φ12.70	φ15.88
旋紧力矩/(N·m)	15～20	31～35	50～55	65

一般在空调器出厂时，室内机蒸发器中充有少许制冷剂或氮气，连管时打开引管的封头，应有气体冲出，若无气体冲出，则说明蒸发器可能有泄漏。

配管的两端出厂时也有塑料封头，用来防止灰尘、水分进入，在空调安装连管时，应该在进行连管操作的时候取下封头，不要提前取下。

e. 室内机连线　卸下室内机组前面板，按说明书中电气线路图上导线的编号，将随机配带的控制导线接上，再用定位卡压住接线头。

f. 管道束整形　将铜管、电源连线、排水管按如图 2-49 所示布置，并用包扎胶带缠绕。

⑤ 挂装室内机体。如图 2-52 所示，将管路穿过穿墙孔，然后把室内机体挂牢在挂壁板上部的两个钩子上。安装时提起室内机体，使其靠近安装板，由上而下移动，使室内机体底部的连接件挂在挂壁板下端的钩子上，左右来回移动一下机体，检查其是否牢靠；双手抓住机体，将机体压向挂壁板，直到听到“咔嗒”声为止。

⑥ 安装遥控器支座。应将遥控器支座安装在不受阳光直射、距电视机或音响设备 1m

以上，空调器可以接收到遥控器信号的地方。如图 2-53 所示，将遥控器支座固定在墙上或柱子上。

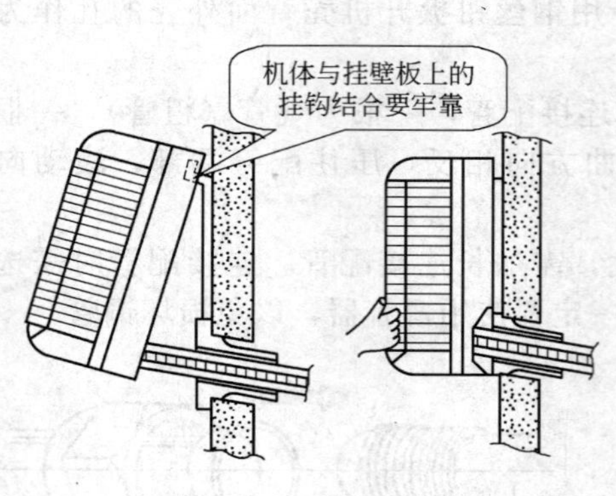

图 2-52　挂装室内机体

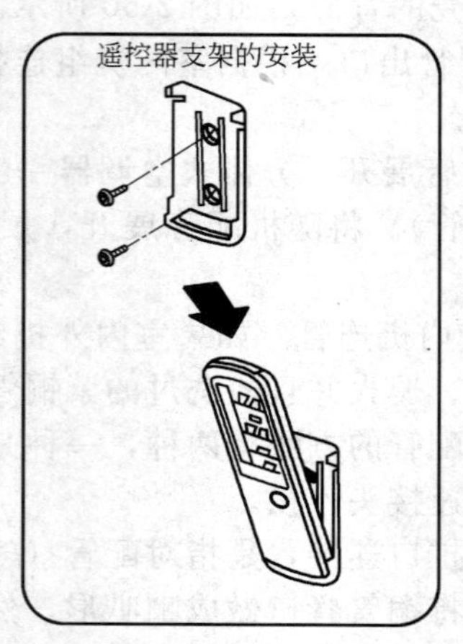

图 2-53　安装遥控器支座

2）立柜式空调器室内机组的安装　立柜式空调器室内机组的连接管引出方向有三个：左出管，右出管和后出管。安装引出连接管道时，由房间安装位置而定。

分体立柜式空调器室内机组的特点是，机体较高、单薄且直接坐落在地面上。为了使其稳定，要对其顶部和底部加以固定。

立柜式空调器随机附有防倒隔板夹子和防倒地板夹子，防倒隔板夹子用于固定机体顶部，防倒地板夹子则用于固定机体底部。固定方法如图 2-54 所示。

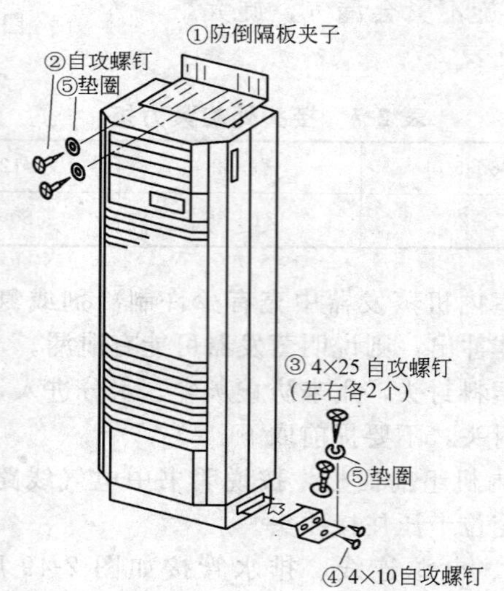

图 2-54　立柜式空调器防倒隔板夹子固定示意图

立柜式空调器可以直接坐落在地面，用地脚螺栓固定在水泥地上，也可以固定在 50～100mm 厚的木制底座上。图 2-55 给出了不同木制底座的固定方式。

立柜式空调器的背面底部或左右两侧有预留孔，管道和导线可以从中穿过。钻穿墙洞的方法与安装壁挂式空调器时相同。

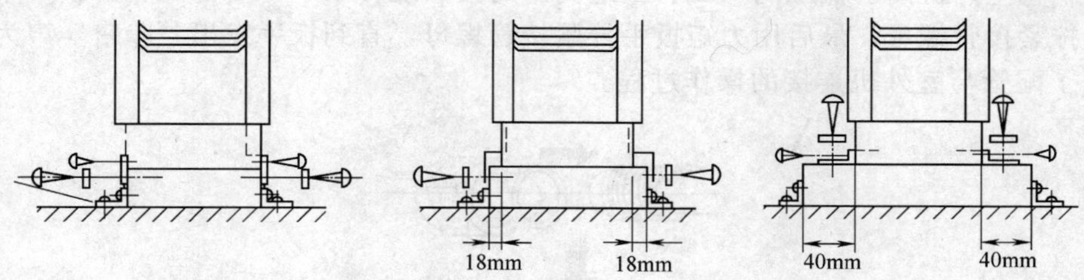

图 2-55　立柜式空调器与木座的固定方法

（3）室外机组的安装　空调器室外机组比较重，压缩机又在室外机组内，室外机组易振动，所以室外机组一定要安装牢固。室外机组既可以安装在建筑物预留的水泥底座上，也可以通过角钢（一般用 40mm×4mm 角钢）做成三角支架支承安装在墙壁上，还可安装在房顶上。

用三角支架固定室外机组时，首先用 M8mm 或 M10mm 金属膨胀螺栓将安装支架固定在墙壁上，垫上减振垫片后用 4 只 M8mm ×25mm 螺钉将室外机组固定在安装支架上。

热泵型空调器需要安装排水管弯头及排水管，以便在冬季制热时可以将化霜水排到指定的地方。如图 2-56 所示。

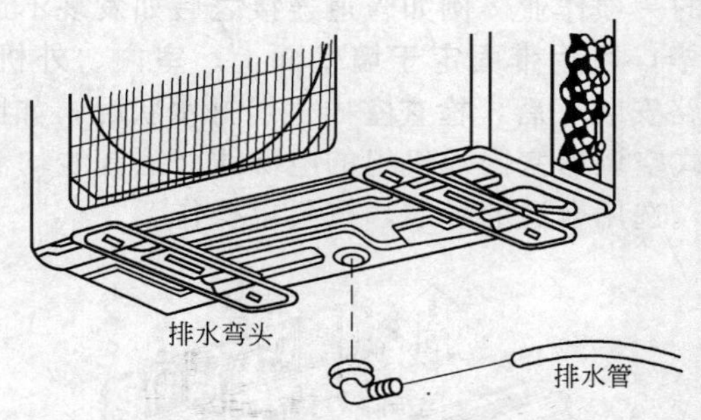

图 2-56　冷暖机排水管弯头安装

一般的情况下，要求室外机安装得比室内机低，但根据实际安装情况，室外机可以高于室内机安装，如安装在屋顶上。此种情况，其高度差应在说明书规定的范围内。但连接管应制作成弯曲状，以防止水流入室内。如图 2-57 所示。

（4）连接室内、外机组管路　将与室内机组相连的气管和液管分别与室外机组的气阀和

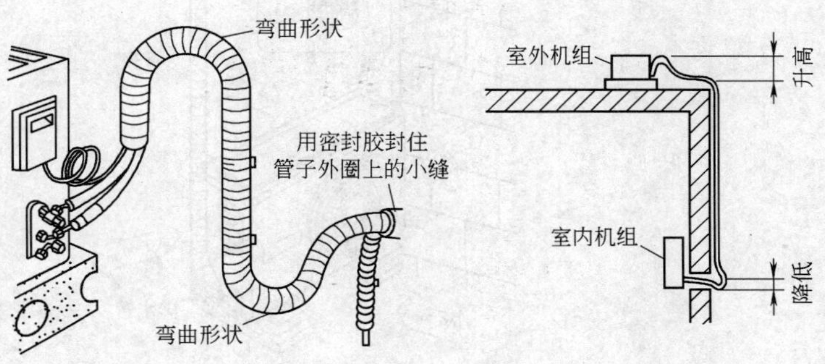

图 2-57　室外机在上的管道制作

液阀连接。将室外机高、低压阀（二、三通阀）的接头螺母取下，对准配管的扩口中心，用手指用力拧紧接管螺母，最后用力矩扳手拧紧接管螺母，直到扳手发出“咔嗒”声为止。图2-58示意了配管与室外机连接的操作过程。

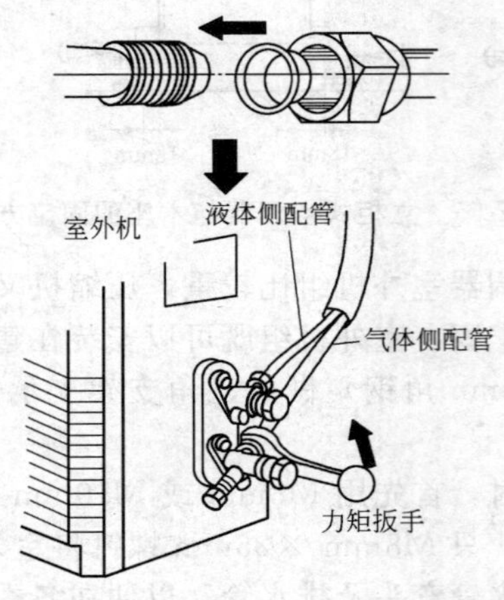

图 2-58 将配管与室外机连接

管道的连接是最慎重的一项作业。例如管道连接之后如发现不适当就要重新连接，否则就会漏气。整形管道束完毕，可用带固定于墙壁面上。室内、外机组整体安装示意图如图2-59所示。当室内、外管路安装好后，检查室内机组排水状况，如图2-60所示。

（5）线路连接　分体式空调器室内外机组的电源线、控制线均需在安装现场连接，安装时一定要参照产品说明书，选用合适的导线，按要求操作。

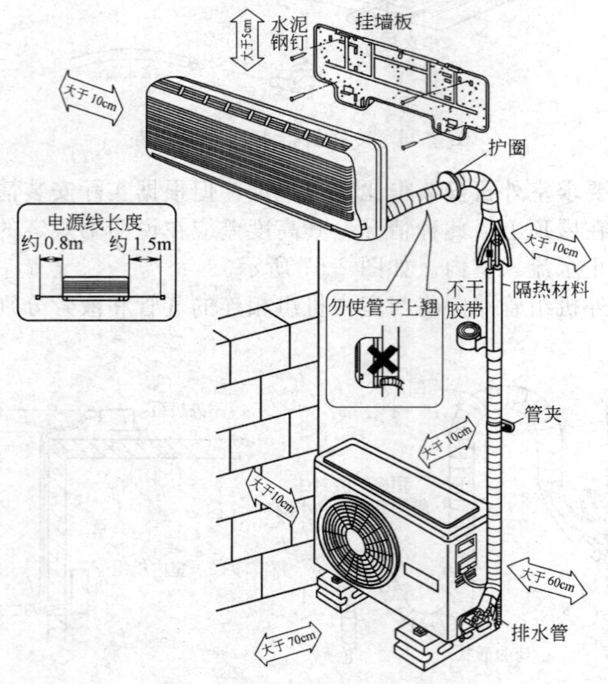

图 2-59 室内、外机组整体安装示意图

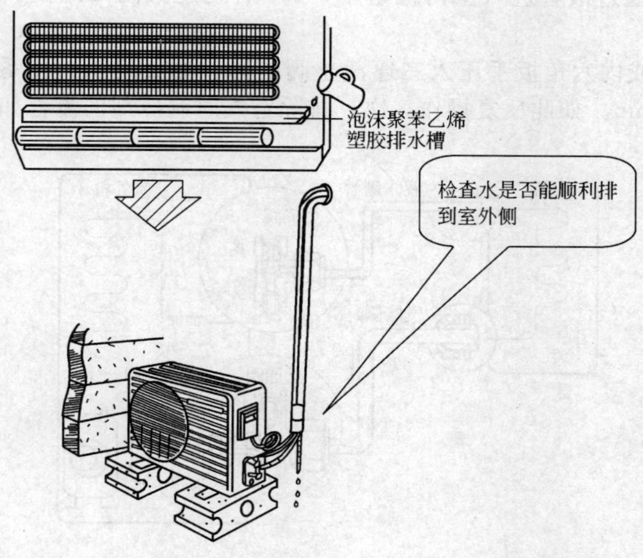

图 2-60　检查室内机组排水状况

电源线一般采用聚氯乙烯绝缘线。控制线一般采用氯丁橡胶绝缘线。连接时打开内外机组上的接线盒，按照接线柱上所标的记号，室内外一一对应连接。控制线与电源线绝不可接错，否则将使机组烧坏，或控制失灵。

(6) 室内机组及管道的空气排除　对于分体式空调器，安装时可用室外机组中的制冷剂来排除管道和室内机组中的空气，这种方法比较简便，但要求安装工操作熟练。

挂壁式空调器室外机组上有 1 只二通阀和 1 只三通阀；柜式空调器室外机组上有 2 只三通阀。二者排除空气的步骤相同。

1) 三通截止阀维修口内有气门销的空气排除法　图 2-61 给出了用带气门销的三通截止阀排除空气的方法，具体步骤如下。

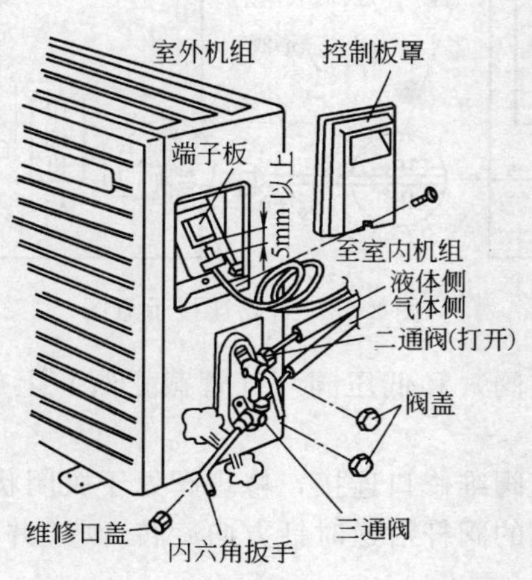

图 2-61　用带气门销的截止阀排除空气的方法

① 从三通截止阀（气管截止阀）上旋下阀盖和维修口盖。

② 取下二通截止阀上的阀盖，用内六角扳手按逆时针方向将阀杆旋转 90°（即开启 1/4

圈)，让液体制冷剂通过液管进入室内机组中，10s 后迅速关闭二通阀。检查各配管的连接部位是否漏气。

③ 用十字旋轴或内六角扳手压入三通截止阀维修口的气门销，使系统的空气排出，排气 3s 后停止排气 1min。如此反复操作 3 次。排除空气时制冷剂的流程如图 2-62 所示。

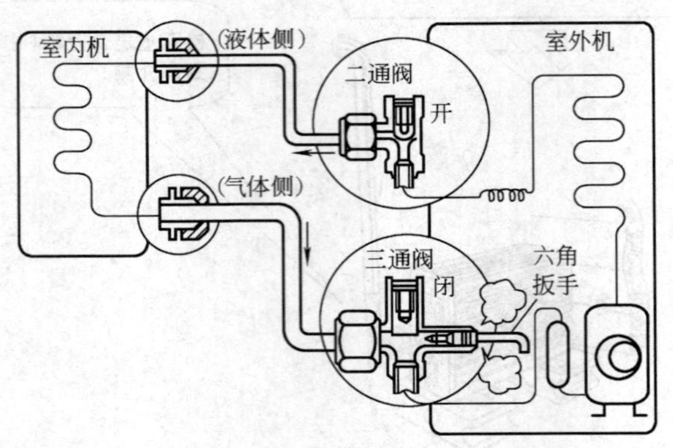

图 2-62 排除空气时制冷剂的流程

④ 将二通截止阀和三通截止阀阀杆按逆时针方向转动至全开（不动为止）。

⑤ 装上二通截止阀阀盖及三通截止阀阀盖和维修口盖。并检查阀盖和维修口盖处有无漏气。

2）三通阀维修口内没气门销的空气排除法 以毛细管在室内侧，气管和液管侧均采用三通截止阀的空调器为例，说明排除空气的步骤。图 2-63 是其管路连接示意图。

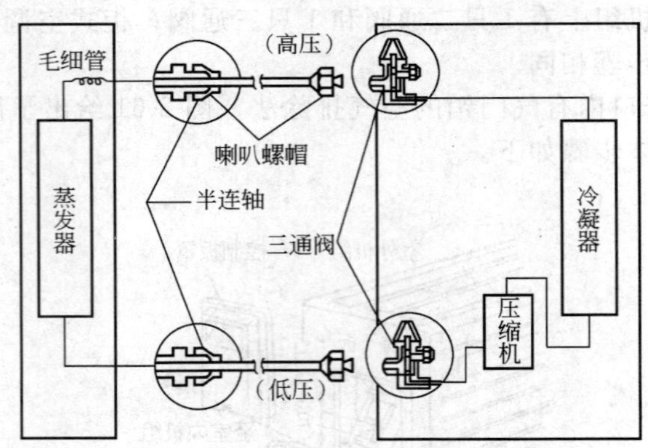

图 2-63 管路连接示意图

① 从高压阀（液管截止阀）和低压阀（气管截止阀）上旋下阀盖，并将低压阀的维修口盖旋下。

② 将复式修理阀与低压阀维修口连接，修理阀处于关闭状态。

③ 用方榫扳手将高压阀的阀杆沿逆时针方向旋转 90°，并保持 10s 时间，然后再将高压阀关闭。

④ 检查各配管的连接部位是否漏气，若漏气，可用力矩扳手旋紧相应的连接螺母。

⑤ 如图 2-64 所示，将高、低压阀均调至三通位置（中位)，打开复式修理阀低压阀门，排气 3s 后关闭 1min。如此重复操作 3 次。

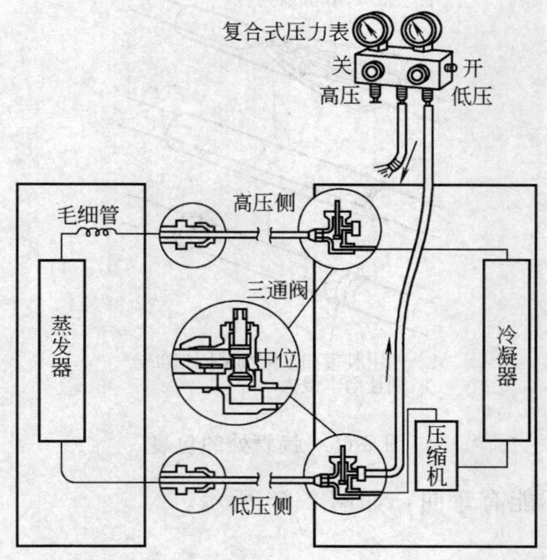

图 2-64　空气排出示意图

⑥ 从低压阀维修口上旋下复合修理阀的连接螺母，用力矩扳手旋紧维修口盖。

⑦ 将高、低压阀调至开放（后位）位置。

⑧ 将阀盖旋在高低压阀上。

⑨ 检查高、低压阀的阀盖处和维修口盖处有无漏气。若出现漏气，则无论漏气发生在阀盖处还是在维修口盖处，均应旋下阀盖，再次沿逆时针方向旋紧阀杆，然后再用力矩扳手旋紧维修口盖。

（7）试运转　分体式空调器安装完毕还要进行试运转。

首先，接通电源，打开电源开关，检查室内机组开关键是否正常。室内机组风机转速一般分三挡，运行时高速、中速、低速各个挡位有明显的区别。

在检查过程中，可进行室温调节测试。当空调器作制冷运行时，如环境温度超过 20℃，将设定温度调至低于环境温度，以试其制冷功能；若作制热运行时，当环境温度低于 16℃时，将设定温度调至 16℃以上，以试其制热功能。

开机 1～2min 后，应有冷（暖）风吹出。开机 10min 后，室内应明显有凉（暖）的感觉。

开机 15min 以后，检测室内机组进、出风口空气的温差。制冷运行：温差应大于 8℃；制热运行：温差应大于 14℃。

另外，还要检查空调器其他方面的功能。如检查计时键和定时键、风向控制键等。制冷时待空调器工作十几分钟后，看是否有冷凝水从排水管中向室外排出。

室外机组运转检查，主要检查运行时有无不正常声音和振动现象，产生噪声是否在规定的范围内。

停机 3min 后，再次启动空调器，检查空调器的启动性能。

4. 注意事项

（1）配管管道束连接操作注意事项

① 引管接头与配管的连接段用一段特制的保温套包裹扎实，两段不得暴露或与空气接触，以免有凝露而漏水，如图 2-65 所示。

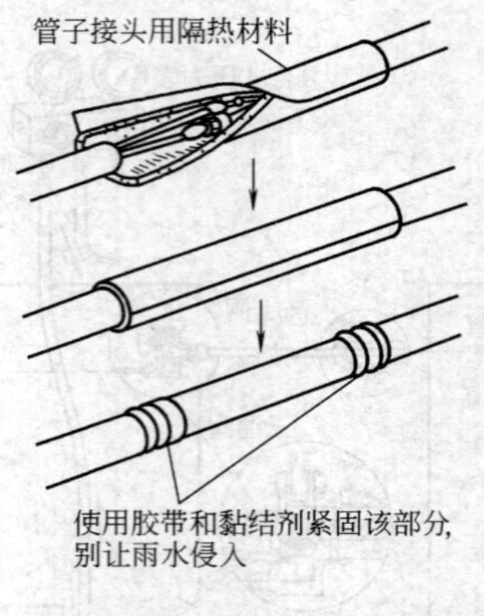

图 2-65　接管处的包裹

② 排水管应走直，不能有弯曲，如图 2-66 所示。

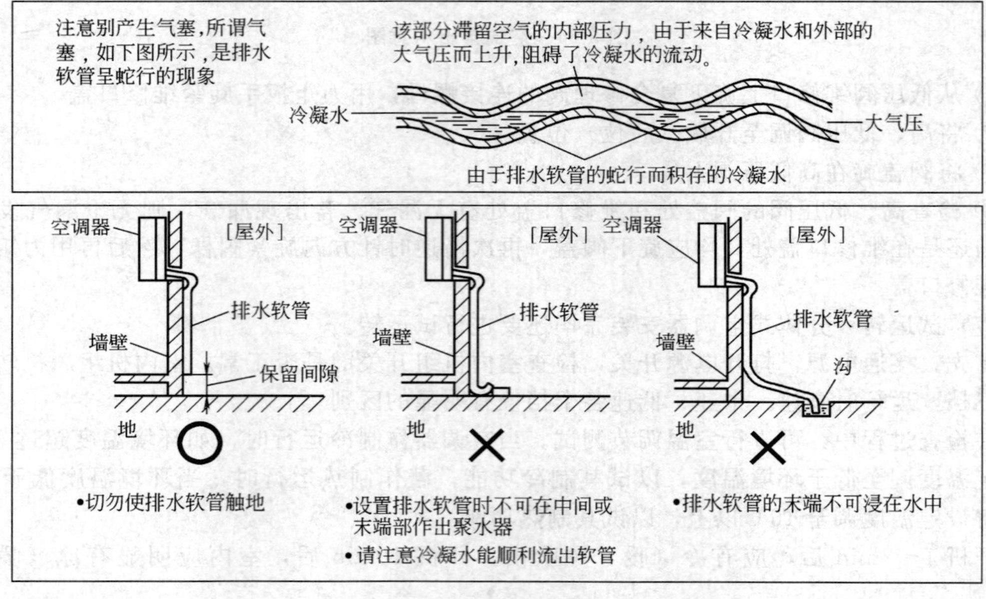

图 2-66　排水管的安装示意图

③ 在安放位置上，电源连线在上，铜管平放，排水管应在下面。

④ 胶带应部分重叠均匀向前缠绕，用力扎紧，防止空气窜入或雨水渗入。

⑤ 排水管包裹到一定长度后，应将出口留出，如图 2-67 所示。

⑥ 在包扎到配管末端 500mm 左右时，连接线也应甩出不再包扎，以方便接线。

⑦ 配管末端应留出 150mm 左右不用包扎，以方便连接管和室外机高低压阀体的连接。

(2) 连接室内、外机组管路操作的注意事项

① 管道的连接在室内侧开始进行。临时进行整形后，可在室外机组附近进行长度调整。

② 整理管道应用左右手的拇指，一点点地进行弯曲整形。

③ 整形管道时，应尽可能形成大的半径（半径为 10cm 以上）。

④ 管道连接部（室内机组的管道连接部或室内机组管道和室外机组管道在中间连接的

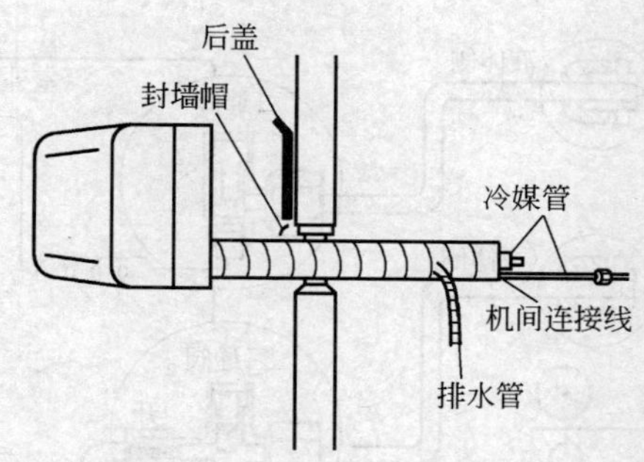

图 2-67　排水管留出示意图

部分中)，制冷运转时易产生结露现象，故务必卷紧隔热材料，防止结露。

⑤ 将室外机组安装在屋顶上等处（比室内机组高）时，高低差应确保安装说明书所记载的尺寸。一般应尽量避免出现室内机低于室外机的情况。

⑥ 配管与室内外机连接时，所使用的扳手应规范，要求用一把呆扳手（死扳手）和一把力矩扳手。使用死扳手不会将螺母边角损坏，而使用力矩扳手时，力矩值已事先定好，不至因用力过小而产生泄漏，也不致因用力过大而损坏喇叭口。配管喇叭口的拧紧次数不得超过三次，若已超过三次或移机重新安装时，就必须割口重新扩口才行。配管连接时，喇叭口和内、外机的锥头上必须涂抹冷冻机油以加强密封。

实训项目二：分体式空调器的移装

1. 目的

分体式空调器的移装是指将室外机与室内机连同配管拆卸掉，然后移到另一个房间重新安装。通过分体挂壁式空调器的移装，掌握将系统中的氟里昂回收到室外机中去的方法，同时进一步巩固分体式空调器的安装技术。

2. 工具设备及材料

待移分体挂壁式空调器一台、冲击钻、铁锤、力矩扳手、活络扳手、内六角扳手、一字形和十字形旋具、钢丝钳、錾子、卷尺、水平尺、扩口器、割刀、万用表、钳形电流表、电工刀、温度计、检漏仪、肥皂水或洗涤剂、PVC 包扎带、橡皮泥、水泥钢钉、膨胀螺丝等。

3. 操作过程

(1) 收取制冷剂　在拆卸空调器的连接配管之前，必须首先将系统内的制冷剂收取到室外机的冷凝器中。具体的操作方法是：关闭室外机侧面的供液截止阀，启动压缩机。这时，压缩机、冷凝器、毛细管一路中的制冷剂将在供液截止阀处被截止，蒸发器和配管中的制冷剂被压缩机通过回气截止阀吸入并压缩排入冷凝器。运转 3～5min 后，室内机蒸发器和配管中的制冷剂基本上都被收取干净。如在回气截止阀处的旁通阀接上一只压力表，可在收取制冷剂的过程中，观察压力表的指针变化情况。当压力表稳定指示在－0.1MPa 处不再回升时，便可结束收取。确定可以结束时，首先要关闭回气截止阀（此时供液截止阀始终处于关闭状态)，而后可拧下两只截止阀处的连接配管螺母，并将截止阀口用阀盖旋紧，以免污物进入截止阀。然后可分别拆卸室内机和室外机及连接配管。

收取制冷剂示意图如图 2-68 所示。具体操作步骤如下。

① 旋下回气截止阀和供液截止阀的阀盖，确认阀门处于开放位置。

② 启动空调器 10～15min。

③ 使空调器停止运转并等待 3min 后，将复合修理阀的软管接至供液截止阀的维修口。

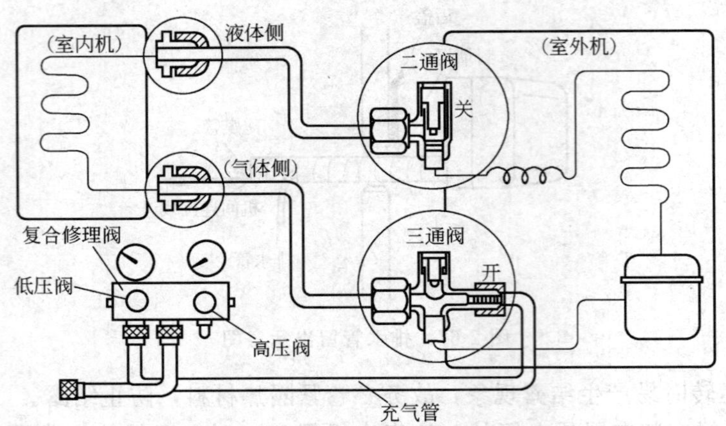

图 2-68 收取制冷剂示意图

④ 打开复合修理阀的低压阀，将软管中的空气排出。

⑤ 使空调器在冷气循环方式下运转，然后将供液截止阀调至关闭位置（用内六角扳手将阀杆沿顺时针方向旋转到底），当表压力为－0.1MPa 时，迅速将回气截止阀调至关闭位置，并立即拔下空调器电源插头，停止空调器运转。

⑥ 旋下复合修理阀的软管，重新旋上回气截止阀和供液截止阀的阀盖和维修口盖。

（2）拆机和搬迁　在拆卸室内、外机组前，应首先将室内、外机组的电气连接线拆掉。拆除导线时要打开接线端子防护装置，拧压接线端子，并按号码或颜色记录下每条导线的接线位置。然后可以将室内机组从室内挂板上取下，连同配管和导线从穿墙孔中抽出。如移装的位置时间比较方便，可不单独拆卸配管，如需拆卸配管，可沿配管用手触摸连接口所在处，打开保温套，将连接螺母松开，便可使室内机和配管分离。

室外机的拆卸主要是从支撑架上取下室外机。首先应将支撑架上的固定螺栓旋下，操作中应特别注意安全，防止发生人身事故。拧下螺栓后，用安全绳捆扎室外机，然后将室外机吊送至室外地上或抬至室内。至此，室内、室外机组均被拆卸掉。拆卸下来的配管两端应作封口处理，避免灰尘进入管内。

（3）安装　按照前面所讲分体式空调器的安装方法进行安装。

（4）排出空气　再次安装空调器时，由于室外机组中已经没有多余的制冷剂，因此，要外接制冷剂瓶或抽真空法来排出配管和室内机组中的空气。操作步骤如下。

1）用外接制冷剂瓶排除空气

① 取下液体侧（细管）的三通阀阀盖和维修口盖，接上制冷剂瓶。

② 取下气体侧（粗管）的三通阀阀盖和维修口盖，接上带压力表的双表修理阀，如图 2-69 所示。

③ 先打开修理阀，然后打开制冷剂瓶 5s，关闭制冷剂瓶，等管路中无气体排出时，打开制冷剂瓶 3s，停 1min，如图 2-70 所示。如此重复 3 次或一次连续放气 10s，当管路气体快要排完时，关闭双表修理阀，此时空气排除完毕。

④ 拆下双表修理阀和制冷剂瓶。

⑤ 将三通阀阀杆按逆时针方向转动至全开。

⑥ 装上三通阀阀盖和维修口盖。

⑦ 对接头处进行检漏。

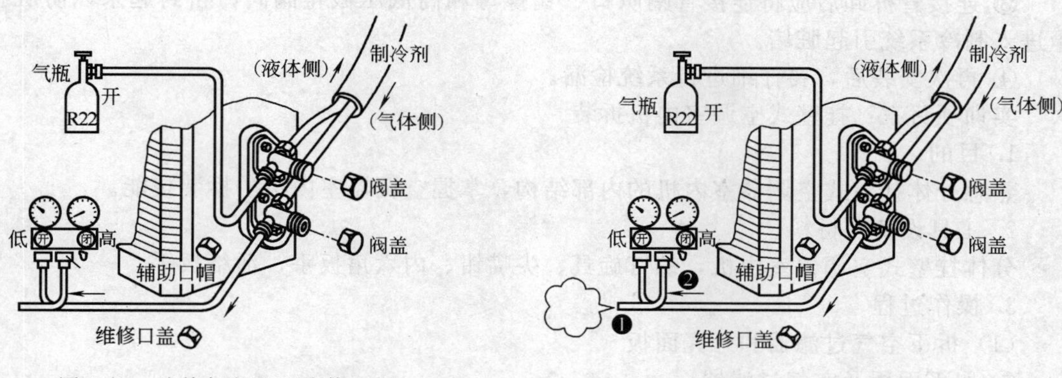

图 2-69　连接气瓶和双表修理阀　　　　图 2-70　放空气

2）抽真空排除空气　对于制冷量较大的分体式空调器，一方面为了将空气排除彻底，另一方面为了节省排除空气用去的制冷剂，可以用抽真空法排除空气。

抽真空排除空气的操作过程如下。

① 按图 2-71 连接真空泵和双表修理阀。

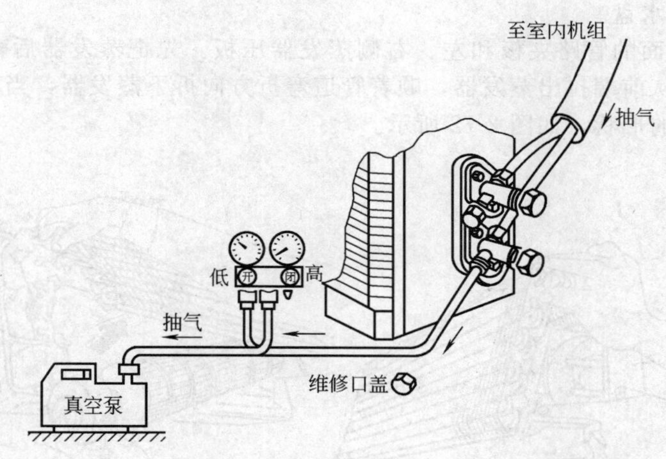

图 2-71　连接真空泵和双表修理阀

② 关闭双表修理阀上的高压阀，打开低压阀。

③ 接通真空泵电源，抽真空 10min。

④ 确认真空压力表指示压力在下降。如果 10min 后还没有形成真空状态，则应考虑喇叭口加工不良，务必先进行管道连接的检查。

⑤ 10min 后达到了预定的真空度－0.1MPa 时，关闭双表修理阀的低压阀，停止真空泵运行。

⑥ 打开液体侧和气体侧的两只阀，装上阀盖和维修口盖，让制冷剂形成循环回路。

⑦ 对接头处进行检漏。

4. 注意事项

① 拆卸前一定要将系统中的制冷剂收净，一是避免浪费，二是避免污染空气。

② 拆卸与安装时，一定要注意空调器室外机组的连接管道的盘结与展开时的操作，要小心不要造成连接管道出现压瘪或死弯现象。

③ 连接管拆卸后应将连接管喇叭口、铜螺母和高低压截止阀阀口密封起来以防脏物灰尘进入制冷系统引起脏堵。

④ 再次安装后，要仔细进行系统检漏。

实训项目三：挂壁式空调室内机拆装

1. 目的

熟悉分体挂壁式空调器室内机的内部结构，掌握空调器室内机的拆装技能。

2. 工具设备及材料

分体挂壁式空调器室内机，螺钉旋具、尖嘴钳、内六角扳手、活络扳手。

3. 操作过程

(1) 拆下空气过滤器和外壳面板

① 取下面板及空气过滤器。

② 用旋具拆下空调器面板上的螺钉。

(2) 拆卸电气控制盒

① 拆下温度传感器、遥控接收器等和控制线路板相连的附件。

② 拆下电气控制盒上的螺钉，拿出电气控制盒。

(3) 拆卸蒸发器

① 拆下空调接水盘。

② 拆去内机背面的管路夹板和左、右侧蒸发器压板。先把蒸发器后背的管路夹板拉出一些，然后用双手从前端拉出蒸发器，顺着管道弯折方向拆下蒸发器，当心别把弯曲管路破坏，保持原来管路的形状，如图 2-72 所示。

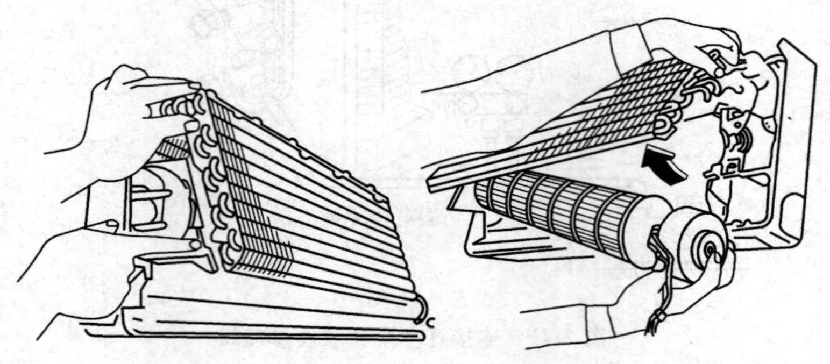

图 2-72 内机拆装示意图

(4) 拆下惯流风机

① 将风扇及风扇电机从空调器中拆出，如图 2-72 所示。

② 将电机和风扇拆开。

4. 注意事项

① 空调器的型号不同，其结构与组装方式也不同，拆装时对不同的空调器应采取不同的方法。

② 有些空调器的风扇和风扇电机须在稍移开换热器后才能拆下。在移开换热器时不能用力过猛，以免管路连接处破裂。

实训项目四：分析、拆装和连接窗式空调器控制电路

1. 目的

本训练通过对窗式空调器控制电路的分析、拆装和连接，掌握窗式空调器电气控制系统的组成和工作原理，熟悉各种电气控制部件的结构、接线及其作用，学会检测各控制部件的方法，通过对各种控制部件的接触了解，以及亲手组成一个完整的电气控制系统，更熟练地掌握阅读和分析电气控制原理图的方法。

2. 工具设备及材料

(1) 窗式空调器 1 台

(2) 万用表、钳形电流表各 1 块

(3) 电工工具 1 套

(4) 导线、接插件若干

3. 操作过程

(1) 取一强电控制机械手动式窗式空调器，放置于安全的绝缘工作台上，将机体从机壳中抽出，旋下电器盒固定螺钉，取出电器盒，然后找出该台空调器的电气原理图，仔细分析阅读。通过电路图应能知道该空调器的电气控制原理和基本电气元件组成。

(2) 把电路图中所标注的电气元件与空调器中的实物一一对应，并弄清楚各电气元件之间的接线关系。

(3) 顺次拔下选择开关的接线端子，用万用表测量选择开关上各接线端子的转换关系，一边转动选择旋钮，一边测量通断，然后再顺次接上连线，仔细观察连线另一端电器，明确了解某种通断关系实现的是某种电器控制。

(4) 仔细测量风机引出线之间的绕组阻值关系，观察引出线与运转电容、选择开关和电源的接线，弄清楚绕阻阻值与选择开关上风速切换的关系，并对风机进行检测。风扇电动机外接引出线如图 2-73 所示。

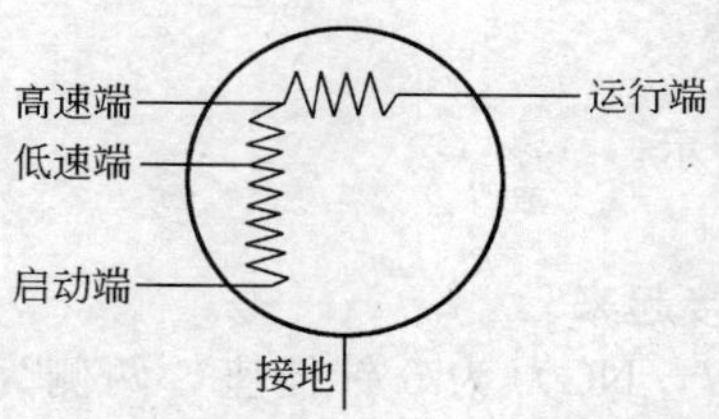

图 2-73　风扇电动机外接引出线

① 将万用表置“$R\times 10\Omega$”挡，并调零。

② 将万用表一表笔接电动机外壳，另一表笔分别测 5 根电动机引出线，电阻为零的即为电动机的外壳接地线（一般为黄绿线）。

③ 分别测余下 4 根电动机引线之间的电阻，当得到一个最大阻值时，则万用表表笔所接的是电动机启动端和运行端，电容跨接两端。

④ 最后 2 根线（高速端、低速端）中的任意一根分别和启动端、运行端相测，比较它们之间的电阻值，进一步确认启动端和运行端（电阻大的为启动端）。

⑤ 当测得最小一组电阻值时，则这两根引出线为运行端和高速端，而余下的另一根线为低速端。

⑥ 在实际接线中，启动端接启动电容，低速端接选择器低速挡，高速端接高速挡，运行端接电源，外壳接地线接地。

⑦ 用 500V 兆欧表测量外壳接地线与运行端线间的绝缘电阻，阻值应大于 2MΩ。

(5) 将所有的接线端子按正确的控制关系连接好后，接通电源，转动选择开关上的旋钮，分别按照挡位切换，观察各执行电器的动作情况。

(6) 在接线插头附近分出单股的电源线，用钳形电流表测量风机运转时的运行电流、压缩机运转时的运行电流，以及风机、压缩机共同运行时的电流值，与额定电流相比较。

(7) 全部测试和检查分析工作完成后，装上电器盒，整理空调器。

4. 注意事项

(1) 有些风扇电动机有内埋式过载保护器，测量时应注意电动机上的标注。

(2) 检测元件和分析控制关系之前，应切断电源，切不可带电检测和拨动端子。

(3) 要反复确认接线无误，并且各元件为正常状态时，方可接通电源进行试运转。

实训项目五：用通用型线路板，改装分体挂壁式空调室内机控制电路

1. 目的

分体式空调器的微电脑控制电路控制原理基本相同，但各种型号的空调器的线路设计各不相同，各有各的特点，且性能在不断的提高，而对于老型号空调的控制电路的维修是有一定困难的，更换新的线路板，市场上又比较难买，因此使用一种通用性的线路板来代用，效果比较好。

通过线路改装，提高对空调控制电路的理解和掌握，提高维修技能。

2. 工具设备及材料

(1) 分体挂壁式空调器 1 台

(2) 通用型线路板一块

(3) 万用表 1 块

(4) 电工工具 1 套

(5) 导线、接插件若干

3. 操作过程

1) 通用型线路板

① 工作原理　如图 2-74 所示。

② 线路连接方法

a. 根据图示，将各部分连接起来。

b. 步进电机输出插座（SW，NG）为 6 针插座，两侧为公共端（12V）。连接时风向电机插头的公共端必须插入步进电机输出插座的一个公共端；如果电机的转动方向反了，则应该将风向电机插头的公共端插入步进电机输出插座的另一个公共端。

2) 空调器原有电路的拆除

3) 原有风机电路的连接

4) 室外机电路的连接

4. 注意事项

(1) 通电检测时应注意安全用电，保证人身安全。

(2) 正确使用仪器设备，使用万用表时应注意挡位和量程。

实训项目六：分体挂壁式空调器微电脑控制电路故障分析

1. 目的

空调器采用了微电脑控制器和红外遥控技术后，不但给使用者带来了许多方便，而且还提高了空调器的有关性能。微电脑遥控空调器依靠使用者发出的遥控指令或面板操作指令，由控制器中的微电脑接收、译码，同时对环境温度、湿度、电压等进行检测，然后对输入指令进行比较处理，发出对空调器进入工作方式的选择命令、对环境状态参数的修改命令以及对电压的过压、欠压、过流保护的处理命令。控制器的驱动执行电路在微电脑输出端口信号

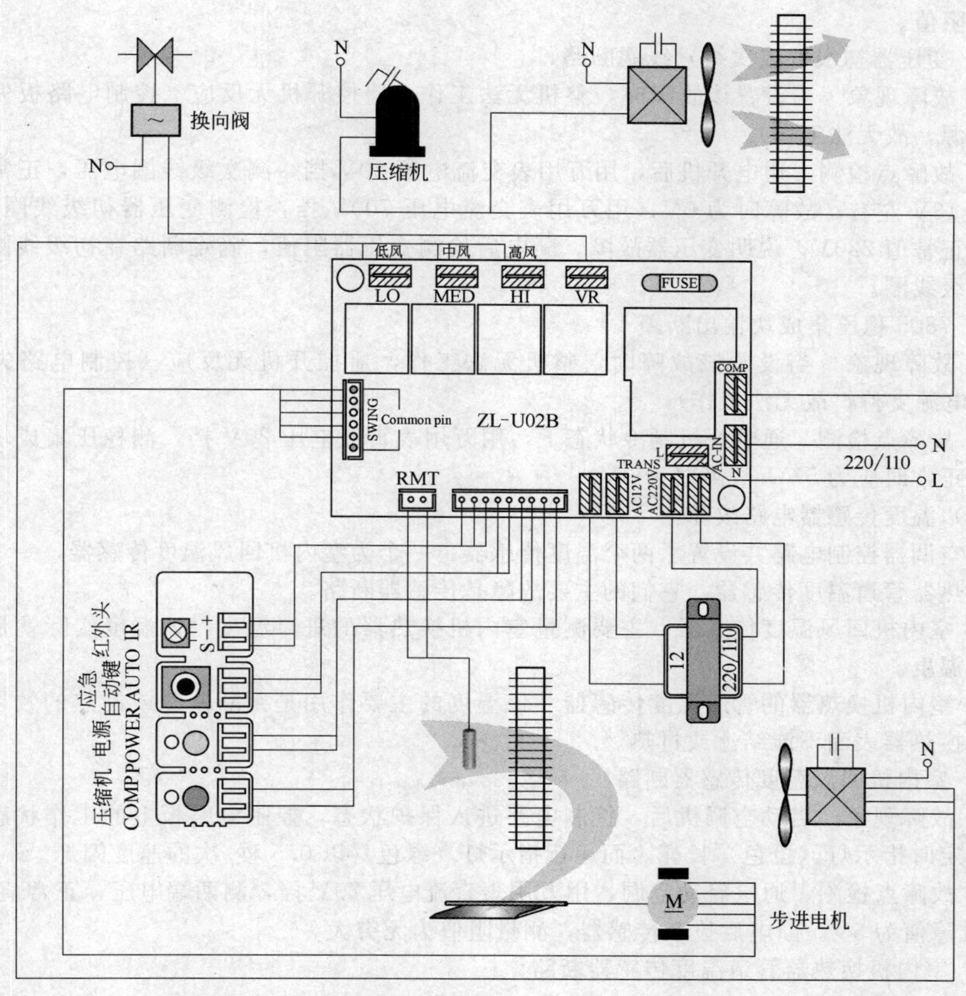

图 2-74　通用型线路板接线原理图

控制下，驱动相应的液晶显示屏、发光二极管进行显示，驱动电磁继电器完成参数、状态、不同功能电路的转换。

通过本实训，可掌握空调微电脑及遥控器的原理、维护和检修的分析方法与操作步骤。

2. 工具设备及材料

(1) 带有微电脑控制器的遥控空调器实训台

(2) 万用表 1 块

3. 故障分析及检测步骤（以美的分体挂壁式空调器为例）

(1) 电源电路故障　该电路常见有三个故障点，分别是：室内电源保险丝（FUSE1）断路，变压器初级线圈断路，7805 稳压集成块输出断路。

1) 室内电源保险丝（FUSE1）断路

① 故障现象　当设置该故障时，整机无法工作，遥控开机无反应（控制电路板失去了直流电源，故无法工作）。

② 故障点检测　通电开机后，用万用表交流电压 700V 挡，检测电源输入电路电压，电

压为正常值220V，检测变压器初级线圈电压，电压值为0V。说明保险丝断路，断电后检测保险丝阻值。

2）变压器初级（或次级）线圈断路

① 故障现象　当设置该故障时，整机无法工作，遥控开机无反应（控制电路板失去了直流电源，故无法工作）。

② 故障点检测　通电开机后，用万用表交流电压20V挡，测次级线圈电压，正常值应为12～13V左右；故障时为0V；用万用表交流电压700V挡，检测变压器初级线圈电压，电压为正常值220V，说明变压器故障。断电后检测变压器阻值，确定断路在初级线圈，还是在次级线圈。

3）7805稳压集成块输出断路

① 故障现象　当设置该故障时，整机无法工作，遥控开机无反应（控制电路失去＋5VDC电源支持，故无法工作）；

② 故障点检测　通电开机制冷状态下，用万用表直流电压20V挡，测稳压集成块输出断路，正常时应为5V，故障时为0V。

（2）温度传感器电路故障

该空调器控制电路共设置了两个温度传感器：一个为室内机回风温度传感器，一个是室内机换热器管道温度传感器，它们的主要故障是传感器断路。

① 室内机回风温度传感器　主要测量室内机换热器的进口温度，该温度实际就是室内的当前温度。

② 室内机换热器的管道温度传感器　该温度的主要作用是判断制冷或制热的效果，同时防止换热器表面不能结冰或过热。

1）室内机回风温度传感器断路

① 故障现象　启动空调机后，控制电路进入保护状态，控制电路板上的工作状态指示灯中的定时指示灯（橙色）长亮。而运行指示灯（绿色）以0.5秒/次的速度闪烁。

② 故障点检测　通电启动空调，用万用表直流电压20V挡，测两端电压，正常值为1～4V，故障值为5V。断电后拔下传感器，测量阻值为无穷大。

2）室内机换热器管道温度传感器断路

① 故障现象　通电启动空调，控制电路进入保护状态，控制电路板上的工作状态指示灯中的定时指示灯（橙色）长亮。而运行指示灯（绿色）以0.5秒/次的速度闪烁。

② 故障点检测　通电启动空调，用万用表直流电压20V挡，测两端电压，正常值1～4V，故障值为5V。断电后拔下传感器，测量阻值为无穷大。

4. 注意事项

1）通电检测时应注意安全用电，保证人身安全。

2）正确使用仪器设备，使用万用表时应注意挡位和量程。

实训项目七：窗式空调器的充注制冷剂

1. 目的

窗式空调器与分体式空调器不同，它没有充注制冷剂或供检修时使用的旁通阀门，所有的制冷部件都由紫铜管封闭性地焊接起来。在使用过程中，如无特别严重的事故和焊口质量差，一般不会出现泄漏现象，但经长期运转，通过不良材质的自然损耗，也会造成制冷剂不足，制冷效率变差。在这种情况下，就需要对制冷系统进行充注制冷剂的操作。

通过本训练，掌握窗式空调器充注制冷剂位置的选定，掌握充注制冷剂工艺过程和操作方法，掌握充注制冷剂量确定的原则和依据，达到能够独立对窗式空调器进行充注制冷剂的目的。

2. 工具设备及材料

(1) 窗式空调器一台（KC-16、KC-18 或 KC-20 等小型空调器）(其电气系统和制冷系统应良好，机壳的拆卸和安装应方便可靠)

(2) 钎焊焊接工具一套

(3) 手摇钻或手电钻一个，ϕ4～ϕ6mm 紫铜管一根

(4) 修理表阀、充注制冷剂软管、制冷钢瓶等

(5) 钳形电流表一只

(6) 拆装空调用的旋具

(7) 试机用的电源线、插座等

3. 操作过程

(1) 拆机及放出制冷剂　把机芯从机壳内拆出，打开制冷管路放出系统内的制冷剂，一般都从原充注制冷剂工艺管处放制冷剂。在切割充注制冷剂工艺管时，应先切割出漏缝使制冷剂蒸气逐渐流出，万不能猛然把工艺管切断。那样，若是系统内蒸气压力较高，制冷剂较多，蒸气喷出时会带出很多冷冻机油。

(2) 制作工艺管接工艺压力表　在压缩机附近的低压回气管路上，且易于焊接、安全、操作方便的某位置制作工艺管。选择一段平直且适宜操作的位置，用手摇钻或手电钻钻出一个 ϕ4mm 或 ϕ6mm 的小孔。注意钻孔前应将该段管路擦拭干净，在将要钻透之前一定要缓慢小心，并使身体稍稍倾斜，避开管孔的位置，以免钻透孔后管道中的制冷剂喷射出来，溅在皮肤或衣服上。也可在低压回气管的平直段用割管器割断，在割断处加装三通气门阀。

如采用钻孔的方法，孔的大小应与加装的修理管的大小一致。钻孔时，由于系统内残存着的制冷剂压力高于外界大气压力，因此，气体将沿突然开出的孔喷射出来，这样就将钻屑一起顶出来。孔钻好后，可将已制作好喇叭口的铜管焊接在孔上。铜管插入低压回气管钻孔中的深度要适度，不要插碰另一侧管壁。焊接完毕后，将焊上的铜管另一段与修理阀连接。同时把放制冷剂的工艺管焊死。这样，一个修理用的工艺管就制作完成，如图 2-75 所示。

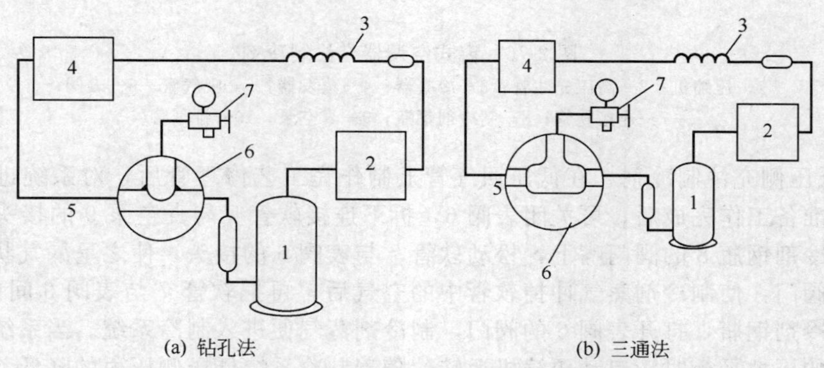

图 2-75　窗式空调器修理口

1—压缩机；2—冷凝器；3—毛细管；4—蒸发器；5—低压回气管；6—修理口；7—三通阀

(3) 检漏和抽真空　用耐压胶管把修理表阀与氮气瓶阀连接起来，进行检漏操作。首先关闭表阀，打开氮气瓶阀，旋紧调压器手柄，调至 1.0MPa，然后打开表阀，观察表阀指针指示的刻度。当指示充入的氮气压力为 1.0MPa 时，迅速关闭表阀，随即关闭氮气瓶阀，拆掉连接胶管。确定充气压力后将数值记录下来，用肥皂水或洗涤剂在所有能够观察到的焊口

和U形弯管焊接处检漏，仔细观察有无气泡产生。如找到泄漏点可放掉氮气进行补漏焊接，如找不到明显的泄漏点，可将保压的空调器放置24h后再观察表阀压力的下降情况，根据下降情况再选择是分段检漏，还是浸水检漏。

对于无泄漏和补焊后的空调器，可进行充注制冷剂前的抽真空操作。表阀的连接口通过专用的输气软管与真空泵连接，先关闭表阀，然后启动真空泵，再打开表阀，将系统内的空气和氮气抽出。抽真空的过程中，制冷系统高压侧的冷凝器和干燥过滤器中的气体，需流经毛细管抽出。由于毛细管存在着一定的流动阻力，需要长时间的抽真空，才能达到制冷系统内真空度的要求。一般抽1～2h。当系统内的绝对压力低于133Pa时，抽真空完毕。为节省时间提高效率，可采取二次抽真空的方法，即先把制冷系统抽到一定的真空度后，充入40～50g制冷剂，启动压缩机运转2～3min，使制冷系统内残存的空气与制冷剂混合，然后对系统进行第二次抽真空。这样，系统内残留的空气会随着制冷系统的循环一起流入低压侧，然后被真空泵抽出。这样操作一般只要抽30分钟左右。

(4) 窗式空调器的制冷剂充注及调试　制冷系统经抽真空后检验合格，即可充注制冷剂。窗式空调器充注制冷剂的方法有两种，一种从制冷系统的低压侧充注，充入的应是制冷剂蒸气；另一种是从制冷系统的高压侧充注，充入的应是制冷剂液体，并严格定量充注。

图2-76是窗式空调器制冷系统充注制冷剂简图。

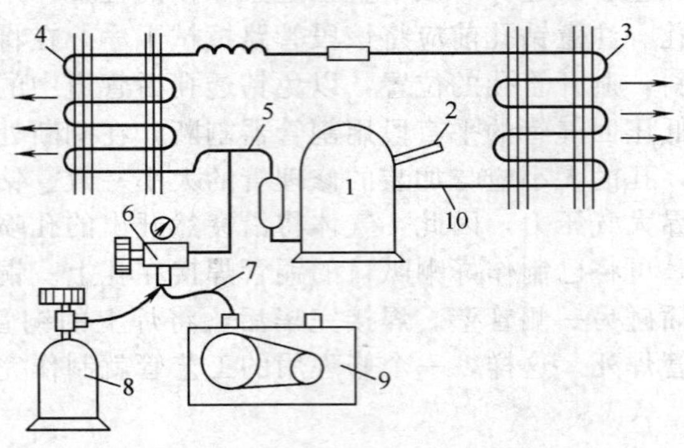

图2-76　窗式空调器充注制冷剂

1—压缩机；2—高压充注管；3—冷凝器；4—蒸发器；5—吸气管；6—表阀；7—连接软管；8—制冷剂钢瓶；9—真空泵；10—排气管

1) 从低压侧充注制冷剂　在低压回气管上制作完工艺修理管后，对系统进行检漏和抽真空。所有准备工作完成后，可关闭表阀6，拆下连接软管7与真空泵9的接头，并把该接头转接到制冷剂钢瓶8的阀门嘴上，松动软管7与表阀6的接头，使之呈漏气状，慢慢打开制冷剂钢瓶阀门，使制冷剂蒸气冲掉软管中的空气后，再把软管7与表阀6间的接头旋紧，然后开足制冷剂钢瓶，打开表阀6的阀门，制冷剂蒸气便进入制冷系统。当系统内蒸气的压力与钢瓶内的压力平衡时，启动压缩机运转，随着制冷系统低压侧压力的降低，钢瓶内的制冷剂蒸气继续进入制冷系统，这时由于钢瓶内液体制冷剂的不断汽化，钢瓶的温度不断下降，钢瓶内的蒸气压力也不断降低，因而进入制冷系统内的制冷剂蒸气也越来越少。

为了加快充注制冷剂工作的进程，取一脸盆或盛水容器，容器内放50～60℃左右的温水，把制冷剂钢瓶置于盛有温水的容器中，并用温水不断冲刷钢瓶外壳，以提高钢瓶温度，增大制冷剂钢瓶内蒸气的压力，从而加快制冷剂充注速度。采取这种方法时，不能用开水直接浇注钢瓶，以防钢瓶内压力过高而引起钢瓶爆炸。

从低压侧充注制冷剂时，应该充注制冷剂蒸气，尤其是对于旋转式压缩机而言，制冷剂蒸气直接进入压缩机吸气室，使压缩机运行平稳安全。决不可在充注时为提高充注速度，而将制冷剂钢瓶倒置，防止制冷剂液体直接进入压缩机吸气室，造成“液击”或冲缸事故，损坏压缩机。

充注过程中，要根据充注量的估测、冷凝器的排风热度和翅片表面的温度以及蒸发器的温度等综合因素，不时地关闭表阀，观察压力表的稳定指示值。当充注至表阀的压力表指示值稳定在 0.486MPa（R22）时，可停止充注，随即关闭表阀和制冷剂钢瓶阀门。

从低压侧充注制冷剂缓慢、平稳，充注量易于控制，便于操作，是维修中经常采用的一种充注方法。

2）从高压侧充注制冷剂　图 2-76 中的管 2 是高压侧充注管，将该管割断后焊接充注铜管（修理管）及表阀，经对制冷系统抽空检漏后接制冷剂钢瓶，排除连接软管内的空气，把制冷剂钢瓶倒置，打开表阀阀门，开启钢瓶上的阀门，制冷剂液体便注入制冷系统的高压侧，充注适量后关闭钢瓶阀和表阀。

从高压侧对窗式空调器充注液体制冷剂时，制冷剂钢瓶应置于磅秤上，或用弹簧吊秤称重，充注量应根据空调器说明中所规定的质量严格控制。若充注量过多，使蒸发压力升高，蒸发温度也高，压缩机运行电流将增大；充注量过少，蒸发压力和温度就会下降，制冷量也将降低。

从高压侧充注制冷剂速度快，但充注量不易控制，也不能根据空调器的使用情况适时地确定最佳充注量，操作难度大。而窗式空调器的生产厂家，为了提高生产效率，一般都采取从高压侧定量充注液体制冷剂的方法，而在维修时，往往多采用低压侧充注制冷剂蒸气。

从低压侧充注制冷剂是在压缩机运行时进行的，而从高压侧充注制冷剂是在压缩机停机时进行的。

3）充注量的调整

① 在空调器制冷系统的低压区某位置制作工艺管，连接上修理阀后，向制冷系统内充入制冷剂 R22。小型空调充注制冷剂时，多采取充注制冷剂气体的形式，也可以先适量充入制冷剂液体后再改充气体。当制冷系统内的压力与制冷剂钢瓶内的压力平衡后，启动压缩机运转，这时系统内的低压压力将下降而低于制冷剂钢瓶内的压力，制冷剂钢瓶内的制冷剂蒸气将继续流入系统。

② 给窗式空调器进行充注制冷剂之前，应对其制冷系统抽真空，抽真空的方法一般使用真空泵，抽真空的时间约 10～15min。真空度的要求标准是系统绝对压力低于 133Pa。

③ 充注制冷剂量的调整：全封闭的不可调整的制冷系统，充注制冷剂数量的多少将直接影响它的制冷效果，严格地讲是通过充注制冷剂量来确定它的工况、制冷量，这意味着充注制冷剂数量不能少也不能多。

a. 充注制冷剂数量确定的依据　根据压缩制冷循环原理和空调器的工况条件可知，空调器应该符合蒸发温度约 5℃，对应的压力为 0.586MPa；冷凝温度约 50 ℃，对应的压力是 1.96MPa；过热温度约 10℃；过冷温度接近室温（30℃）。

当停止充注制冷剂，空调器正常而稳定地运转时，若是低压表指示为 0.486MPa，高压表指示为 1.86MPa，过热温度约 10℃，过冷温度约为室温，即空调器的运行工况符合设计原理的要求，说明充注制冷剂数量是适量的。若低压表指示低于 0.486MPa，表示充注制冷剂量不足，需补加氟里昂；若低压表指示高于 0.486MPa，表明充注制冷剂量过多，需放出一部分制冷剂。

这里有必要指出，丹麦、法国、日本等国家的某些空调器产品，蒸发温度确定为 7℃，对应的压力则为0.625MPa；冷凝温度选定为55℃，对应的压力为2.19MPa。对这种工况条件的空调器充注制冷剂时，就应该按它的工况参数来判定充注制冷剂量是否适当。例如：低压压力表指示出0.525MPa时，则认为充注制冷剂量是恰当的。

b. 环境温度的影响　在进行充注制冷剂操作时，所处的环境温度不同，低压压力表指示压力值也不同（同等充注制冷剂量），高压表指示也如此。规律是：环境温度高时，低压压力升高，高压压力也升高；环境温度低时，低压压力低，高压压力也低。

问题的难点是具体压力值的确定，即在某一特定的环境温度下，低压压力究竟是多少充注制冷剂量才是适当的。有的根据维修经验来确定，例如环境温度20℃时，低压表指示调整在0.4MPa则认为充注制冷剂量是恰当的。有的根据出风温度来判定，即在送风量不变的条件下，改变充注制冷剂量（充或放），用温度计测量出风口的温度，当出风口的温度最低时，则认为空调器制冷量最大，判定为充注制冷剂量适当。实际上空调器充入适量的制冷剂之后，它的低压压力 p_0 与环境温度 t 有着对应关系，这一对应关系可用实验方法得到。

c. 关于高压压力 p_k　一般充注制冷剂修理时，高压压力不进行测量，除非高压明显过高或过低或有其他故障，才有必要测量高压压力。环境温度28～30℃时，高压压力（表压）应不高于1.9MPa，环境温度在18～20℃时，高压压力约为1.6MPa。如果充注制冷剂量适当而高压偏高，可能是由于冷凝器散热效果不良引起的，若是低压压力过低可能是由于压缩机性能下降引起的。

d. 关于蒸发器结露　空调器的蒸发温度无论是5℃或7℃，这一温度远低于夏季空气的露点温度，表明夏季的空气流经蒸发器表面时，空气出现饱和状态而产生凝露现象，这是必然的，如果没有凝露现象则是不正常的。但是，不能以凝露多少来判断空调器好坏，也不能用此来判断充注制冷剂量的多少。因为空气的露点温度是随含湿量大小而变化的，含湿量大露点温度就高，显然，空气的含湿量大时，空调器的凝露量就会大。

e. 附加条件　通过以上调整认为充注制冷剂量已适当后，还应测量空调器的运行电流，看其是否超过额定电流值。还应观察压缩机的温升、噪声、振动等，如无异常，则可认为充注制冷剂量是适当的。如有异常，则应设法消除。

(5) 封工艺管　当充注量确定后，用封口钳在表阀与低压侧连接管处夹死两处，再用钢丝钳把该工艺管夹断，然后用钎焊的方法将工艺管管口夹断处焊死。焊接过程应在压缩机运行状态下进行，因为此时低压侧的压力较低，便于封焊操作。焊接完毕后，取一盛有清水的小杯，将焊死的封口端置于水杯中，观察是否有气泡产生，如有气泡表明漏气，需重新封焊直至无气泡产生。为确保封口处无泄漏，应使压缩机停机，待高、低压力平衡，低压侧压力上升后再次用清水杯检测封口处的密封情况，确定无泄漏后方可认定操作完成。

(6) 安装　把机芯装入机壳，试机、检验合格后待用，或是装回原处。

4. 注意事项

① 充注制冷剂工艺管制作时，由于是在低压圆管上钻孔形成T形管结构，所以，钻孔时金属屑不能落入制冷管路之内，否则易造成堵塞；工艺管插入制冷管内的长度不能过长，否则造成制冷剂流动受阻；T形管口焊接时，焊料不能流入管内过多，否则也容易造成制冷剂流动受阻。同时，封离后留下的工艺管长度和方位，不能影响机壳的安装，也不应与机壳或其他部件相碰。

② 封工艺管时，制冷剂跑漏的量不能太多，不然使已调整好的充注制冷剂量被破坏，影响制冷效果。

③ 本实训每进行一次，都要消耗一定量的氟里昂 R22，为了节省 R22，可用两台窗式空调器进行。在一台空调器的高压区和低压区，分别接上高压表和低压表，抽真空充注制冷剂后氟里昂不再放掉，可以在其上作充注制冷剂量的调整实验。这样既可测得低压 p_0 又可测得高压 p_k，便于对空调器进行分析。在另一台空调器上作工艺管的制作、抽真空实训，在对系统充入氮气后进行工艺管的封离实验。

实训项目八：分体式空调器的抽真空及制冷系统调试

1. 目的

分体式空调器是普及率很高的一种家用空调器。由于它的特殊的安装工艺和截止阀处的螺纹连接，使其制冷剂渗漏的几率大于窗式空调器。因安装不当或质量问题而造成的制冷剂全部漏光毕竟是极少数现象，大部分的渗漏是螺纹连接处的缓慢渗漏，直接的后果是造成制冷效率的下降。因此，充制冷剂，调整正常的运行状态，是维修人员经常应用的基本技能；并且，对制冷剂渗漏、制冷量下降的现场观测和故障判断，以及处理后根据各种因素对空调器运行状态的调整，又是维修中一项技术含量较高的工作。

通过本实训的操作训练，使维修人员能够运用已学过的制冷原理和故障判断分析思路，熟悉对分体式空调器室外、室内机组及配管的检查，熟悉对制冷系统进行抽真空、充注制冷剂的方法，掌握运行单只修理表阀、三通检修阀进行抽真空、充注制冷剂的操作步骤，学会对空调器运行状态——即最佳充注量的调整方法，通过抽真空、充注、调试一系列操作，能够用简单的方法，估算出制冷量。这是一项看似简单，实质上是对理论指导下的综合技能的检验。

2. 工具设备及材料

分体式空调器一台、R22 制冷剂、真空泵、连接铜管或软管（单端带顶针锁母）、单表头的修理阀、带压力和真空压力表的三通检修阀、活络扳手、温度计、钳形电流表、磅秤或弹簧秤。

3. 操作过程

(1) 打开供液截止阀和回气截止阀，方法有许多种，要根据不同品牌空调器选用的截止阀结构选择。如有的用内六角扳手逆时针旋转，也有的用钳子夹住闸板，移动 90°即可打开阀门。如补充制冷剂可省略此步骤。

(2) 旋下低压回气截止阀上充气通道（旁通孔）的密封螺帽，用小旋具稍稍摁下旁通孔中心的气门嘴芯，看看有没有残余的制冷剂喷出。摁下的时间不要太长，仅测试一下即可。

(3) 将带有顶针锁母的输气铜管或软管的另一端接上单表头修理阀，或接在带有真空表和压力表的三通检修阀上，然后关紧阀门的手轮，将顶针锁母拧在空调器回气截止阀的旁通孔上，边拧边注意是否顶开旁通孔内的气门嘴芯，顶开时便有制冷剂液体喷出。当喷出时会伴有润滑油逸出，此时应快速拧紧，如无制冷剂喷出，则说明机内已无制冷剂，这时拧紧之后可先从表阀处充入一点儿制冷剂，看看是否已与系统连通。

(4) 系统与修理阀通过连接管接通后，先打开表阀，让系统内残存的制冷剂将连接管内的空气赶出，表阀口喷出制冷剂后可迅速拧紧。如系统内制冷剂已漏净，可不用作此操作。

(5) 再用一根软管把表阀与真空泵连接起来，先关闭表阀，启动真空泵，运转之后再打开表阀，开始抽真空。由于是通过气门嘴芯和低压侧抽真空，所以抽真空的时间要长一些，大约 1～2h。如系统内仍有残存制冷剂，又不存在杂质和空气，可不必抽真空。

对于分体式空调器有两种抽真空的方法，一种是用真空泵对室内、室外机组进行整机抽真空，这种抽真空方法需要的时间比较长，但抽真空的质量较高；另一种是利用室外压缩冷凝机组，对室外机组进行抽真空，然后通过配管连接，用制冷剂再赶出室内机组的空气，达到排除空气的目的，这种方法操作简便、耗时较少，在实际维修中常常被采用。

抽真空的目的，一是排除系统中的空气和其他不凝性气体，不凝性气体就是指在冷凝器中不能冷凝成液态的气体；二是使系统内清洁、干燥；三是为充注制冷剂创造一个顺利方便的条件。对分体式空调器的制冷系统抽真空，是进行充注制冷剂等维修工作中很重要的环节。

(6) 当系统绝对压力达到 133Pa，并经长时间抽真空后压力无回升，可认为抽真空完毕。此时可先关闭表阀，再停真空泵，然后从真空泵处拧下软管。如采用三通检修阀，关闭真空表一侧的阀门即可。

(7) 用软管将表阀与制冷剂钢瓶连接起来，旋松与表阀连接的锁母，拧紧与制冷剂钢瓶连接的锁母，微微开启制冷剂钢瓶，让制冷剂将软管内的空气挤出，在虚接的锁母处有液态制冷剂逸出时迅速拧紧。

(8) 打开表阀，再打开制冷剂钢瓶阀门，可听到制冷剂进入系统的流动声。这时压力表上的指针也随之上升，可边控制表阀，边观察压力表，关闭表阀后压力表指示为 0.8MPa 时，可停止充注。这时仅关闭表阀，制冷剂钢瓶阀门处于开启状态。

在一般的维修操作中，制冷剂的充注量可以从质量、压力和电流三个方面确定。

① 称质量：将制冷剂钢瓶放在台秤上，充注前记下钢瓶与钢瓶内制冷剂的总质量，当钢瓶内制冷剂的减少量等于充注的制冷剂质量时，停止充注。这种方法适合于维修后的充注和高压段充注。

② 测压力：制冷剂饱和蒸气温度与压力呈一一对应的关系，如果知道了制冷剂的蒸发温度与冷凝温度，即可查表求出相应的饱和压力。如采用 R22 制冷剂的空调器，一般蒸发温度为 5℃，则对应的低压侧饱和压力为 0.486MPa，充注制冷剂后，可观察空调器运转时的低压压力，若稳定值正常，则表明充注量合适。这种方法适合于补充制冷剂和对运行状态进行调整时使用。

③ 测电流：根据空调器铭牌或说明书上标注的额定电流值，调整充注制冷剂的多少，当测出的电流值符合规定值时，即表示制冷剂充注合适。

实际操作中，可把测压力与测电流结合起来，根据当时的环境温度以及制冷设备的状况确定最佳的充注量。

④ 现场估算制冷量的简单方法：充注制冷剂时，可根据送风口和出风口的温差和比焓差，简单地估算出制冷量，一般出风与进风的温差在 8～14℃之间即可；也可用计算比焓差的公式做简单测量后，计算出来。

(9) 启动压缩机，制冷剂开始在系统内循环，低压截止阀上连通的压力表指针从 0.8MPa 处开始下降，显示系统正在形成高压和低压两侧。当压力表指示值低于 0.5MPa 时，可打开表阀继续充注制冷剂，这时的操作要点是边充注制冷剂，边关闭表阀观察压力表上的指针稳定情况和指示值。当最终能稳定在 0.486（约 0.5）MPa 时，可关闭表阀，停止充注，继续观察空调器的运行情况。

(10) 用钳形电流表观察运行电流，用电子点温计或水银温度计测量室内机的送风和回风温度差，用手摸冷凝器表面的温度分布和吹出的风温，用手摸蒸发器翅片的结露情况，同时观察截止阀附近的结露情况。

(11) 符合正常运行状态后，确认压力表的指示值是否稳定在 0.486MPa 左右，送、回风温差是否在 8～14℃之间，运行电流是否在正常规定值范围以内，如正确时，可关闭制冷剂钢瓶的瓶阀，旋下顶针锁母，拆卸掉连接软管，把封帽拧在回气截止阀的旁通孔上，制冷剂充注完毕。

4. 注意事项

① 螺纹连接时一定要对正接口，先用手旋进，待拧不动时再用工具拧紧。

② 停止充注、封闭旁通孔后，应用肥皂水或洗涤剂检查螺纹连接处，不得有泄漏。

③ 钳形表测运行电流时，应旋至与额定电流相适应的挡位，过大的挡位会造成测量失真。

④ 本实训采用的是测压力和测电流相结合的经验充注法，如采取定量式的测质量充注，可不启动压缩机，将制冷剂钢瓶倒置放在磅秤上，计算出充注质量后即可向系统内充注。如压力平衡充不进去，可用加温钢瓶的方法加速充注。

实训项目九：分体式空调器补充制冷剂

1. 目的

能快速判断出分体式空调器制冷剂不足，掌握分体式空调器补充制冷剂的方法。

2. 工具设备及材料

分体式空调器一台、R22 制冷剂、连接铜管或软管（单端带顶针锁母）、单表头的修理阀、带压力和真空压力表的三通检修阀、活络扳手、温度计、钳形电流表、磅秤或弹簧秤。

3. 操作过程

① 让分体式空调器在制冷模式下正常运转 10min。

② 分别用温度计、钳形表、压力表测量运行中空调室内机的进出风口温差、整机运行电流和气管截止阀的压力。通过测量可以发现，整机电流小于额定电流，室内进出风口温差小于 8℃，低压侧压力小于 4.5MPa（房间温度 30℃），则表明该分体式空调器制冷剂不足。

③ 将加液软接管的一端与氟里昂钢瓶接好，另一端接上液管的三通阀，但不要旋紧。微微打开氟里昂钢瓶的阀门。将加液软管里的空气排空后旋紧。

④ 在开机状态下先后打开氟里昂钢瓶上的阀门和气管截止阀，让气态制冷剂缓缓地吸入制冷系统，加制冷剂过程中要密切监视压力表和钳形表，达到额定值后，立即关闭氟里昂钢瓶上的阀门，旋下加液管。

4. 注意事项

(1) 补充制冷剂前，必须先把加液软管中的空气排尽。

(2) 补充制冷剂时，应随时监测整机电流和压力，以防制冷剂添加过量。

(3) 补充制冷剂时，空调器应运行在制冷状态。

实训项目十：分体式空调器制冷系统的故障判断与排除（中级工）

1. 目的

能判断分体式空调器制冷系统的常见故障，并予以排除。

2. 工具设备及材料

有故障的分体式空调器、空调器检修常用设备、工具与材料。

3. 操作过程

接通电源，开机后观察室内风扇、室外风扇和压缩机的运转及空调器的制冷（制热）情况。

(1) 若室内外机组均不工作，应检查以下几项。

① 电源电压是否正常。

② 整机熔丝是否熔断。

③ 电路连线是否松脱。

④ 开关是否损坏。

⑤ 定时器调整是否合适。

(2) 若室内风扇运转而室外机组不工作，应检查以下几项。

① 电路连线是否松脱。

② 室外机熔丝是否熔断。

③ 选择开关是否有触点接触不良。

④ 温度控制器是否损坏。

⑤ 过载保护器是否损坏。

⑥ 室外机继电器是否损坏。

⑦ 压缩机、室外风扇电动机的启动电容器是否损坏。

⑧ 压缩机和室外风扇电动机是否同时烧毁。

(3) 若室外机组工作而室内风扇不运转，应检查以下几项。

① 室内机熔丝是否熔断。

② 室内风扇电动机的电路连线是否松脱。

③ 室内风扇电动机的启动运行电容器是否损坏。

④ 风扇电动机是否烧毁或机械卡阻。

(4) 室内外风扇运转正常，但室外压缩机不工作，应检查以下几项。

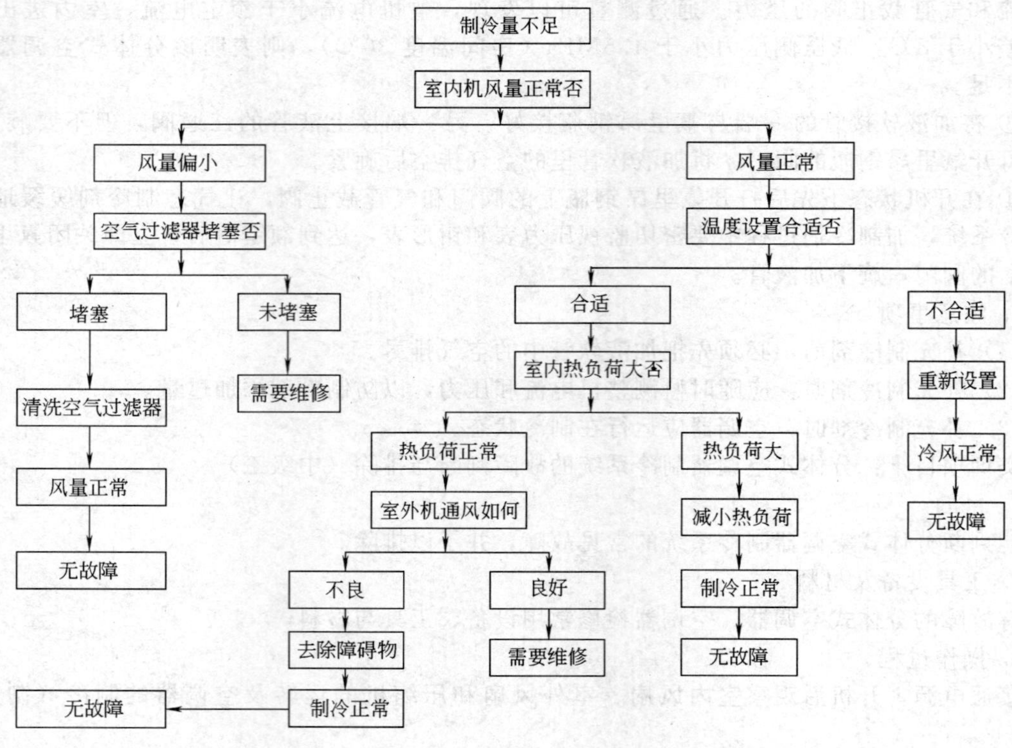

图 2-77 分体挂壁式空调器制冷量不足的故障分析与检测流程

① 压缩机的电路连线是否松脱。

② 压缩机的启动电容器（继电器）是否损坏。

③ 压缩机的运行电容器是否损坏。

④ 压缩机电动机的线圈是否烧毁。

⑤ 压缩机是否卡阻。

（5）若室内外机组运转正常，但不制冷或制冷效果差，应检查以下几项。

① 室内出风口风量是否过小或无风，判断空气过滤网、蒸发器是否过脏，风扇叶片是否损坏或松脱。

② 冷凝器是否过脏或散热不良。

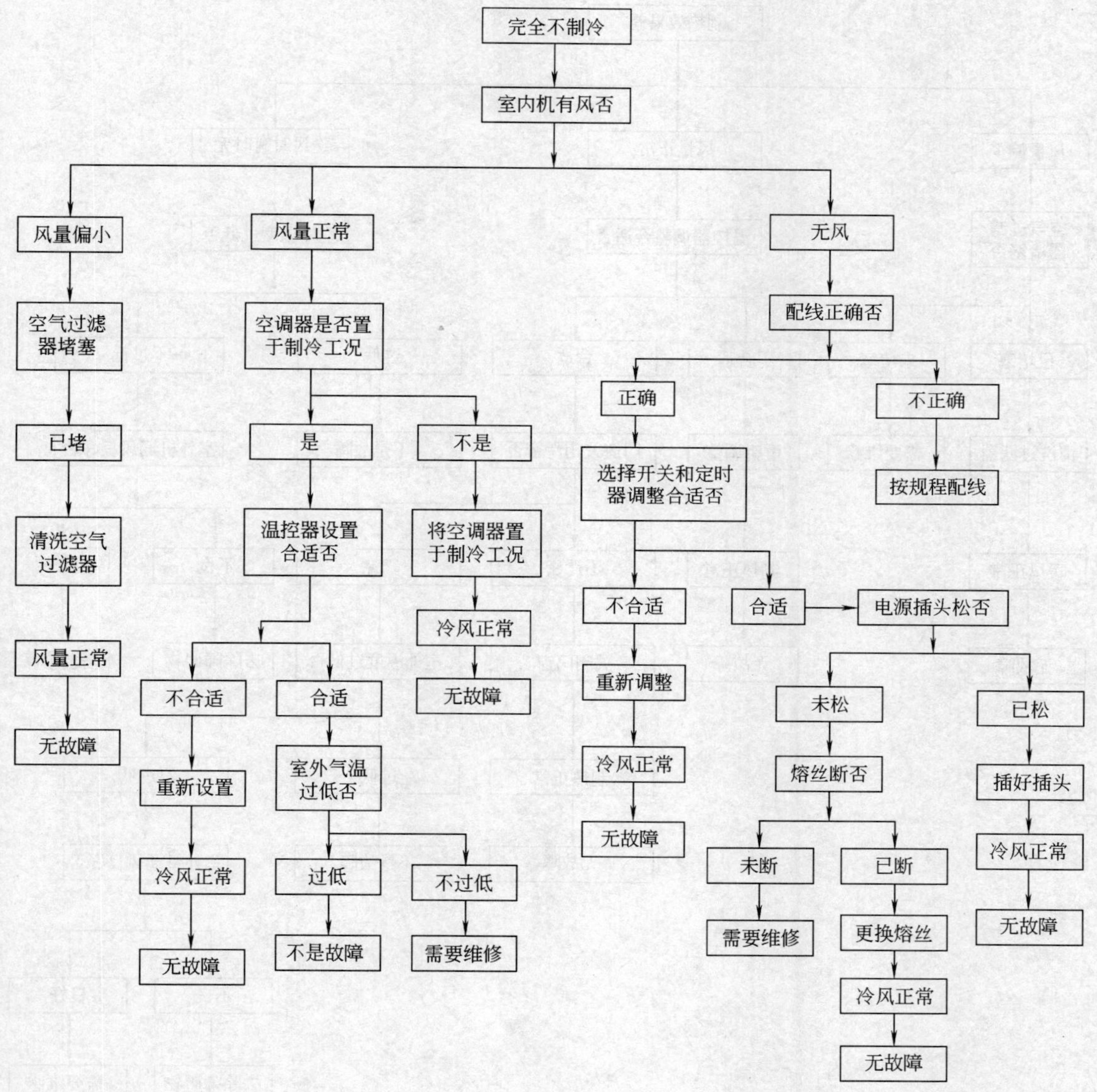

图 2-78　分体挂壁式空调器不制冷的故障分析与检测流程

③ 压缩机排气管是否不热，停机后打开修理口，系统内是否无制冷剂排出，判断制冷剂是否已全泄漏。

④ 压缩机排气管是否不热或热量不足，毛细管或过滤器是否局部结霜或发凉，判断制冷系统是否堵塞。

⑤ 压缩机排气管是否热量不足，压缩机是否过热，判断压缩机是否正常。

⑥ 冷凝器温度是否过高，判断制冷剂是否过量。

(6) 空调器制冷正常，但不制热或制热量不足，应检查以下几项。

① 选择开关是否有触点接触不良，电路连线是否有松脱，判断制热控制电路的电源是否不能接通。

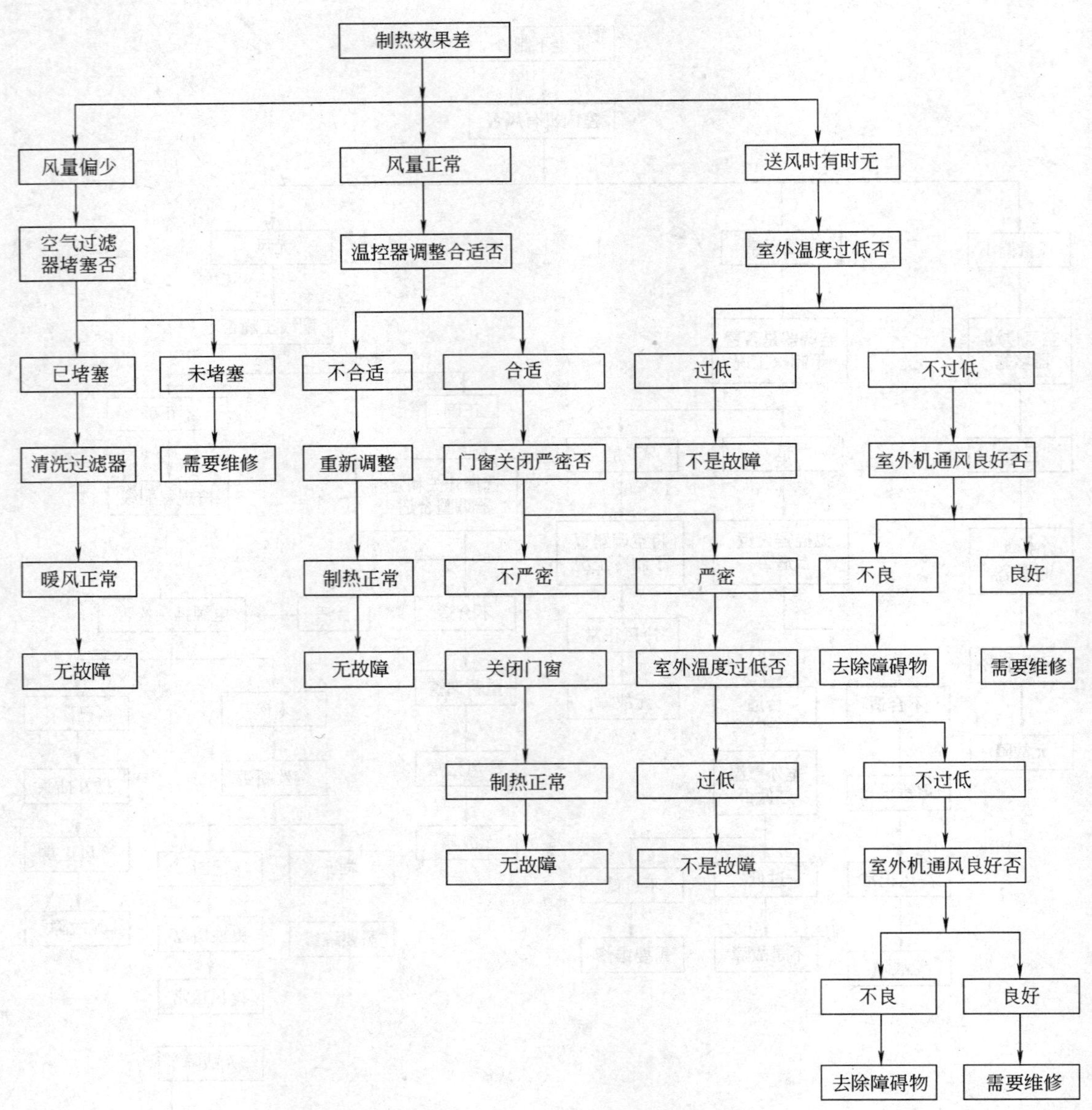

图 2-79 分体挂壁式热泵型空调器制热量不足的故障分析与检测流程

② 空调器（热泵辅助型）中电热丝是否烧断而使制热量不足。
③ 制热继电器是否损坏。
④ 温度控制器是否损坏而不能接通制热电路。
⑤ 电磁换向阀是否损坏。
⑥ 除霜温控器是否损坏。
(7) 分体式空调器制冷系统常见故障分析与检测流程如图 2-77～图 2-81 所示。

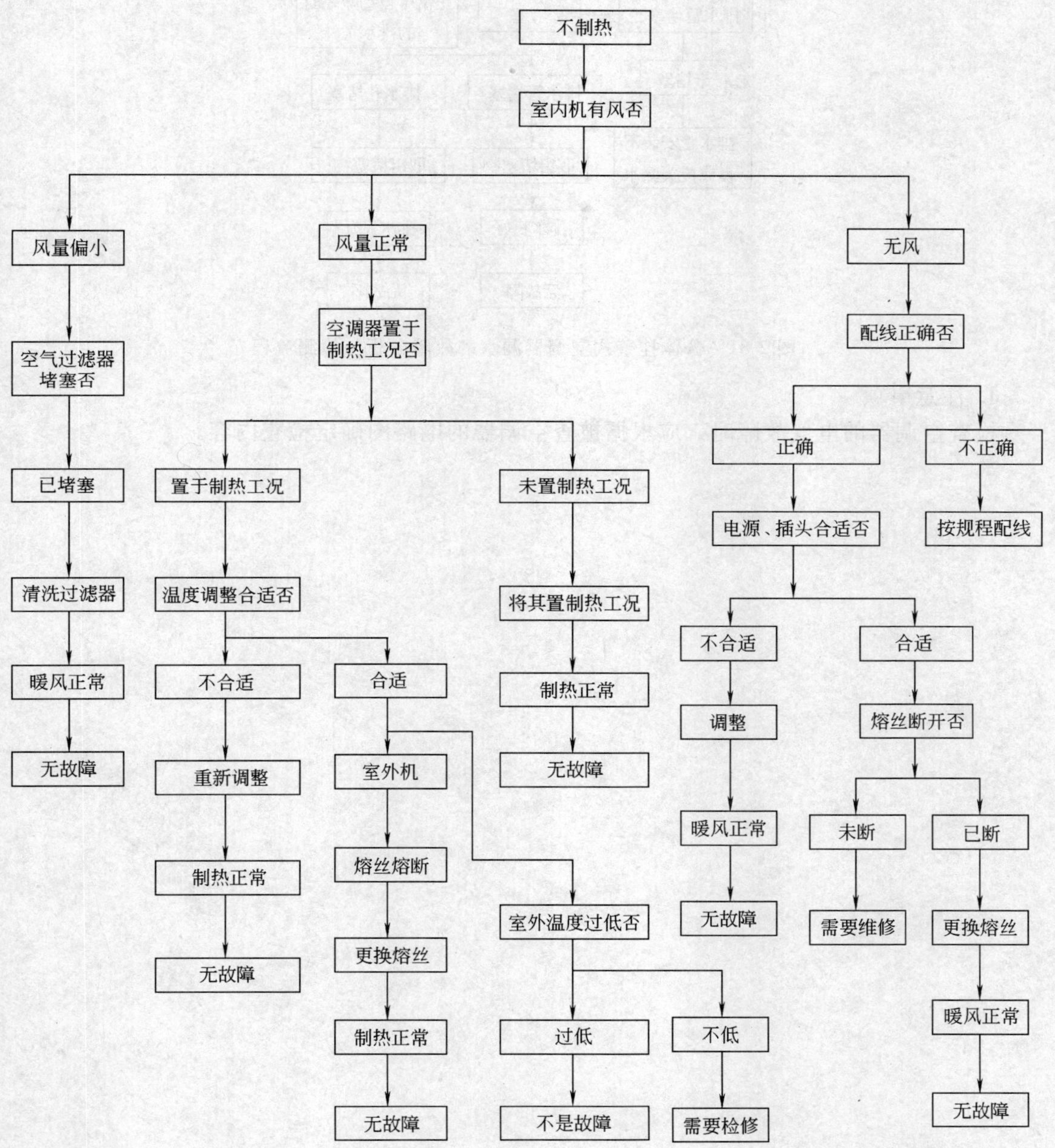

图 2-80　分体挂壁式热泵型空调器不制热的故障分析与检测流程

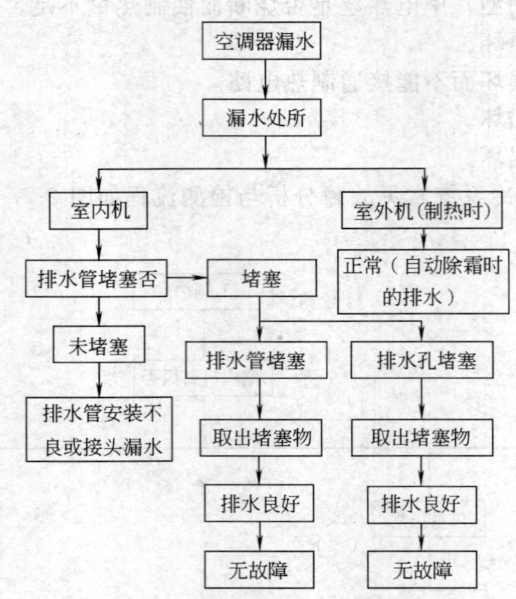

图 2-81　分体挂壁式空调器漏水的故障分析与检测流程

4．注意事项

检查空调器的电气故障时，应根据被查空调器的电路图确定检查内容。

第三章　小型冷冻冷藏设备的维修

小型冷冻冷藏设备是用来低温储存、运输食品、药品等易腐物品或提供其他低温冷源的冷冻冷藏设备，其用途广泛，形式、规格、构造多样，但其组成基本相同，一般由制冷系统、控制系统及保温箱体组成。本章主要讲述小型活动冷库及冷藏集装箱的工作原理、设备的检测方法及故障的分析和排除。

第一节　小型活动冷库及冷藏集装箱的结构形式

一、小型活动冷库的结构

1. 小型活动冷库的库板结构

小型活动冷库由保温库板、制冷系统、控温电气系统等组成。保温库板一般采用厂家生产的库体底板、侧板、顶板和角板组装而成。库板内外表面板材有不锈钢板、铝板、彩钢板、镀锌板和玻璃钢等。两板之间多是充注聚氨酯或聚丙乙烯泡沫塑料作为保温层。库板之间采用弹性企口嵌合连接，并用橡胶密封条密封。可按库板模数改变活动冷库的组装尺寸，根据需要进行搭配和间隔组合，容易装拆，便于搬迁和扩建。图 3-1 为一活动冷库库板结构示意图，图 3-2 为某小型活动冷库外形图。

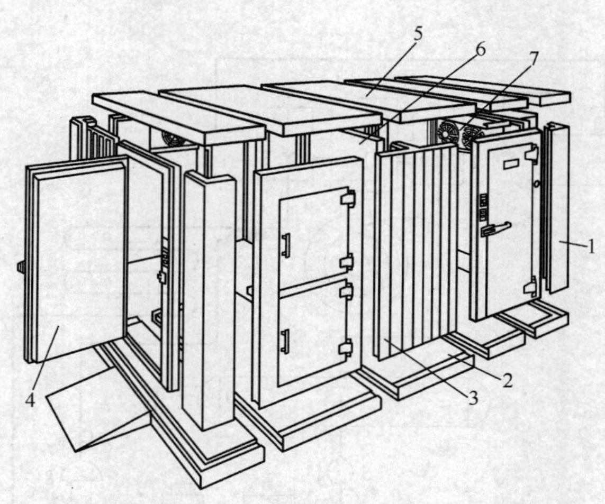

图 3-1　小型活动冷库的库板结构示意图

1—角板；2—底板；3—立板；4—库门；5—顶板；6—隔板；7—冷风机

2. 小型活动冷库的制冷系统基本结构

小型活动冷库的制冷系统按制冷压缩机分半封闭机组、全封闭机组，开启式机组；按冷却方式分风冷、水冷等；按冷媒方式分有氟里昂制冷、无氟新型环保制冷剂制冷、氨制冷等。

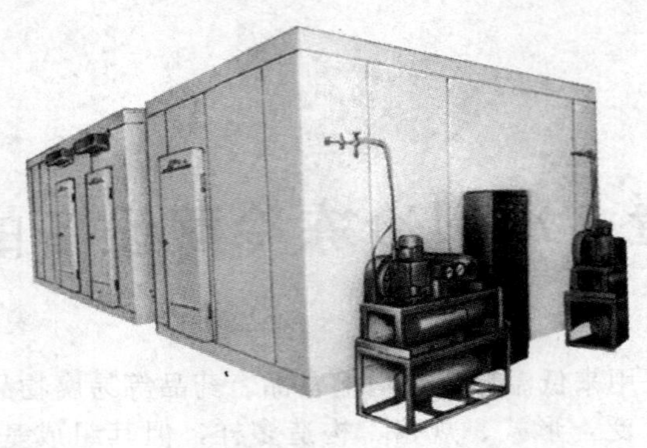

图 3-2 活动冷库外形图

图 3-3 所示为水冷式小型氟里昂活动冷库制冷系统的基本结构。高压排气阀和低压吸气阀分别接入压缩机的高压排气口与低压吸气口。它们的作用是便于压缩机和制冷系统的测试、检修和连接控制仪表。高压排气阀和低压吸气阀的结构相同，如图 3-4 所示，它们都有开、关和三通三种状态。它们的多用通道口接压力继电器，用以保证制冷系统高、低端压力正常。以高压排气阀为例的三种状态是：关闭状态，即将阀杆按顺时针旋到底，此时阀芯将接通冷凝器的管路关闭，而其多用通道口与压缩机的高压腔相通，当采用压缩机进行自抽真空时就是用这种状态；开启状态，将阀杆逆时针旋到头，此时将压缩机高压腔与高压排气口相通，而多用通道口被堵死；三通状态，此阀处于三通状态时阀杆处于中间位置，即将阀杆逆时针旋到头，再顺时针旋入 1～2 圈即可。此时压缩机的高压腔、高压排气管和多用通道口都相通。小型活动冷库正常工作时，高压排气阀应置于三通状态。低压吸气阀的关闭状态作为制冷系统打压用，它的三通状态作为压缩机正常工作时用，制冷系统充灌制冷剂时也必须是三通状态。

在冷凝器与蒸发器之间的供液管路上设置电磁阀，用于自动控制供液管的通断。当压缩

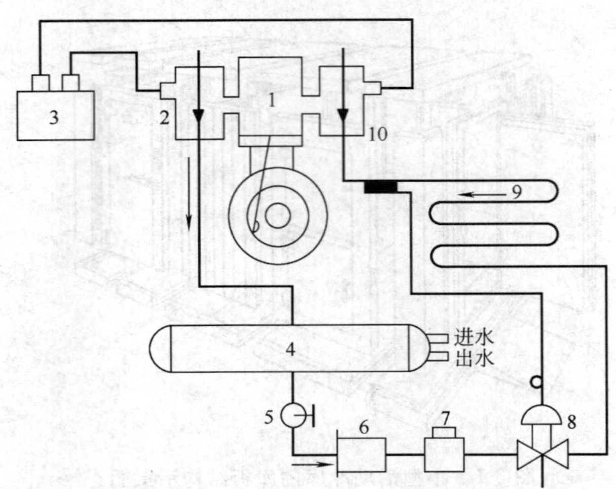

图 3-3 水冷式活动冷库制冷系统基本结构

1—压缩机；2—高压排气阀；3—压力继电器；4—冷凝储液器；5—冷凝储液器出液阀；6—过滤器；7—电磁阀；8—膨胀阀；9—蒸发器；10—低压吸气阀

机启动运转时，经电路控制电磁阀自动开启，冷凝器向蒸发器供液；当压缩机停止运转时，电磁阀自动关闭，冷凝器不再向蒸发器供液，以免蒸发器中储液过多，从而可防止压缩机再次启动时发生湿压缩产生敲缸事故。一般小型水冷式活动冷库为了使系统紧凑，可不单独设置储液器，而是将冷凝下来的制冷剂液体储存在水冷式冷凝器的下部，即所谓的冷凝储液器（见图 3-3）。而风冷式制冷系统为了充分利用冷凝器的冷凝面积，必须独立设置储液器。

在压缩机的排气管和吸气管上分别设置高、低压力继电器，用于在压缩机排气压力过高或吸气压力过低时，自动使压缩机停转。这样，既可防止压缩机排气压力超过允许值时发生事故，又可避免蒸发温度过低时压缩机仍然运转而浪费电能。

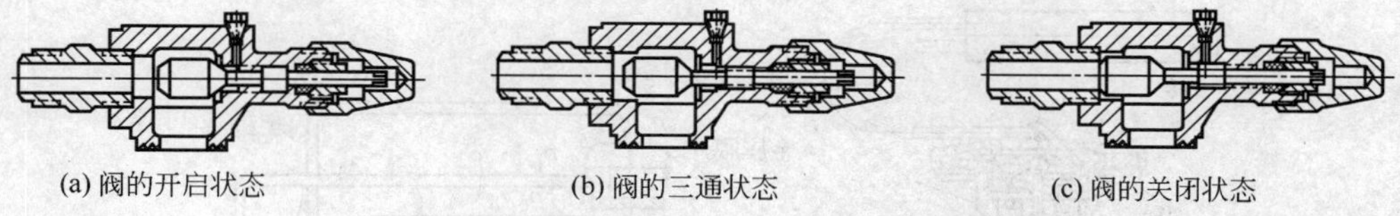

(a) 阀的开启状态　(b) 阀的三通状态　(c) 阀的关闭状态

图 3-4　高压排气阀和低压吸气阀的结构

在小型活动冷库的制冷系统中，一般使用热力膨胀阀（常见的是内平衡式热力膨胀阀，见图 3-5；当蒸发器的沿程阻力损失不可忽略时应采用外平衡式热力膨胀阀，见图 3-6）实现对制冷剂的节流降压作用。由于热力膨胀阀在制冷系统运行时，可以自动地根据蒸发器热负荷的变化大小调节供液量，这就保证了制冷系统稳定地运行。

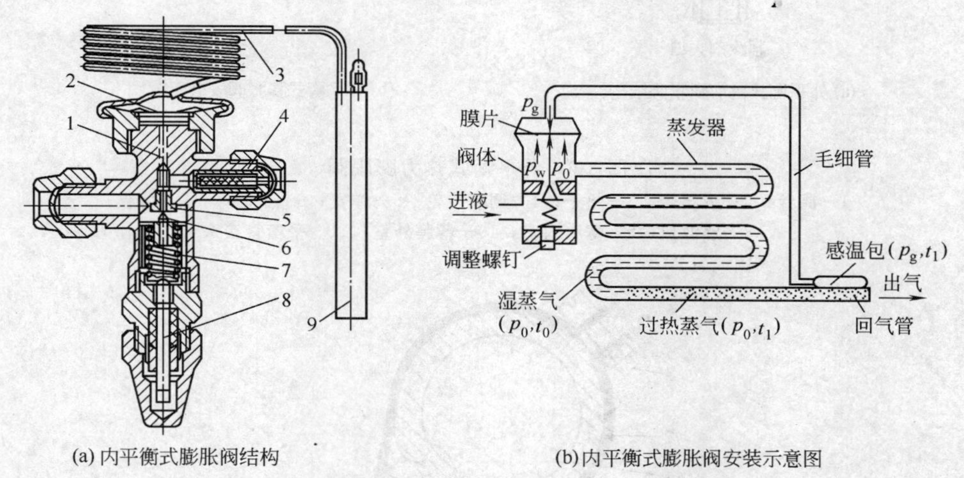

(a) 内平衡式膨胀阀结构　(b) 内平衡式膨胀阀安装示意图

图 3-5　内平衡式热力膨胀阀

1—传动杆；2—感应薄膜；3—毛细管；4—过滤网；5—阀座；
6—阀针；7—弹簧；8—调节杆；9—感温包

热力膨胀阀要正确安装，阀体应安装在尽量靠近蒸发器的入口端，并且调节和检修都比较方便的位置，阀体要垂直放置，不能倾斜，更不能上下颠倒。

感温包应安装在蒸发器出口端回气管的水平段上，并远离压缩机吸气口 1.5m 以上。应特别注意安装处的回气管中绝不能有积液。为此，若回气管由水平转为向上抬高时，抬高处应设置低于水平段的 U 形存液弯。感温包与回气管相接触的部位应尽量平直清洁，氧化皮要先除净，还可以涂一层银灰漆防锈。将感温包缠在回气管上时，包扎要紧密，并外包不吸潮的保温材料绝热。当回气管外径小于 25mm 时，感温包可包扎在回气管的上侧；当回气管外径大于 25mm 时，考虑回气管内若有液态制冷剂流动，上下两侧温差会较大，应将感温包包扎在回气管水平轴线下侧约45°处，如图3-7所示。

安装外平衡式阀的平衡管时，应注意将感温包置于蒸发器出口和平衡管与回气管的接口之间，这样可避免在有少量液态制冷剂经平衡管由膨胀阀漏入回气管时感温包感应的温度降低。平衡管与回气管的接口应置于回气管顶部，可防接口被润滑油或杂质堵塞，如图3-6（b）所示。

系统管路中安装有干燥过滤器，如图3-8所示，用于吸收系统中的水分及过滤系统中的杂质，以防止制冷系统在运行时发生冰堵和赃堵现象。为防止干燥剂进入系统，通常在干燥过滤器的两端设有铜丝网、脱脂棉等过滤层。干燥过滤器的结构形式繁多，有的有方向性要

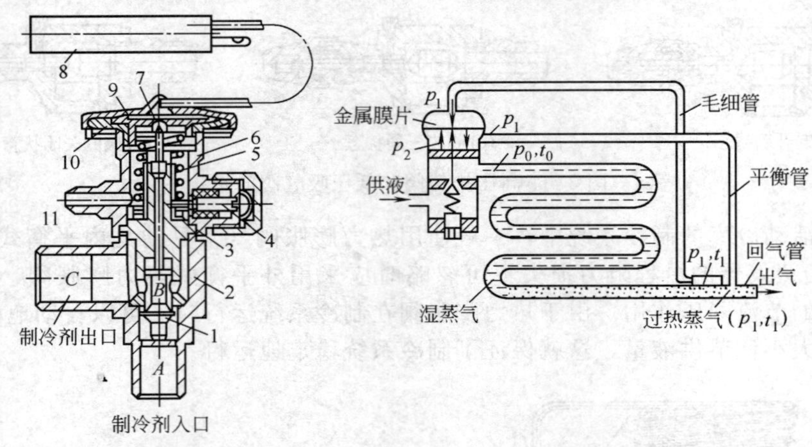

(a) 外平衡式自动膨胀阀结构 (b) 外平衡式膨胀阀安装示意图

图3-6 外平衡式热力膨胀阀

1—阀针；2—下阀体；3—垫子；4—调节齿轮；5—弹簧；6—上阀体；7—薄膜；8—感温包；9—薄膜内室；10—薄膜外室；11—平衡管接头

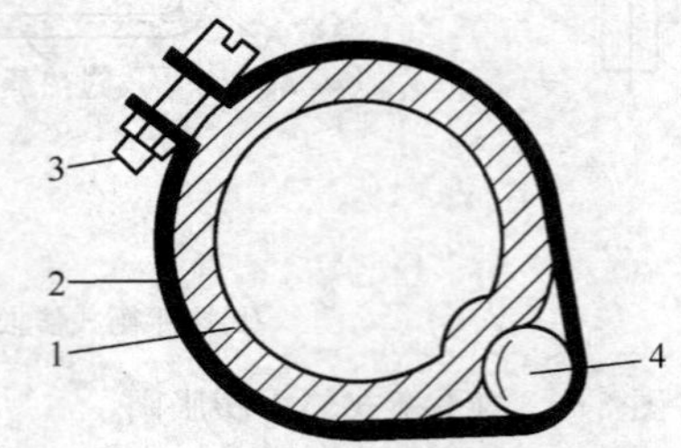

图3-7 热力膨胀阀感温配件安装示意图

1—回气管；2—膨胀阀感温夹具；3—螺母及螺栓；4—膨胀阀感温包

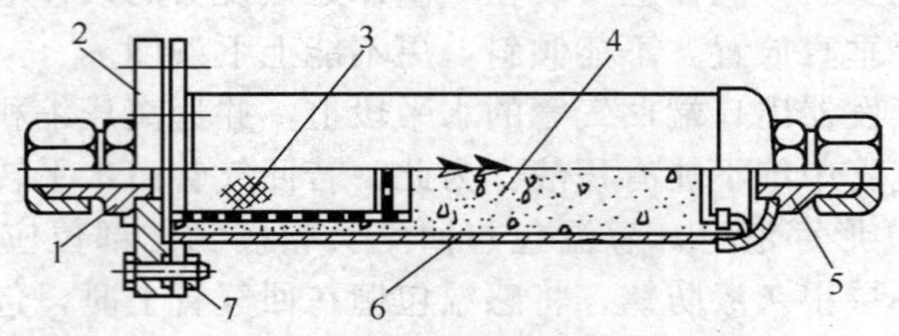

图3-8 干燥过滤器

1—进液管接头；2—压盖；3—滤网；4—干燥剂；5—出液管接头；6—壳体；7—连接螺栓

求，有的无方向性要求，在安装时应予以注意。

蒸发器一般由钢管或紫铜管加工成墙排管和顶排管，分布在库内三面墙壁和顶棚上，也有部分小型活动冷库采用冷风机作为蒸发器。

二、冷藏集装箱的结构

1. 冷藏集装箱的箱体结构

按照目前世界通用的做法，冷藏集装箱的制冷装置由制冷装置制造商，把所有的部件装配成一个画框式的制冷装置，然后整机运输到冷藏箱箱体制造厂。由后者负责安装在箱体上，并用不锈钢螺栓固定即可。主要的制冷装置供应商有美国开利（CARRIER）、冷王

图 3-9　开利（CARRIER）制冷装置

图 3-10　冷王（THERMOKING）制冷装置

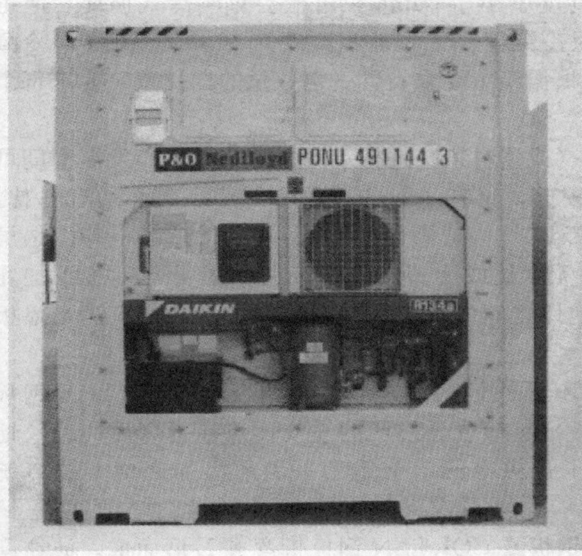

图 3-11　大金（DAIKIN）制冷装置

图 3-12　三菱（MITSUBISHI）制冷装置

(THERMOKING)、日本的大金（DAIKIN）、三菱（MITSUBISHI）共四家。各制冷装置的外形如图 3-9 至图 3-12 所示。

一体画框式冷藏箱制冷装置，安装在冷藏集装箱的前框内，制冷装置的外形尺寸为 2026mm×2235mm×420mm，并由隔热结构把框架分成内、外两个部分。蒸发器、加热器及大部分温度传感器在内部。其余的电气、制冷系统均在外部，参见图 3-13。

冷藏集装箱属于保温集装箱的一种，其基本结构应满足 ISO 668 和 ISO 3874 等国际标准，但由于兼有制冷和保温的特点，在结构上和普通干货集装箱有许多不同之处，因此有必要对其作比较详细的介绍。

带有制冷装置的冷藏集装箱的箱内温度通常可以维持在－25℃～＋25℃之间的任一设定值，除了可以控制和调节箱内温度外，冷藏集装箱还可以加上气调装置（Controlled Atmosphere System&Modified Atmosphere System），除湿和加湿装置 Dehumidifier & Humidifier），另外还可以加上臭氧（O_3）发生装置，以便更好地在运输过程中保护货物。带有气调装置的冷藏箱对气密度有更高要求，一般不允许超过 $1m^3/h$，用于储运蔬菜和水果的箱内最佳湿度为 75％～95％（RH）。所有这些功能要求应首先从结构中予以保证。

一般冷藏集装箱的箱体结构如图 3-14 所示。

按集装箱的惯例，从箱门往里看，把冷藏集装箱分为底架、侧板、顶板、前框、后框、门等 6 大部件。这 6 大部件都有不同的功能，其合理的组合就组成了一个冷藏集装箱箱体，再加上一个制冷装置就形成了一个完整的冷藏集装箱。

(1) 底架　不锈钢冷藏集装箱的底架由上部的 T 形铝地板，下部的波纹副地板，两侧的下侧梁下部以及中间的发泡层构成。考虑到实际操作需要，底架还包括了鹅颈槽（40 英尺箱），叉车槽（20 英尺箱），以及疏水装置。

T 形断面的地板为冷风提供了通道，由于 T 形铝质地板用材少，强度高，因而被普遍采用。为改善气流和提高冷效，在 T 形地板的腹板处可开通风孔，20 英尺冷藏箱因箱内长度较小，箱内气流情况较好，有时在 T 形地板的腹板处亦可不开通风孔。但 40 英尺冷藏箱因箱内长度较长，箱内气流情况相对较差，在 T 形地板的腹板处一般都开通风孔。ATO-DLO（荷兰农业技术研究所）要求 T 形的高度不小于 30mm，过低会影响冷气循环，但也不宜过高，否则会减少箱容积。一般 20 英尺冷藏箱的 T 形地板高度为 40mm，40 英尺冷藏箱的 T 形地板高度为 63.5mm，另外还可以根据箱主要求设置一定数量的固货点，要求每个固货点设施能承受 5kN 拉力。

T 形地板下面，副地板上面可设置木枕（或塑料条）进行承载力的传递，其发泡密度可由箱主确定。如 OOCL 箱由于其发泡密度较低，只有 $40kg/m^3$，因而其底部都加有木枕，以增加箱底的刚性。目前大部分冷藏箱设计无木枕（或塑料条），而是通过适当提高隔热层泡沫密度来增加承载能力。当冷藏箱设计为无木枕或无塑料条时，也可在 T 形地板下加几根 Ω 形的铝型材来进一步防止 T 形地板和泡体之间的分层。无论哪种设计，都应满足地板强度的要求。

波纹副地板一般由 1.2～1.6mmMGSS 不锈铁板（铁素体不锈钢），或 CORTEN 钢板（一种最常用于集装箱的优质耐火高强度钢板）折弯成梯形状的波纹而成。折弯后的波纹地板具有很大的强度和刚度，已经基本取代了过去冷藏箱常用的平副地板加底横架的传统形式。

下侧梁下部一般由 4.5mm 厚的 MGSS 钢板或 CORTEN 钢板折弯成 L 形而成。波纹副地板就焊在 L 形的下侧架下部上，在总装时，底架上的下侧梁下部和侧板上的下侧梁上部

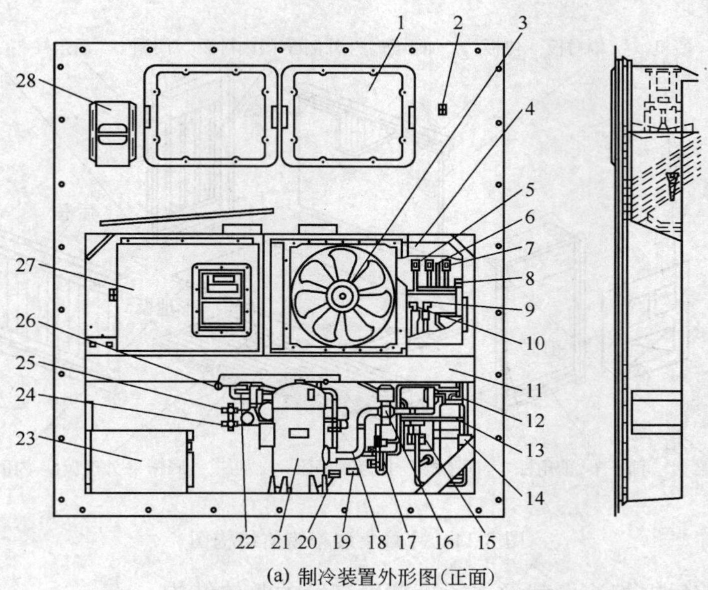

(a) 制冷装置外形图(正面)

1—检修面板；2—温度计检测口（回风）；3—冷凝器风扇马达；4—温度记录器箱；5—热气电磁阀；6—除霜电磁阀；7—排气旁通电磁阀；8—电子膨胀阀；9—节能电磁阀；10—喷射电磁阀；11—风冷式冷凝器；12—视液镜；13—储液筒；14—干燥器；15—液体电磁阀；16—吸气调节阀；17—排放压力调节阀；18—压缩机吸气温度传感器；19—环境温度传感器；20—温度计检测口（送风）；21—压缩机；22—排放管温度传感器；23—电源电缆存放处；24—低压传感器；25—高压传感器；26—高压开关；27—控制箱；28—通风窗

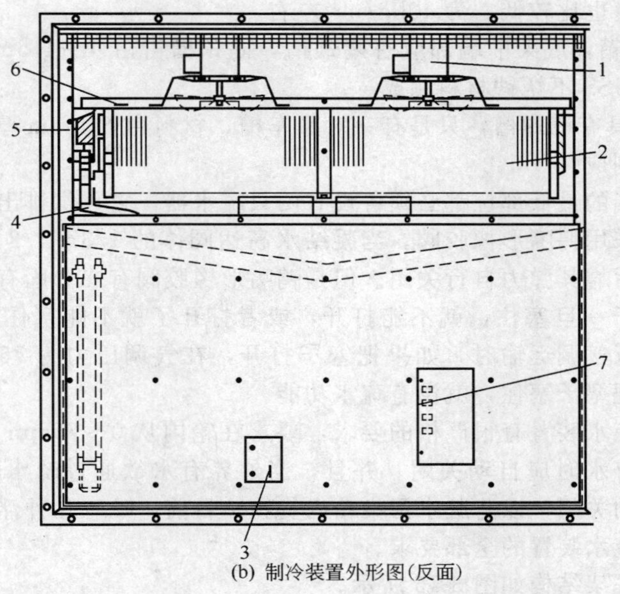

(b) 制冷装置外形图(反面)

1—蒸发器风扇马达；2—蒸发器；3—送风温度传感器；4—蒸发器排出管温度传感器；5—蒸发器进入管温度传感器；6—回风温度传感器；7—USDA 插孔（选购件）

图 3-13 制冷装置外形图

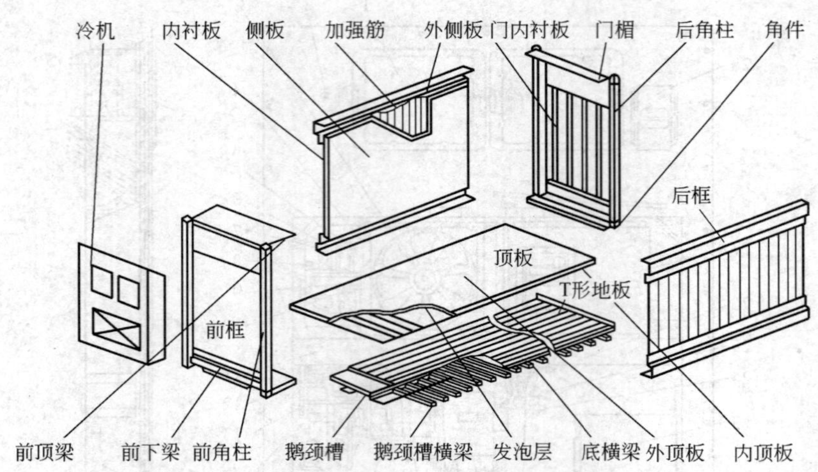

图 3-14 冷藏集装箱箱体结构图

焊在一起，并同前后框相连，就形成了冷藏集装箱的整体结构。

中间的聚氨酯硬质发泡材料，由多元醇预先同一定比例的 R141b 发泡剂相混合，在发泡机的枪头内同一定比例异氰酸酯充分混合，注入 T 形地板和波纹底架形成的空腔内，发泡固化而成。由于用于地板的聚氨酯硬质发泡材料采用了很高的密度（65kg/m^3 以上）而具有很高的强度和刚度，能够承受冷藏集装箱在各种情况下对地板的要求。

也有一种冷藏集装箱在空腔的中间沿底架放十根左右塑料条，把空腔等距离分隔开来，再把中间小腔分别用发泡材料充满，由塑料条承受比较重大的力。这样，对发泡材料的强度要求就低些，其密度也比较低，为 40kg/m^3 左右。

如果是 40 英尺箱，底架前端部应有鹅颈槽，鹅颈槽可由 4～4.5mm 厚 CORTEN 钢材料制成，也可由 MGSS 不锈铁材料制成。

20 英尺箱则不具有鹅颈槽，只是有一对叉车槽，材料由 6.0mm 厚 CORTEN 钢材料或 MGSS 不锈铁材料制成。

冷藏集装箱两端的最低部位都必须各设有两只疏水器，它只供排出积水，但不允许空气流出去，过去一般采用鸭嘴形橡胶阀。当凝结水高达阀体的 1/3～1/2 容积时，靠重力使橡胶阀打开排水，然后靠其弹力自行关闭。但是鸭嘴形橡胶阀有二个固有缺点：一是在冷藏集装箱使用过程中塞子一旦塞住，就不能打开，或者打开了就不能塞住。也就是说不能实现"自动"。其次在进行气调运输时，如果把塞子打开，在气调压力为 75mm 水柱时，鸭嘴阀将常开漏气。如果把塞子塞住，就没有疏水功能。

冷藏集装箱对疏水装置有很严格的要求，要求在箱内从 0～75mm 水柱压力时，疏水装置能自动打开，没有水时应自动关闭。并且，当外界有水欲通过疏水器反流（溢入）箱内时，疏水器应能自动关闭，以防脏水污染箱内货物。目前，唯有几种浮球型的疏水器能完全满足冷藏集装箱对疏水装置的全部要求。

冷藏集装箱的底架结构如图 3-15 所示。

(2) 侧板　冷藏集装箱的左右侧板由上侧梁、下侧梁上部、外侧板、内侧板、中间的发泡层组成，参见图 3-16。

上侧梁，由 4.0mm 厚的 CORTEN 钢或 MGSS 不锈铁折弯而成。

下侧梁上部，由 4.0mm 厚的 CORTEN 钢或 MGSS 不锈铁折弯而成。外侧板由 0.8～

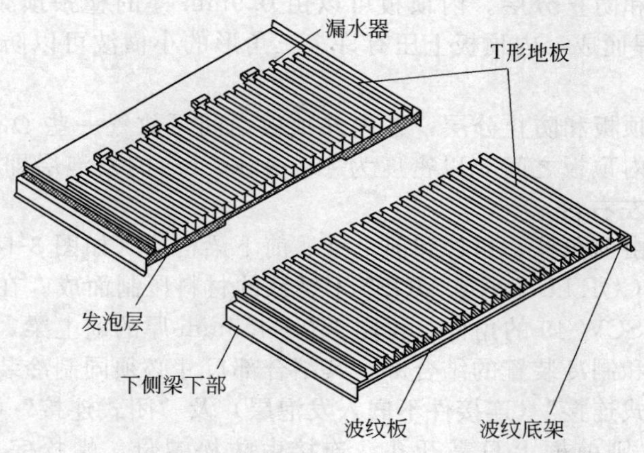

图 3-15 冷藏集装箱底架结构图

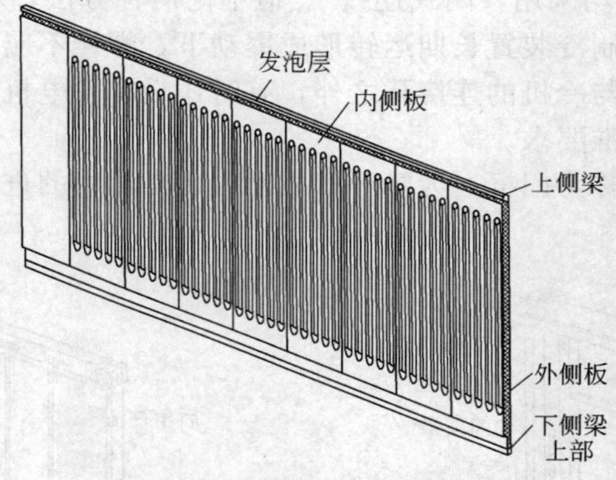

图 3-16 冷藏集装箱侧板结构图

1.0mm 厚的 MGSS 不锈铁板或 SUS304 不锈钢板经压制波纹拼接而成后，同样由 MGSS 不锈铁板或 SUS304 不锈钢板压制成 Ω 形的侧柱通过碰焊或双面胶带连在外侧板上，以增加侧板的刚性，并能防止分层的扩散。带有侧柱的侧板同上侧梁、下侧梁上部焊成一体。

内侧板由 0.7mm 厚的 SUS304 不锈钢板压波拼接而成。这些压波就构成了冷藏集装箱侧面冷风从下到上的风道。

在外侧板（连上下侧梁）和内侧板之间的空腔内发泡，就形成整个侧板、发泡材料的密度同箱型有关。一般 40 英尺箱为 55kg/m^3 左右，20 英尺箱为 65kg/m^3 左右，就能满足强度的要求。侧板的发泡层厚度在 60mm 左右。

(3) 顶板 顶板由外顶板、内顶板、中间的发泡层和加强筋构成，参见图 3-17。外顶板由 0.8～1.0mm 厚的 MGSS 不锈铁板或 SUS304 不锈钢板拼焊而成。外顶板上压有外凸

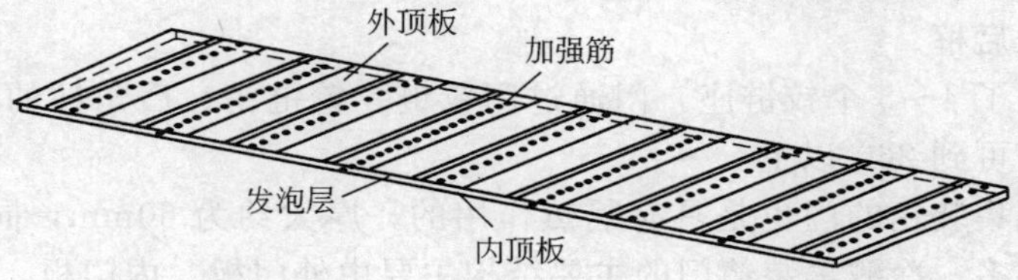

图 3-17 冷藏集装箱顶板结构图

的横向波，以利泄水和防止分层。内顶板可以由0.9mm厚的整张预涂铝板或0.7mm厚的SUS304不锈钢板拼焊而成。内顶板上压有许多三角形的小横波可以防止热胀冷缩对分层的影响。

为了进一步加强顶板和防止分层，在内外顶板之间可放置一些Ω形金属加强筋或塑料加强筋。在外顶板和内顶板之间充以密度为40～45kg/m^{3}的发泡层即成了顶板。顶板的厚度一般为80～90mm左右。

(4) 前框　前框由前角柱、角件和前上梁、前下梁构成（如图3-18所示），前角柱、前上梁、前下梁都可用CORTEN钢或MGSS不锈铁的材料压制而成。在4.5～6.0mm厚的前角柱两端焊上材质为SCW-49的角件，再同4.0～4.5mm厚的前上梁、前下梁焊接而形成前框。由于前框为箱体和制冷装置的结合部，其结合部尺寸必须同制冷装置相配合。同制冷装置的连接可分为“开式连接”（连接件不嵌入发泡层）及“闭式连接”（连接件嵌入发泡层）。如采用“开式连接”，则前框上只需开孔，连接由防松螺母、螺栓完成。如采用“闭式连接”，前框上需焊有30只螺母，装上制冷装置后，再用螺栓、防松垫圈连接而成。目前世界上90%以上的冷藏集装箱均采用“闭式连接”。但不论何种方法，均应能够承担运输过程出现的各种外力。并且，在制冷装置长期运转形成震动下，螺栓不应松动。

在前端框架处除设置与冷机的连接孔之外，有时还设有发电机挂孔及其连接件，其位置尺寸按ISO 1496—2的标准要求。

(5) 后框　后框也可称为门框，为箱开门之处，也是货物的进出之处。因此，后框的开口应尽可能大。

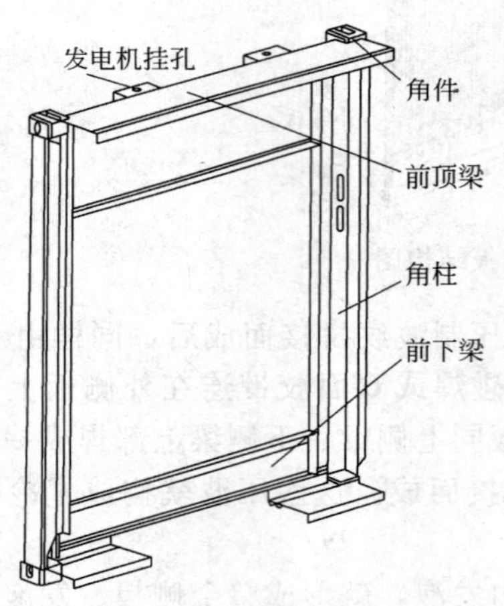

图3-18　冷藏集装箱前框结构图

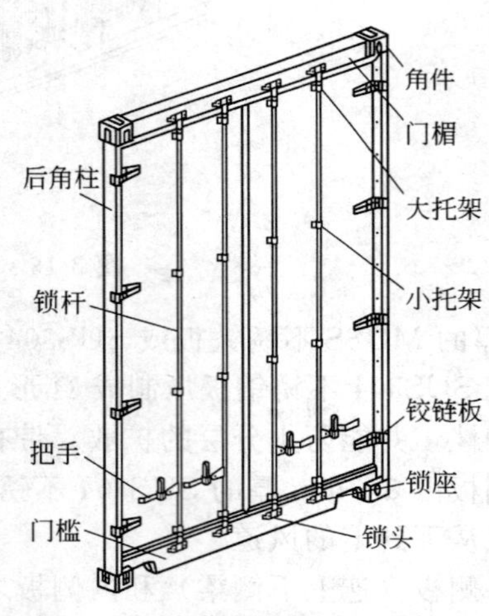

图3-19　冷藏集装箱后框结构图

后框由后角柱、角件、门楣、门槛等组成（见图3-19所示）。后角柱的材料为CORTEN钢或MGSS不锈铁。8mm厚的内后角柱和6mm厚的外后角柱先拼焊后再在两端焊上角件。在4.0～4.5mm厚的门楣，6mm厚门槛上焊上锁座及相关零件后，再焊在上述角件上，形成整个后框。

每根角柱上开了4～5个铰链座，门通过门铰链、铰链销、后角柱的铰链座实现铰链连接，每扇门的开度可到260°以上。

(6) 门　冷藏集装箱的门也是具有隔热作用的，厚大约为60mm，同普通集装箱相比，冷箱门显得厚重得多。冷藏集装箱门的主要结构主要由外门板、内门板、中间为发泡层、四周围以起连接强度作用的铝型材和起隔热作用的PVC塑料型材组成。为了防止箱门同门框之间漏气、漏水，PVC 型材外套有材质为合成橡胶的门封条。外门有锁杆和 8～10 个门铰链，门通过不锈钢的铰链销和门框相连，因此门可以作 260°的自由转动。用 M8 的不锈钢螺钉把门锁杆和镀锌铰链板，装在 1.6～2.0mm 厚的 MGSS 不锈铁或 SUS304 不锈钢制成的外门板上，再围以铝型材和 PVC 型材。在 PVC 型材上盖上压有外凸波的厚度为 0.8mm 的 SUS304 不锈钢内门板，中间充以发泡层，其密度一般为 55kg/m^3，就组成了冷藏集装箱的箱门。再装上内外门封胶条，就可通过铰链板、铰链销安装在门框上，构成了冷藏集装箱的一部分。

木门板是以二层 0.8～1.2mm 厚的铝板，中间夹以 25mm 左右的层压板构成，四周围以软 PVC 的外门封胶条，就组成了冷藏箱用的外门板。

2. 冷藏集装箱制冷系统的基本结构

(1) 压缩机　压缩机的作用是把在蒸发器中已蒸发了的低温低压之冷剂气体提高压力，使其能在冷凝器中液化散热，从而为下一个制冷循环作准备。同时压缩机排气上的高压也是整个制冷系统运转的原动力。所以压缩机是制冷装置的心脏部分。

在冷藏集装箱上一般使用内藏式半封闭制冷压缩机，这种压缩机不会使制冷剂从轴封中渗漏出来。压缩机油泵一般采用可逆式摆线转子泵，故在逆转时不会因润滑油压不合适而损坏压缩机，因此压缩机正反转都可正常工作。为了能看到曲柄箱润滑油的油面，故装有视液镜。

活塞式压缩机如图 3-20 所示。

近年来，一种名为涡旋式（scroll type）的压缩机（如图 3-21 所示），因其有连续压缩、高效率、低噪声、重量轻、价格低、无需保养等一系列优点而获得了越来越多的应用。这种压缩机由于工作能量太大而容易发热，一般在制冷系统中引一路冷却回路使其降温。另外，当涡旋式压缩机反转时，压缩机将损坏或者不做压缩功。因此，必须在电路中加相序控制线路，以防止压缩机反转。

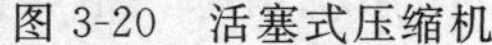

图 3-20　活塞式压缩机

图 3-21　涡旋式压缩机

(2) 冷凝器　冷藏集装箱制冷装置的冷凝器是制冷系统中一个重要的换热元件。冷藏箱所排出的热量以及压缩机消耗电能所产生热能要靠冷凝器排出去，因此对冷凝器有较高的要求。

冷藏集装箱制冷装置的冷凝器分空气冷凝器和水冷冷凝器两种。

所有的冷藏箱制冷装置都装置了翅片盘管式空气冷凝器。为了防止海水的腐蚀，目前都使用铜材，并且表面还有防腐处理。部分冷藏箱制冷装置另外还配备了水冷冷凝器。在有水冷却的情况下，制冷效果很好。

水冷冷凝器一般采用薄壳翅片管式，管子内的液体为清水，外壳内装有冷剂，外壳材料用钢，管子用铜。在水冷冷凝器的侧面设有两个视液镜，一个是观察空冷运转时冷剂的液面，另一个是观察水冷运转时冷剂的液面。冷却水应用没有杂质的清水，当入口水温为36℃时，其流量是20英尺型箱为26.5L/min，40英尺型箱为40L/min。

冷凝器进水管中央与水调节阀连接，调节水量就能保持一定的冷凝压力。

冷凝器上设有可卸下的盖，故翅片管内很容易进行清洗。

(3) 热力膨胀阀　膨胀阀又称节流阀。它使高压液态制冷剂通过膨胀阀后节流降压，从而以很低的压力进入蒸发器，为制冷剂在低压时相对低的蒸发温度作准备。膨胀阀由一个装在蒸发器出口的一个温度传感器来控制其开口的大小，从而自动调节进入蒸发器内制冷剂的数量和压力，来适应不同情况的要求。因此它又称为热力膨胀阀。当箱内温度高时，膨胀阀开口变大，让较多的制冷剂进入蒸发器吸热蒸发，从而迅速降低温度。当箱内温度较低时膨胀阀开口变小，节流作用增大，使蒸发器内压力减小，同时控制制冷剂大量进入蒸发器，从而使箱内保持一定的温度。

为了避免压缩机在常温下启动时使电动机产生过载，膨胀阀必须有一定的运转压力，一般20英尺型冷冻集装箱上所使用的膨胀阀，其最大运转压力为0.172MPa。

近年来，随着电控技术的发展，又出现了一个电子膨胀阀。其开口的大小不再由温度传感器控制，而是直接由控制箱中的电脑芯片来控制。

制冷剂经过绝热节流膨胀，降温降压后变成低温低压的液态制冷剂流入蒸发器。低压液态制冷剂吸收汽化潜热又迅速沸腾汽化，带走大量的热量。汽化后的制冷剂在蒸发器的末端又变成了干饱和蒸气或过热蒸气，再一次被吸入压缩机开始下一个制冷循环。

(4) 蒸发器　冷藏箱用的制冷装置上的蒸发器也是一种热交换器。低压制冷剂在蒸发器内低压下蒸发得到了很低的温度。从而能从冷藏箱内吸收热量，使箱内温度降低，实现了制冷的目的。

蒸发器由带翅片的铜管组成，为了抵抗潮气的腐蚀。近年来翅片都由铜材制成，而且铜材的传热效率也是最高的，因此，早期使用的铝翅片都已改为铜翅片。

(5) 易熔塞　易熔塞是制冷系统中的一个安全装置。当系统出现异常高压并且高压保护开关也失去作用时，易熔塞就会熔化击穿，让高压制冷剂释放，从而保护了其他重要部件。但要注意，易熔塞一旦熔化，意味制冷剂就会全部泄漏出去。

(6) 储液器　制冷系统中专门用于储存制冷剂的容器。当箱内温度较高时，热力膨胀的开启度增加，这时储液器中储存的制冷剂会补充到制冷管路中去，以获得较大的制冷量，从而使温度迅速降低。当箱内温度较低时，热力膨胀阀的开启度减少，会使管路中的制冷剂减少，系统中多余的制冷剂就会回到储液器中再次被储存起来。此时，储液器中的液面将会升高。

(7) 过滤干燥器　过滤器用于除去制冷系统中的杂质，以防系统堵塞。干燥器用于除去制冷系统中的水分，以防水在低温时结冰后堵塞系统。二者都装在冷凝器之后的液态管路中，成为过滤干燥器；过滤干燥器也可分成单独的过滤器和干燥器。

(8) 热交换器　热交换器又可称为气液过冷器，使从蒸发器来的低温气态制冷剂在热交换器内与从储液器来的高温液态制冷剂进行热交换。这过程有二个作用，一方面使从蒸发器来的制冷剂湿蒸气在其中吸热后变为过热蒸气再进入压缩机，可以避免压缩机液击事故（也叫“敲缸”）；另一方面使液态制冷剂在膨胀阀前得到过冷，这样可以提高制冷效率。

(9) 观察镜　观察镜一般安装在过滤干燥之后的管路中，观察镜能观察到液态制冷剂的流动。如果在冷冻模式且箱内温度较低时，观察镜中的液态制冷剂在冒泡。那就意味着制冷剂不够了。也有一部分机型是把观察镜安装在储液器中。

观察镜的中央有一个湿度指示器（水分指示器）。正常情况时湿度指示器为绿色，当制冷系统内水分增加时，颜色会逐渐变为淡绿色、黄色甚至变为粉红色。当颜色变为黄色时，意味系统内制冷剂已经含有不少水分了，此时应该更换干燥器了。变成红色时，水分已太多了。

(10) 电磁阀　冷藏箱制冷装置上装有各种不同的电磁阀，用于控制制冷系统内制冷剂的流动，以满足不同情况的需求。当电磁阀线圈得电时，阀打开，该管路的制冷剂就开始流动，当电磁阀线圈失电时，阀关闭，制冷剂就停止流动。电磁阀的特点是开就全开，关就全关。

(11) 手动维修阀　手动维修阀主要用于制冷系统维修时使用。平时处于打开状态，在维修时或更换部件时常常关闭某一段管路，以防制冷剂泄漏或空气逸入。这时必须使手动维修阀关闭。

(12) 调节阀　调节阀是用于特殊控制的一种电控阀。同电磁阀不同，调节阀的开度是可以逐步变化的。调节阀的开度由电脑控制器直接控制。调节阀一般用于容量控制，如用于热气旁通就叫热气旁通调节阀。当冷却模式时，箱内温度接近设定值，热气旁通阀打开，从冷凝器出来的液态制冷剂不经过膨胀阀节流直接进入蒸发器，使制冷量减少以提高温度控制精度。另有一些机型，是把调节阀安装于压缩机吸入口的管路中，同样，当进入冷却模式时，箱内温度接近于设定温度，吸气调节阀开口就缩小，进入压缩机的制冷剂少了，制冷量也少了，箱内温度就慢慢地接近设定温度。越接近设定温度，开口就越小，但箱内温度永远也达不到设定温度，此时温度曲线为直线，几乎没有波动，从而获得了较高的控温精度。

(13) 吸气调节阀　吸气调节阀是调节阀的一种，某些机型在压缩机吸气回路中装了吸气调节阀（有的机型也称为蒸发器压力调节器），其作用是进入冷却模式时，当供风温度接近设定温度时，吸气调节阀开口就逐渐变小，制冷剂流量减少，温度越接近设定温度，开口越小制冷量越小，从而使供风温度和设定温度一致。这样，不致温度太低而冻坏货物。吸气调节阀有二种：开利制冷装置（是无级调节的）；冷王制冷装置（是有级调节的，如25%、50%等)。

(14) 冷凝器风扇电机　冷凝器风扇电机用于排出冷凝器内制冷剂内的热量，装在制冷装置外侧的中部。多为轴流式。风扇叶片材料有铝的，目前也有用高强度工程塑料制成的，不存在腐蚀问题。目前制冷装置只有一只冷凝器风扇。

冷凝器风扇由冷凝器风扇电机驱动，为防水型，轴由不锈钢材料制成。其电源为：

1) 460V×60Hz×3ϕ 或 380V×50Hz×3ϕ

这种电机的功率较高，比较省电，但为了防止马达反转，在控制电路中必须安装相序保护开关。

2) 460V×60Hz×1ϕ 或 380V×50Hz×1ϕ

这种电机的功率低，比较费电，但不用担心电机反转。

(15) 蒸发器风扇电机　蒸发器风扇电机可把蒸发器内的冷量吹到冷藏集装箱的通风导轨直至门端，安装于制冷装置内侧的加热器的上部，以防除霜时产生的水流入电机，导致短路。蒸发器风机多为轴流式风机，数量为2只。风扇叶片用耐腐蚀铝制成。

蒸发器风扇由防水的电机驱动，轴材料为不锈钢。

由于和冷凝器风扇电机同样的原因，蒸发器风扇电机由单相的和三相的电源驱动。

电源电制为：460V×60Hz×3ϕ 或 380V×50Hz×3ϕ

460V×60Hz×1ϕ 或 380V×50Hz×1ϕ

蒸发器风扇电机一般都被设计为双速的，当装运冷却货时高速运转，以保证有足够的箱空气循环。当装运冷冻货时，电机低速运转，使制冷装置能获取最大的制冷量。

(16) 加热器　加热器位于制冷装置的中部，蒸发器的下方，用于加热或除霜。一般加热器采用电加热；这种加热器必须在压缩机停止后才能工作。

当加热器工作且蒸发器风扇同时运转时，制冷装置处于加热模式。

当加热器工作但蒸发器风扇停止运转时，制冷装置正处于除霜模式。

但是日本大金制冷装置则采用热蒸气不经过冷凝器，直接通到蒸发器内的方法来加热或除霜，这种内热式的除霜方式效果很好。

大金制冷装置用压缩机热蒸气直接加热或除霜，在这种模式时压缩机始终是运转的。

(17) 微电脑控制器　微电脑控制器位于控制箱内，是制冷装置的核心控制部分。有设定功能、收集采样比较功能、控制功能、各种显示功能、记录功能、通信功能等。

目前的微电脑控制器集现代科学技术于一生，不但具有上述功能，而且还能自动做 PTI（运输前的检查）和故障自动判断。因此，我们必须小心地保护好微电脑控制器。

(18) 传感器　随着冷藏箱制冷装置日益电脑化，各种传感器越来越多。其中，温度传感器用于温度信号的采取。根据安装位置的不同可分为：回风温度传感器、供风温度传感器及环境温度传感器。甚至于还有专门检测制冷系统内部压力的高压传感器、低压传感器。另外还有防止过电流或过电压的传感器。

传感器把采集的各种信息送到微电脑控制器中，供其处理各有关信息，作出最佳指令，从而使各执行元件有序地运行。

(19) 高压开关　高压开关用于高压保护，当制冷系统内高压超过正常值时，高压开关动作将使制冷装置停止运转。

(20) 过热保护器　过热保护器位于蒸发器旁，当加热器在加热或除霜时出现不正常过热时，过热保护器动作会使加热器停止工作。

(21) 温度记录器　温度记录器是利用一个 31 天转一周形成的圆周运动的钟和一个随温度而变化的上下运动的记录笔组成。利用这两个运动形成的坐标可以读出 31 天内的温度记录，是一个比较实用的仪器。温度记录器分成两种：

1) Partlow（SR 型）温度记录器

它是由弹簧发条装置来驱动的，因此每次更换记录纸以后，都不要忘记上发条。

2) Saginomiya（SKM 型）温度记录器

它是由使用于电池的电子电机驱动的，干电池的寿命为一年。因此每次更换记录纸时，都不要忘记测试电池电压，如电压太低就必须更换电池。

(22) 通风器　通风器是冷藏集装箱一个重要的组成部分。一般装运冷冻货物时，需关闭通风器以防止水汽通过通风器使制冷机频繁除霜。同时，热空气进入箱内将增加制冷装置的热负荷。

当运输冷却货物时，需要根据货物的要求打开通风器，从而使货物能保持一定“呼吸”，以延长其保鲜寿命。更绝的是，冷王制冷装置利用微处理器控制通风门的开口大小来控制冷藏集装箱的氧气和二氧化碳的含量，组成了先进的新鲜空气管理系统（AFAM）调气阀装置，价廉物美，取得了较好的效果。

第二节　小型活动冷库及冷藏集装箱的电器系统原理

一、典型小型活动冷库电气线路图

图 3-22 所示为采用三相电源的小型活动冷库电路原理图。电路中交流接触器 1C 和 2C 共同控制制冷压缩机电机 1D，热继电器 RJ 对 1D 进行过电流和缺相保护。1C 的吸引线圈受压力继电器 YJ、热继电器 RJ 及按钮 QA 和 TA 控制，而 2C 吸引线圈是否吸合则由温度调节器 WT 及 1C 主接触点控制。只有 1C 的主接触点闭合后，2C 的控制电源才接通，而 2C 吸引线圈是否吸合则由温度调节器控制，即由温度调节器根据设定的温度范围，通过控制压缩机电动机的开停控制库内温度高低。电磁阀 DF 接在控制变压器的次级 36V 电压上，并受 2C 的常开辅助触头控制，以保证电磁阀与制冷压缩机同时启动或停止，防止产生压缩机的液击事故。

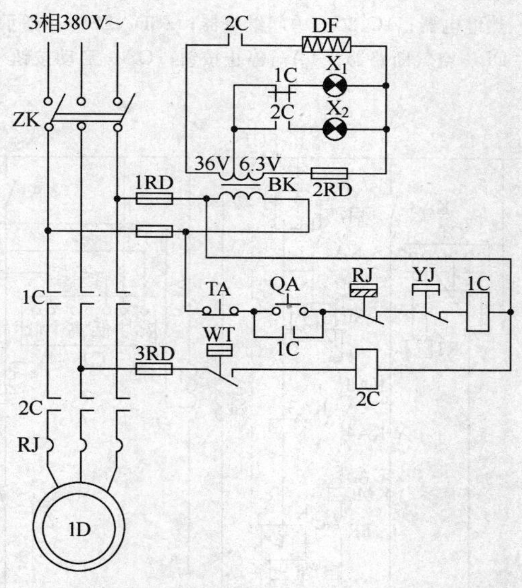

图 3-22　典型小型活动冷库三相电路原理图

ZK—自动开关；1C、2C—交流接触器；BK—控制变压器；X_1、X_2—指示灯，6.3V，分别为红色、绿色；1RD、2RD、3RD—熔断器；DF—电磁阀；QA—启动按钮；TA—停止按钮；WT—温度调节器；YJ—压力继电器；RJ—热继电器；1D—压缩机电动机

在制冷系统或控制电路发生故障时，无论是 YJ 或 RJ 动作，都将立即切断 1C 的控制电路，使电动机停止运转。而故障排除后（包括电源停电后恢复供电），电动机不能自行启动，必须重新按下启动按钮 QA 方能重新投入制冷运行。另外，该电路的一个突出优点是在电源缺相时，由于电路将 1C 和 2C 的控制电路接到了不同相的电源上，这就有效地避免了电动机出现“单相”运转的故障。

图 3-23 所示为风冷式小型活动冷库电气控制系统。为了对冷凝器进行强制风冷，电路中接入了风扇电动机 FD。

图 3-24 为一种水冷式小型冷库的控制电路。电路由主电路（冷库制冷系统电路）和辅助电路（冷却水泵、冷却塔风机的电动机控制电路）两部分组成。两只继电器 KA4 和 KA5 用作两部分相关联的联锁安全保护。只有在冷却水水泵和冷却塔风机先行运转后，主电路中

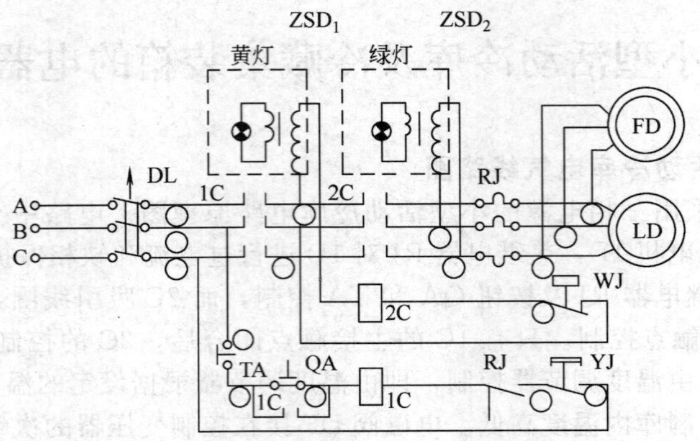

图 3-23 风冷式小型活动冷库电气控制系统

FD—风扇电动机；LD—制冷压缩机；YJ—压力继电器；WJ—温度继电器；

RJ—热继电器；1C、2C—中间继电器；ZSD_1、ZSD_2—指示灯；

DL—空气断路器；TA—停止按钮；QA—启动按钮

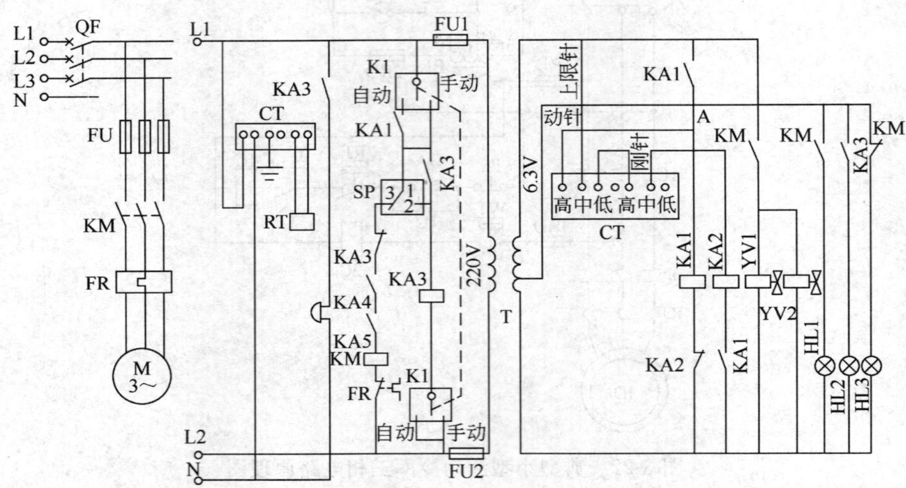

图 3-24 水冷式小型冷库制冷系统电路

CT—温度控制仪；FR—热继电器；FU、FU1、FU2—熔断器；HL1、HL2、HL3—信号灯；

K1—转换开关；KA1、KA2、KA3、KA4、KA5—中间继电器；KM—交流接触器；

L1、L2、L3—警铃；M—电动机；RT—铂电阻温度计；SP—压力控制器；

T—变压器；YV1、YV2—电磁阀

的压缩机才具备了开机条件，其电动机控制电路见图 3-25。一旦前者之一故障停机或人为停机，都将使压缩机停机。冷库的温度由动圈式测温调节仪 CT 自动控制。冷库的两组蒸发排管的供液由电磁阀 YV1、YV2 控制，电磁阀的通、断与压缩机的开、停同步。

图 3-26 是用电接点压力式温度计控制的小型活动冷库电气控制系统电路。其中间继电器控制电压采用 36V 低电压。

当把空气开关 ZK 和手动开关 K_1 闭合后，控制变压器 T 通电，此时若库内温度高于上限温度，则 ST 的指针 1 与触点 2 相接触，使中间继电器 S_1 线圈通电，常开触点 S_{1-2} 闭合，

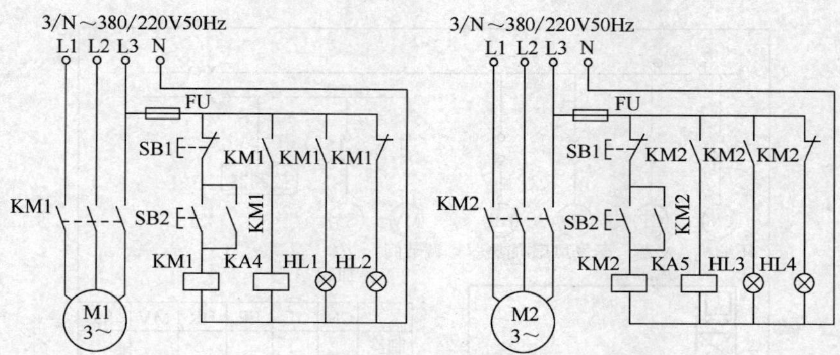

图 3-25　冷却水水泵、冷却塔风机的电动机控制电路

FU—熔断器；HL1～HL4—信号灯；KA4、KA5—中间继电器；KM1、KM2—交流接触器；M1—冷却水泵电动机；M2—冷却塔风机电动机；SB1—停止按钮；SB2—启动按钮

交流接触器J通电而使其主触点接通，压缩机运转制冷。随着库内温度下降，指针接点2断开，但中间继电器 S_1 靠中间继电器 S_2 的常闭触点 S_{2-1} 和本身的常开触点 S_{1-1} 接通而自锁。由于触点 S_{1-2} 保持接通，交流接触器J的线圈保持通电，主触点J接通而电机D继续制冷。当温度达到调定温度时，指针1与接点3接通，此时中间继电 S_2 接通电源，使触点 S_{2-1} 断开，引起 S_1 断电，S_{1-2} 触点断开而使压缩机电机停止运转。当库内温度回升致使指针1与接点2再次接通，S_1 又通电，压缩机电机D又运转制冷。如此往复，便实现了库内温度的自动控制。

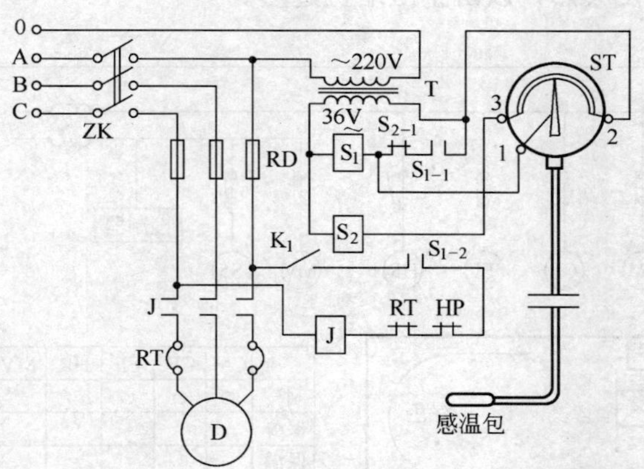

图 3-26　电接点压力式温度计控制电路

ZK—空气开关；K_1—手动开关；J—交流接触器；RT—热保护继电器；HP—压力继电器；T—控制变压器；S_1、S_2—中间继电器；ST—电接点压力式温度控制器；S_{1-1}、S_{1-2}—常开触点；S_{2-1}—常闭触点

二、冷藏集装箱控制原理

冷藏集装箱的制冷系统是由电气控制系统控制的。这里以某冷藏集装箱经简化的电气线路为例，说明制冷系统的电气线路是如何工作的。图 3-27 是其制冷系统电气原理简图。

主要执行部件有压缩机 CM、冷凝风扇 CF（冷凝器风扇电机）、蒸发风扇 EF（蒸发器风扇电机）、加热器 HR、调节阀 MV、液体冷却阀 S5 等，每个部件都由相应的继电器控制，而这些继电器又由电脑控制器比较设定温度、箱内温度的差异而控制。

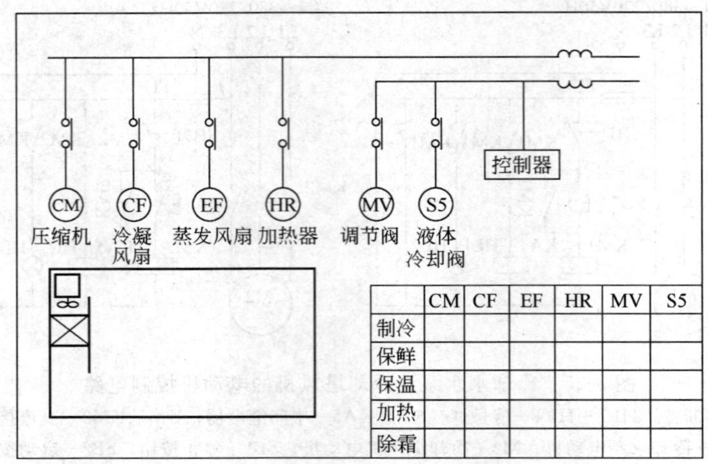

	CM	CF	EF	HR	MV	S5
制冷						
保鲜						
保温						
加热						
除霜						

图 3-27 冷藏集装箱制冷系统电器原理简图

1. 制冷模式

如图 3-28 所示，当开始制冷，或在运输冷冻货时（指设定温度低于－5℃，箱内温度高于设定温度时），压缩机、冷凝器风扇电机、蒸发器风扇电机运转。整个制冷系统正常运行，箱内的热量被蒸发器吸收，通过制冷剂，转移到冷凝器中，并从冷凝器排到大气中去。箱内的热量被排出，温度不断降低，从而实现了制冷。同时液体喷射阀打开，少量的液态制冷剂直接喷射到压缩机中蒸发吸热，以防止压缩机过热。

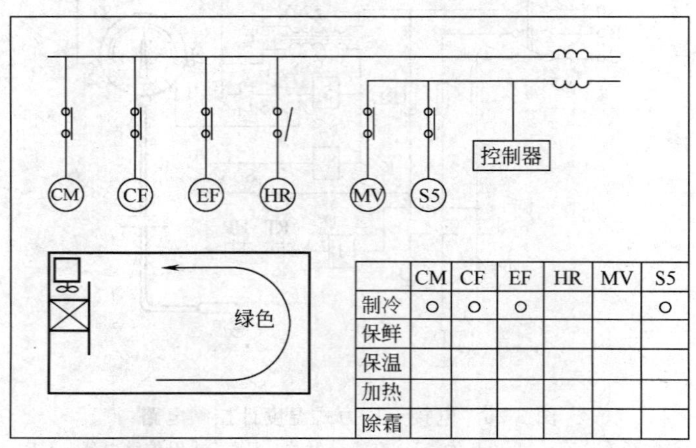

	CM	CF	EF	HR	MV	S5
制冷	○	○	○			○
保鲜						
保温						
加热						
除霜						

图 3-28 冷藏集装箱制冷模式

2. 冷却模式

如图 3-29 所示，当运输冷却货时，指设定温度大于－5℃，且箱内温度大于设定度时，冷藏箱的制冷装置先按冷冻模式制冷，使箱内温度迅速降低，等箱内温度到达接近范围时（一般为高于设定温度 1.7℃），此时黄灯亮，调节阀打开，制冷系统实行容量控制，使制冷量降低，箱内温度就缓慢下降，温度越接近，制冷量降低越多，最终，当箱内温度非常接近设定温度时，制冷量同冷藏箱的负荷相等。此时箱温基本保持平衡，在运输冷却货物时，是一个非常有效的功能。

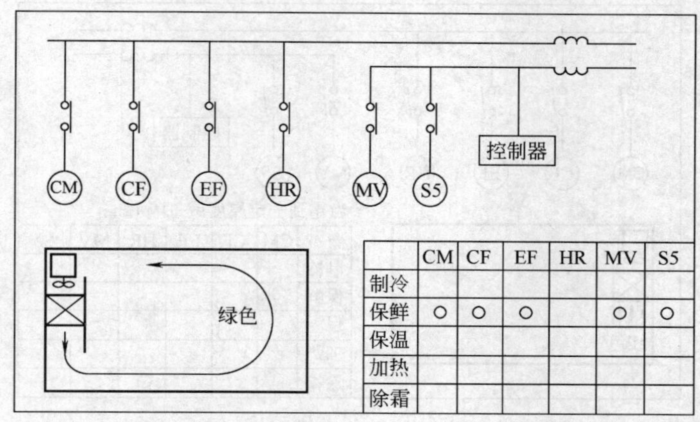

	CM	CF	EF	HR	MV	S5
制冷						
保鲜	○	○	○		○	○
保温						
加热						
除霜						

图 3-29　冷藏集装箱冷却模式

3. 加热模式

如图 3-30 所示，加热模式仅仅在运输冷却货物时才会发生，当设定温度大于－5℃，箱温低于设定温度时，电脑控制器使制冷系统处于加热模式，这时，电加热器工作，蒸发器风扇电机运转，整个制冷系统都不工作。蒸发器风扇把电加热器产生的热量源源不断地吹入箱内，使箱内温度升高。

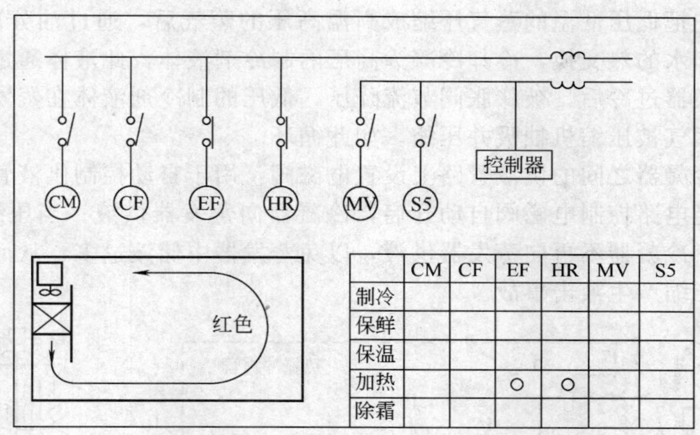

	CM	CF	EF	HR	MV	S5
制冷						
保鲜						
保温						
加热			○	○		
除霜						

图 3-30　冷藏集装箱加热模式

4. 除霜模式

如图 3-31 所示，当冷藏箱处于冷冻模式或保鲜模式，且箱内温度低于一定的数值。只要霜层结到一定厚度，或每隔一定的时间，或手动除霜时，电脑控制器会把制冷系统的压缩机、冷凝器风扇及所有的阀门都关闭，甚至于蒸发器风扇也关闭，只有位于蒸发器下部的加热器工作。由于蒸发器风扇关闭，加热器的热量不能送到冷藏箱的货物中，只能加热蒸发器，使其凝结的霜快融化，等霜全部除掉后，加热器关闭，制冷系统重新工作。

当箱内温度一旦达到设定温度时，电脑控制器使压缩机、冷凝器风扇，调节阀全部关闭，只有蒸发器风扇在运转，制冷系统并不制冷，箱内只有循环风，当箱内温度上升到一定数值时，制冷系统重新投入工作。

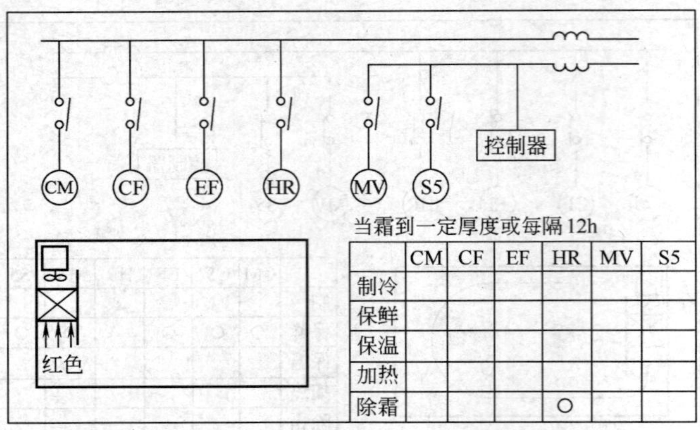

图 3-31　冷藏集装箱除霜模式

第三节　小型冷冻冷藏设备制冷系统原理

一、小型活动冷库制冷系统原理

图 3-32 所示为水冷式小型氟里昂活动冷库制冷系统的典型流程图。制冷系统工作原理如下：压缩机首先把低压低温的蒸气压缩成高温高压的蒸气后，通过油分离器排至冷凝器，制冷剂通过与冷却水的热交换，冷却冷凝为高压的制冷剂液体，此液体通过干燥过滤器和电磁阀并经过热交换器过冷后，被膨胀阀节流降压，低压的制冷剂液体在蒸发器吸热蒸发后转变成低压蒸气，蒸气被压缩机抽吸并压缩，如此循环。

在蒸发器和冷凝器之间的供液管路上设置电磁阀，用于自动控制供液管的通断。当压缩机启动运转时，经电路控制电磁阀自动开启，冷凝器向蒸发器供液；当压缩机停止运转时，电磁阀自动关闭，冷凝器不再向蒸发器供液，以免蒸发器中储液过多，从而可防止压缩机再次启动时发生湿压缩产生液击事故。

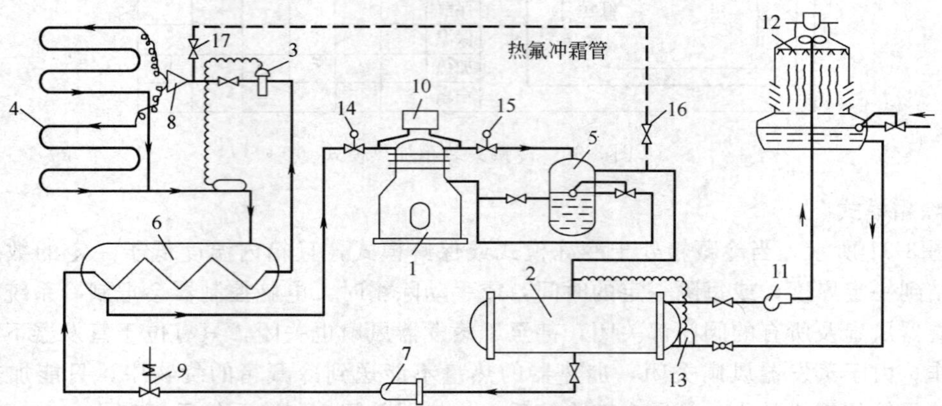

图 3-32　典型水冷式小型活动冷库制冷系统原理图

1—活塞式压缩机；2—水冷式冷凝器；3—热力膨胀阀；4—蒸发器；5—油分离器；6—气液热交换器（回热器）；7—干燥过滤器；8—分液头；9—电磁阀；10—高低压力继电器；11—水泵；12—水塔；13—冷却水水量调节阀；14—低压表；15—高压表；16、17—截止阀

在压缩机的排气管和吸气管上分别设置高、低压力继电器，用于在压缩机排气压力过高或吸气压力过低时，自动使压缩机停转。这样，既可防止压缩机排气压力超过允许值时发生事故，又可避免蒸发温度过低时压缩机仍然运转而浪费能。

在冷凝器冷却水进水管路上设置水量调节阀，可按照冷凝器工况的变化，自动调节进入冷凝器的冷却水量，从而可使冷凝压力和冷凝温度基本保持稳定。

在图 3-32 中，还用虚线表示了可采用的热氟冲霜管路及其控制阀件截止阀 16、17。当库中蒸发器结霜过多时，可打开截止阀 16、17，让经油气分离后的高温制冷剂蒸气进入蒸发管，便可融霜。

二、冷藏集装箱制冷系统工作原理

按目前的情况，国际上有规模生产冷藏集装箱制冷装置的制造商共有四家。其中美国有 2 家，分别为开利（CARRIER）和冷王（THERMOKING）；日本有 2 家，分别为大金（DAIKIN）和三菱（MITSUBISHI）。由于这四个品牌的制冷装置的制冷系统原理不尽相同。因此本节分别对其制冷装置的制冷系统工作原理进行介绍。

1. 开利冷藏集装箱制冷系统的工作原理（以 69NT40—489 为例）

开利 69NT40—489 的制冷系统工作原理图如图 3-33 所示。

（1）冷冻模式（设定温度高于－10℃）　如图 3-33 所示，当制冷装置运转后，从压缩机的吸入端吸入低温低压的制冷剂蒸气，被压缩机压缩成高温高压的过热蒸气，并从排气阀排出。通过常开的“排气压力调节阀”，它的作用是保证高压端的排气压力不小于 0.5MPa 进入冷凝器。经过冷凝风扇的冷却，高温高压的过热蒸气放出热量，冷却凝结成略高于环境温度的高压液态制冷剂后，流进储液器。在冷凝器与储液器之间有一个压力释放阀，其作用

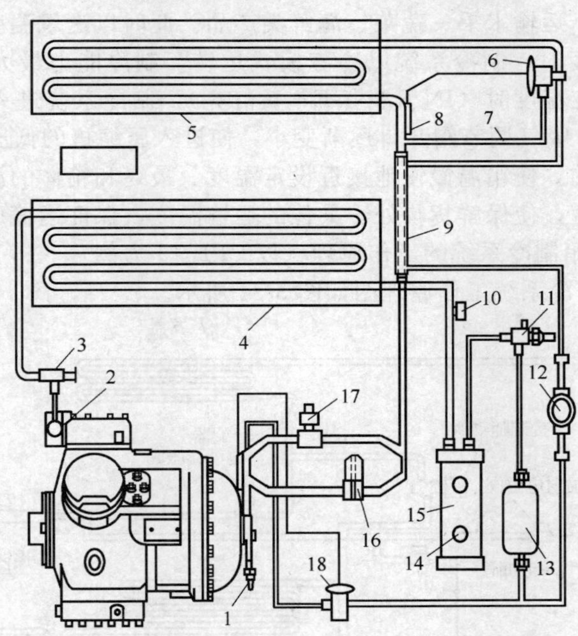

图 3-33　开利 69NT40—489 冷藏集装箱制冷系统原理

1—吸气工作阀；2—排气工作阀；3—排气压力调节阀；4—风冷冷凝器；5—蒸发器；6—热力膨胀阀；7—外部平衡管；8—膨胀阀感温包；9—热交换器；10—压力释放阀；11—手动截止阀；12—温度显示器；13—燥过滤器；14—液镜；15—液器或水冷冷凝器；16—气电磁阀；17—吸气调节阀；18—冷却膨胀阀

是在高压液态制冷剂的压力异常高时，它自动打开，释放冷剂，缓解系统内部压力。若压力正常，压力释放阀则常闭，使高压液态制冷剂流入储液器。在低温运转时，储液器可用来储存多余的制冷剂。

经冷却后的液态冷剂继续流经手动阀（此阀用于更换干燥过滤器时关断高压系统）、干燥过滤器（用于除去制冷剂中的水分和杂质，防止管路堵塞）、观液镜、热交换器（用于调节过冷液态冷剂的温度，提高整个系统的制冷系数），至热力膨胀阀。流经热力膨胀阀的制冷剂，节流降压后进入蒸发器，在蒸发器内吸收大量热量，而这热量来源于蒸发器风扇抽回的箱内回风空气，回风空气作为一种介质将冷箱货物中的热量不断送往蒸发器，而蒸发器中的制冷剂的汽化过程则不断将送至蒸发器的热量吸收。吸收大量潜热后的制冷剂由液态变为气态，在蒸发器出口端饱和蒸气继续吸热成为过热蒸气。

热力膨胀阀就是利用贴附于蒸发器出口端的感温包，感应制冷剂的过热度来调节制冷剂的流量的。当过热度增大，膨胀阀开度增大；当过热度减小，膨胀阀开度减小。这样，保证进入蒸发器制冷剂的流量与蒸发量的比值为一个常数（除了箱内货温异常高的情况下，压缩机在全力制冷，且热力膨胀阀开度至最大）。图 3-33 中的外部压力平衡管是为了抵消蒸发器内部的管路压力损失，不致使出口端过热度太大，恶化传热效果而设立的负反馈调节装置。

蒸发器排出的过热蒸气经热交换器、吸气电磁阀、吸气调气阀，回到压缩机气阀。当全制冷时，吸气电磁阀、吸气调气阀全开。

回到压缩机吸入端的低压蒸气，又被压缩机压缩成高温高压的过热蒸气，再开始新的循环。

(2) 冷却模式（设定温度高于－10℃且箱温接近设定温度） 开利的冷却模式设定温度高于－10℃，通常用于运输水果、蔬菜、海鲜类产品。此时以送风温度表示箱内温度，当箱内温度远低于设定温度时，制冷系统以冷冻模式运转，制冷能力最大。使箱内温度迅速降低，当箱温接近于设定温度时（IN RANGE，黄灯亮）：制冷系统进入冷却模式，这时吸气电磁阀（SSV）关闭，吸气调节阀开口逐渐变小，使进入压缩机的低压制冷剂减少。从而达到了减少制冷量的目的，使箱温慢慢地接近设定温度。最终和箱体的漏热量平衡，从而实现了很高的温度控制精度，使保鲜货物处于最佳的运输温度，保证运输质量。

2. 三菱冷藏集装箱制冷系统的工作原理（以 CPE 15 为例）

三菱 CPE 15 的制冷系统工作原理图如图 3-34 所示。

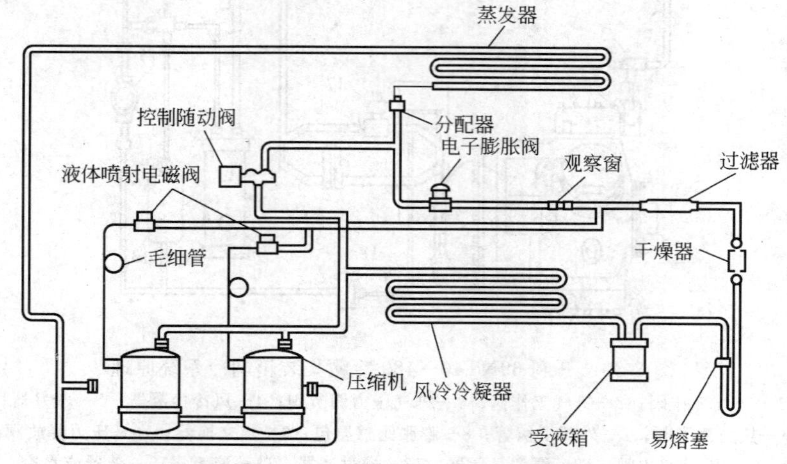

图 3-34 三菱 CPE 15 冷藏集装箱制冷系统原理图

(1) 冷冻模式（设定温度高于－5℃）　如图 3-34 所示，当制冷系统工作，在压缩机内被压缩后的高温高压制冷剂流入风冷式冷凝器，在冷凝器中与外界空气进行热交换而被冷却和冷凝，并排出热量。然后流入受液箱（它的作用同开利的储液器）。被冷凝的制冷剂通过储存制冷剂的受液箱进入干燥器，在干燥器内分离出制冷剂里的水分。在干燥器与受液箱之间有一个易熔塞，它的作用与开利的压力释放阀有些相似，当液态制冷剂温度过高时，易熔塞自动开启释放部分冷剂，以达到保护制冷系统的目的。随后制冷剂流经过滤器将其中的杂质过滤掉，经过观察窗再经过电子膨胀阀节流，压力下降至蒸发压力。流进蒸发器的低压制冷剂在盘形管内吸收集装箱内的热量后蒸发成制冷剂蒸气，当它离开蒸发器时已是“过热”状态。最后，过热蒸气又被压缩机吸入，压缩成高温高压的气态制冷剂开始下一轮制冷循环。这样，冷藏箱内的热量源源不断地排出，温度不断降低，从而实现了制冷目的。

三菱的制冷系统基本上同开利一样。主要区别就在于以下三点。

1) 膨胀阀的区别　三菱制冷系统用电子膨胀阀代替开利的热力膨胀阀进行节流降压，两者起到相同的作用。电脑控制器利用安装在蒸发器出口端的温度传感器和管路上的压力传感器探测的出口气体过热程度，根据所测到的信息，电子膨胀阀控制阀的开度，以此始终保持最适量的制冷剂流入蒸发器。

2) 容量控制的区别　开利用的是吸气调节阀（SMV）和吸气电磁阀（SSV）组合控制，而三菱用的是控制随动阀（MV）。当容量控制时，控制随动阀把高温高压气态制冷剂传送给蒸发器，以抵消从膨胀阀流入的低温低压液态冷剂，MMCC ⅢA 控制器不断地控制该阀动作以控制高温气体的流量。

3) 压缩机的区别　开利采用的是往复式压缩机，正反转都能正常运转，所以不存在电源相序问题。而三菱采用的是涡旋式封闭压缩机，反向旋转会烧坏，所以在电路控制上就多出 MGC1 和 MGC3 两个相序继电器，保证压缩机的正向运转。液体喷射阀打开，引出少量制冷剂直接冷却压液机，因此液体喷射阀相当于开利的冷却膨胀阀。

(2) 冷却模式（设定温度高于－5℃且箱温接近设定温度）　三菱的冷却模式是指设定温度高于－5℃，通常用于运输水果、蔬菜、活鲜类产品。此时用送风温度表示箱内温度。

当箱内温度远离于设定温度时，制冷系统以冷冻模式运转，使温度迅速降低。当箱温接近于设定温度时（IN RANGE，黄灯亮），制冷系统进入冷却模式。这时控制随动阀逐渐打开，从压缩机出来的部分高温高压气体不经过冷凝器冷凝直接流进出蒸发器分配器的入口。从而减少了通过电子膨胀阀出口来的液态制冷剂的数量，使制冷量减少，从而使箱内温度不致冷却过快，把物品冻坏。这就是容量控制。在容量控制时箱温越接近设定温度，控制随动阀开口越大，使制冷量降低，最终和箱体的漏热量平衡。

三菱制冷装置还有一个特点，当箱温过低于设定温度时，不但控制随动阀工作，而且副加热器也工作，从而保证箱温不偏离设定温度，提高了温度控制精度。

3. 冷王冷藏集装箱制冷系统的工作原理（以 CRR 40PS 为例）

冷王 CRR 40PS 冷藏集装箱制冷系统的工作原理见图 3-35 所示。

(1) 冷冻模式（设定温度为－10℃及以下）　如图 3-35 所示，当压缩机正常运转后，经压缩机压缩的高温高压气体经冷凝器止回阀进入环形空冷式冷凝器中。在冷凝器中，与外界空气进行热交换而被冷却和冷凝，液态制冷剂进入储液器中，从储液器上的视液镜能观察到制冷剂的量是否足够，然后制冷剂进入过滤干燥器被进一步分离出脏物和水分，纯净的液态制冷剂经过热交换器得到过冷，经过液路电磁阀，经膨胀阀节流，流入蒸发器。在蒸发器内温度和压力下降到蒸发温度和压力，流入蒸发器的低温低压制冷剂在蒸发器盘管内吸收冷藏集装箱内的热量而蒸发，并使冷藏箱内的温度降低，吸收的制冷剂被蒸发，经过热交换器进

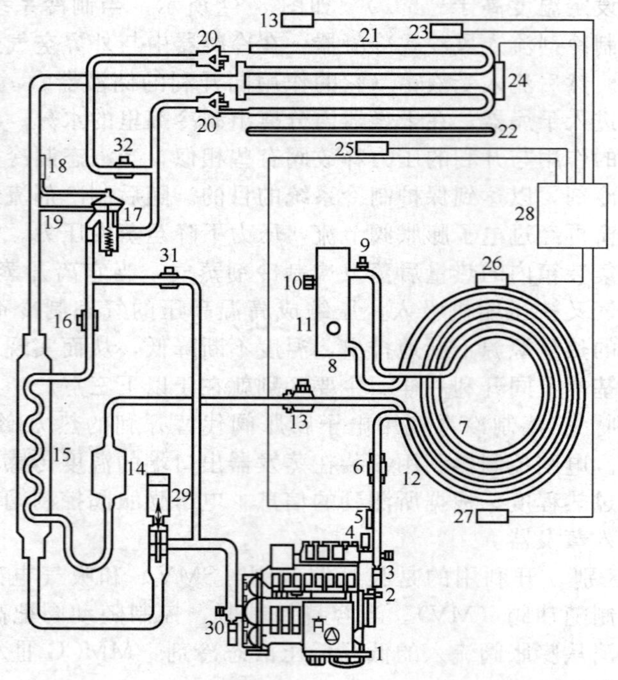

图 3-35 冷王 CRR 40PS 冷藏集装箱制冷系统原理图

1—3DS 压缩机；2—加油/放油接口；3—排气维修阀；4—高压切断开关；5—压缩机排气温度传感器；6—冷凝器止回阀；7—环形空冷式冷凝器盘管；8—储液器；9—高压释放阀（易熔塞）；10—储液器维修接口；11—视液镜；12—冷凝器盘管过冷循环管路；13—温度传感器（选件）；14—干燥过滤器；15—热交换器；16—液路电磁阀（LLS）；17—膨胀阀（TXV）；18—膨胀阀感温包；19—平衡管；20—分配器；21—蒸发器盘管；22—电加热器；23—回风温度传感器；24—除霜（蒸发器盘管）传感器；25—进气温度传感器；26—冷凝器盘管传感器；27—环境温度传感器；28—MP-3000 控制器；29—KVQ 阀（蒸发器压力调节器）；30—吸气维修阀；31—液体注射阀；32—除湿电磁阀（选件）

一步提高温度，防止液态制冷剂进入压缩机而产生液击事故，过热制冷剂经过蒸发器压力调节阀，再回到压缩机，从而进行下一次制冷循环。

(2) 冷却模式（设定温度－9.9℃及以上） 刚启动时，制冷机的制冷系统按冷冻模式运转，使冷藏集装箱的温度迅速降低，到箱温接近于设定温度时（IN RANGE，黄灯亮），蒸发压力调节阀将减少 25%，甚至 50%的制冷剂流量，从而使制冷量减少，逐渐慢慢地到达设定温度，以防冻伤货物。

(3) 除湿模式 和其他机型不同，冷王 CRR 40PS 还具有除湿的功能。当相对湿度高于湿度设定点 2%以上时，除湿电磁阀 32 关闭，同时蒸发器压力调节阀 29 开始减少 25%的制冷剂，这都将使蒸发器盘管内的蒸发压力降低，降低盘管有效部分的温度，从而从箱内空气中凝结较多的水分，使其湿度降低。

当相对湿度高于湿度设定点 5%以上时，不但除湿电磁阀 32 关闭，蒸发器压力调节阀 29 会减少 50%的制冷剂，控制器将脉冲开启和关闭电加热器，使盘管的温度更低，从而从箱内析出更多的水分，使湿度降低更快。

4. 大金冷藏集装箱制冷系统的工作原理（以 LXE 10D-A 为例）

大金 LXE 10D-A 冷藏集装箱制冷系统工作原理图如图 3-36 所示。

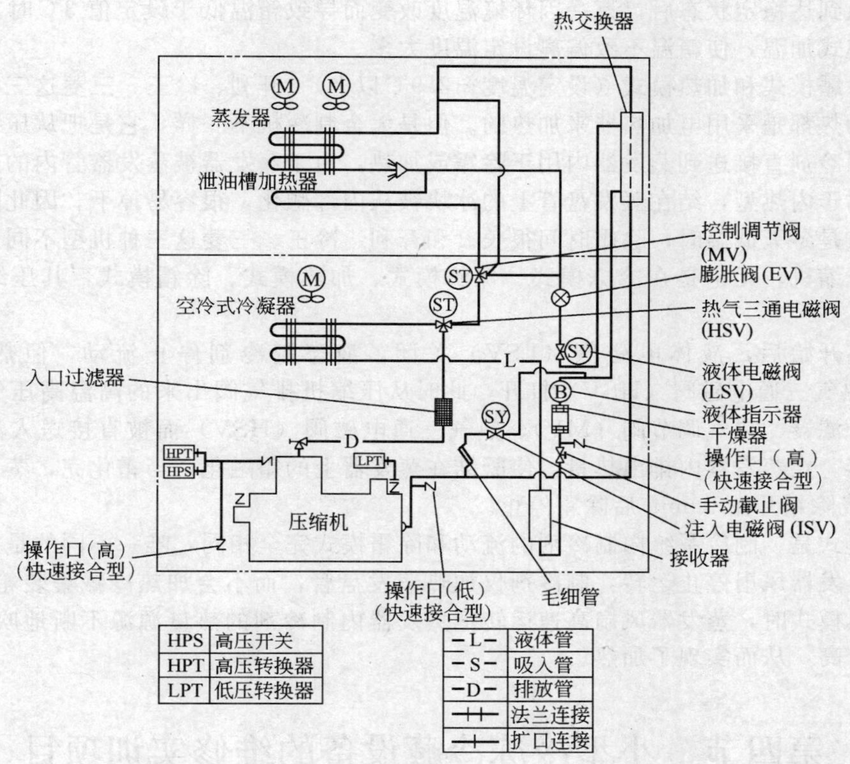

图 3-36　大金 LXE 10D—A 冷藏集装箱制冷系统原理图

(1) 冷冻模式（设定温度低于－10℃）　如图 3-36 所示，当机组开启后，在压缩机内被压缩的高温高压液态制冷剂通过入口过滤器，热气三通电磁阀，进入空冷式冷凝器。在冷凝器中与外界空气进行热交换而被冷却和冷凝，然后进入接收器（如同开利的储液器），通过干燥器而被分离出制冷剂中含有的水分，通过液体指示器进入热交换器而进一步过冷（提高制冷系数），通过液体电磁阀经膨胀阀节流，流入蒸发器，压力下降到蒸发压力。流入蒸发器的低压制冷剂在蒸发器盘管内吸收冷藏集装箱内的热量而蒸发，并使冷藏集装箱内的温度降低。吸收了潜热的制冷剂被完全蒸发，经热交换器进一步过热后被吸入压缩机的吸入口，再次压缩排出而进入下一个循环。这样冷藏集装箱的热量源源不断地被制冷剂通过蒸发器吸收，通过冷凝器排出，从而实现制冷。注入电磁阀（ISV）用于冷却压缩机。

(2) 半冷冻模式（设定温度为－3.0～－10℃，且箱温接近于设定温度）和冷却模式（设定温度为－2.9℃和－2.9℃以上，且箱温接近于设定温度）　半冷冻模式时，控制调节阀（MV）根据回风温度来调节热气流速，冷却模式是根据送风温度来调节流速。除了温度控制传感器不同外，半冷冻和冷却模式采用同一种方法控制。

当制冷装置运转后，制冷系统先以冷冻模式全力制冷，使箱温迅速降低，当温度接近设定温度时（IN RANGE，黄灯亮），热气阀调节阀（MV）开启，从压缩机出来的部分高温高压气体不经过冷凝器排热，直接流入蒸发气的入口。既减少了用于制冷的制冷剂的流量，又提高了其温度，从而使进入蒸发器内制冷剂的吸热量降低，也使箱内降温速度减缓，货物不致过冷而冻坏。这是大金制冷机的容量控制方式，当箱温越接近于设定温度时，热气调节阀的开口越大，制冷速度进一步降低。最终和箱体的漏热量平衡，此时箱温非常稳定。

当箱温到达稳定状态后，万一因环境温度改变而导致箱温低于设定值3℃时，制冷机将进入加热模式加温，使箱温不致偏离设定温度太多。

(3) 除霜模式和加热模式（设定温度−2.9℃以上） 开利、冷王、三菱这三种制冷装置的除霜和加热都是采用电加热器来加热的。但是大金制冷机不一样，它是把从压缩机出来的高温高压制冷剂直接送到蒸发器内用于除霜或加热，由于蒸发器被蒸发器管内的热制冷剂直接加热，属于内热型，结在蒸发盘管上的冰块被从内部融化，很容易掉下。因此除霜效率很高。其缺点是冬天低温时，除霜时间很长。和开利、冷王、三菱这三种机型不同，大金的制冷装置的压缩机，无论是在冷冻模式、保鲜模式、加热模式、除霜模式，其压缩机总是运转的。

当除霜开始后，液体电磁阀（LSV）关闭，液态制冷剂停止流动。但热气调节阀（MV）和热气三通电磁阀（HSV）打开，此时从压缩机排气阀出来的高温高压气态制冷剂通过入口过滤器、热气调节阀（MV）、热气三通电磁阀（HSV）而被直接送入泄油槽加热器和蒸发器。在蒸发器内排出热量，使凝结在蒸发器上的霜融化。当霜化完，蒸发器出口温度为35℃或除霜开始90min后除霜停止。

加热模式是，制冷系统内制冷剂的流动和除霜模式完全相同，唯一不同的是当处于除霜模式时，蒸发器风扇停止运转，制冷剂仅加热蒸发盘管，而不会加热冷藏集装箱内的货物。当处于加热模式时，蒸发器风扇高速运转把蒸发器内制冷剂的热量源源不断地吹到货物中，使其温度升高，从而实现了加热。

第四节 小型冷冻冷藏设备的维修实训项目

实训项目一：电动机常见故障分析及检测处理方法

1. 实训目的

通过该项目的实训，要求学生了解小型活动冷库压缩机电机常见故障的原因，熟悉小型活动冷库压缩机电机常见故障的检测方法，掌握小型活动冷库压缩机电机常见故障的检测步骤。

2. 实训需要的设备和材料

① 小型活动冷库压缩机电机一台（3kW）

② 万用表、常用维修工具一套

③ 校验灯（40kW以下）一只

④ 电烙铁（500W以上）一把

⑤ 清洗用煤油

3. 实训操作内容或步骤

电动机在冷库日常运行中的故障是多种多样的，原因很复杂，牵扯面也较广，从设计、制造、检验到使用、维护及至安装、储运均可能成为产生故障的直接或间接原因。因此要仔细分析，对症下药。电动机所出现的故障归纳起来大体有电气故障和机械故障两大类。其中电气故障主要集中在绕组处，机械故障主要集中在轴承处。这里就电动机的几种常见故障及处理方法进行分析。

(1) 电动机启动时加速困难发出嗡嗡声 产生此故障的常见原因有过载、电机单相运行、电网电压低频率高、转子断条四个方面。

1) 过载 主要表现为电动机启动困难或电动机不转但有嗡嗡声。

如果出现上述现象时，测电动机的接线柱，如果三相电压平衡且为额定电压值，可判定严重过载，应首先去掉负载。如果去载后电机的转速与声音正常，则判定为过载或负载的机械部分有故障。如去载后电机仍不转，用手转一下电机转轴，如很紧或转不动，再测三相电流，电流平衡但比额定值大，可能是机械部分被卡死，大部分是电机缺油或轴承锈死或严重损坏所致。如用手转电机轴转到某一角度时，感到较吃力并听到周期性嚓嚓声，可能是电机扫膛，应查扫膛原因。

2）电机单相运行　主要表现为电动机转速慢且伴有嗡嗡声，轴振动较大。

三相异步电机单相运行是不允许的，它不仅使电机定转子铜耗、转子铁耗和激磁电流增大，功率因数和效率也会大大降低，而且电机启动和加速困难。这是由于电机在单相运行时，气隙磁场分解为正序磁场和负序磁场。由于负序磁场的存在，它要产生一个企图使转子顺着负序磁场方向旋转的转矩，与正序磁场产生的转矩抵消一部分，使电机总转矩和最大转矩减小，电机过载能力大大降低，致使电机加速困难。如果电机在启动前就有一相断路，则不能启动，合闸后电动机只发出吭吭声而不能转动。

电动机单相运行常见原因有3个。

① 电动机开关上保险丝因电流增大熔断，使电机一相电源开路。对此更换保险丝即可。

② 电动机绕组内部接头与引接线发生脱焊造成一相断路。

③ 某处接地或绕组短路后局部过热而将导线烧断，使绕组一相断路；相头或相尾接错，造成一相接反或绕组部分线圈接反。这些现象均能使三相空载电流不平衡。电流在气隙中产生的谐波磁场相互作用产生的电磁力迫使周围空气振动产生的电磁噪声加大，出现常见的嗡嗡声。电动机是否接地可用下列方法检测（见图3-37），用万用表电阻挡校验灯（40kW以下）逐步检测，如电阻较小（低于0.2MΩ）或校验灯暗红，可能是绕组严重受潮，可烘干处理。如果电阻为零或灯接近正常亮度，证明该相接地。

绕组的短路可用万用表或兆欧表检测，测任意两相间的绝缘电阻，如在0.2MΩ以下甚至接近0，则相间短路。用电桥法测量三相绕组也较方便，电阻小的相为短路相。

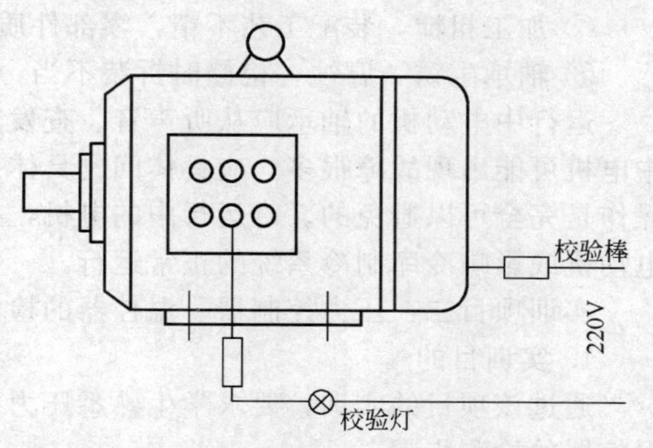

图3-37　检测电动机接地示意图

3）电网电压低、频率高　主要表现为加速困难且有嗡嗡声，但不振动。

中小型电机的额定电压一般为380V，电网电压低或频率高都会使电机加速困难，当电压降低或频率增高，转矩减小，如果负载转矩不变，则电动机的转速会下降，电动机加速困难（因此国家对电动机的电压有规定：电动机的电源电压在额定电压±5%的变化范围内，电动机的功率允许维持额定输入值）。造成这种故障原因一般是误将△接法接成Y接所致。

4）转子断条　电机转子断条主要表现为转速变慢，三相电流增大，并且会发出嗡嗡声，停转后启动困难，输出功率减小，带不动负载。产生断条的常见原因是铸铝质量不好或使用不当（如经常正反转启动或过载）等，一般情况下是断条或断环，断条是指笼条中一根或多根断裂；断环是指端环中一处或几处裂开。

检测方法：先目测，端环处有无开裂，如在槽口有小黑洞或焦黑的痕迹，可能是严重断条。如果目测不到，可用断条侦查器检查。如果发现断条可用下列方法处理。

① 焊接法　将端环或导条裂口处打上坡口，然后把转子加热到450℃左右，再以锡

63%、锌 33%、铝 4%组成焊条补焊。

② 冷焊法 在裂口处用一只钻口宽度略小的钻孔攻丝，然后拧上一个铝螺丝，再车去螺钉多余部分即可。

(2) 电机温度过高 电机温度过高可能出现原因如下。

① 风路受阻或风扇旋转方向不对，使绕组产生的热量不能及时从电动机的表面散掉。

② 一般中小型电机为自扇冷式，使风扇以较快的速度吹拂电机表面，增强电机的散热能力。如果电动机长期过载或电机转速降低，电机产生的能量不能及时散掉，使温度升高。

(3) 轴承过热且有异常尖叫声 轴承是电机旋转的一个重要零部件，轴承的使用寿命直接影响电机寿命。因此对轴承的使用维护是十分必要的，轴承产生过热或有异常声音的可能原因如下。

① 润滑脂变质或补充的润滑脂与原来使用的不符。

② 轴承室润滑脂太多或太少，太多会使多余的润滑脂不能及时排泄掉，轴承产生的热量不能及时散掉，使轴承温度升高；太少会引起滚珠与滚道干摩擦发热。故中小型电机，一般情况下加润滑脂的数量为轴承空腔的 1/2～2/3，转速较低时可适当增加，转速较高时可适当减少。不要误以为润滑脂愈多愈好。

③ 轴承内夹有杂物，用煤油或汽油清洗即可。

④ 在装配时，轴承与轴肩台未贴合或选用轴承不合适。

⑤ 在设计制造时，轴承配合部件尺寸不合适，由于轴承外套与轴承室的配合大部分采用过渡配合，加上运转时轴承本身热膨胀，转轴受热伸长而在轴承室中沿轴向游动，轴承承受额外轴向力，使轴承内外圈及钢球变形，加速轴承损坏。

⑥ 轴承游隙太小，轴承与轴配合出现径向过盈，由于运行中热膨胀，使外圈与轴承室摩擦，产生尖叫声。

⑦ 加工粗糙，装配工艺不精，零部件质量差，使止口不同心或止口不平行，滚珠卡死。

⑧ 轴承生锈、腐蚀，检修时拆装不当，使机件变形。

运行中电动机的轴承应从听声音、查发热、看松动三方面检查，定期维修。在实际运行中电机可能出现故障很多，应具体问题具体处理。有些问题如果在安装使用和维护上按规程操作是完全可以避免的。对运行中的电机，必须采取适当的保护措施，防止发生故障时损害电动机或影响冷库制冷系统的正常运行。

实训项目二：压力控制器、温控器的检测

1. 实训目的

通过该项目的实训，要求学生熟悉压力控制器、温控器的检测方法，掌握压力控制器、温控器的检测步骤。

2. 实训需要的设备和材料

① FP 型压力继电器、WT-1226 型压力式温控器、电接点压力式温度计各一件

② 万用表、常用维修工具一套

3. 实训操作（检测）内容或步骤

(1) 压力继电器

1) 压力继电器的结构和工作原理 制冷机中使用的压力继电器是当高压端压力超过额定值，或低压端压力低于额定值时能使压缩机自动停车，起到安全保护和控制作用的保护电器。

压力继电器的工作原理是基于力的平衡原理。它利用制冷剂蒸气高、低压力的变化，使波纹管压缩或伸长，装在波纹管内的顶针便推动杠杆按顺时针或逆时针方向转动。当高压超过或低压低于额定值时，则顶针将推动杠杆，使触点断开，切断交流接触器的控制电源，使

压缩机停车。在故障排除后，压力恢复到规定值以内时，继电器触点自动闭合，使压缩机电机重新恢复运转。

应用于制冷机中的压力继电器分为控制高、低压为一体的 FP 型、KD 型和 YWK-22 型，以及分别控制高压的 YWK-11 型和控制低压的 YWK-12 型。

图 3-38 所示为 FP 型压力继电器的结构图，图 3-39 所示为 FP 型压力继电器的工作原理示意图。低压蒸气从压缩机回气管端进入低压接管，随着蒸发压力的变化，经低压顶针 20 推动直角杆 18 绕支点 A 旋转，牵动拉杆 12，使动触头板 6 动作，触点发生开启或关闭，接通或切断电源。它采用永久磁铁 13 产生的吸力起到触点的快跳作用，以防产生火花而烧毁触点。低压压力范围的调节是通过旋转盒体上部的低压调节螺钉，以改变低压弹簧 15 的作用力来实现的。

高压端的控制原理是若压缩机的排气压力高于继电器的高压调定值，则高压顶针 1 推动

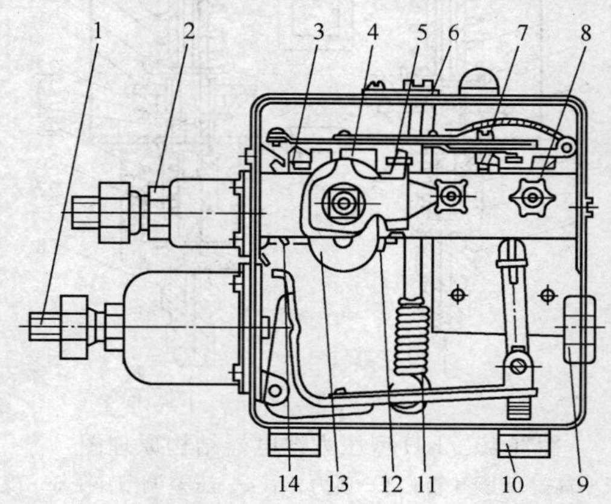

图 3-38　FP 型压力继电器结构

1—低压端接口；2—高压端接口；3—跳板；4—动触头；5—静触头；6—低压调整螺钉；7—调节螺钉；8—接线柱；9—进线孔；10—固定脚；11—低压弹簧；12—高压调节螺母；13—永久磁铁；14—高压弹簧

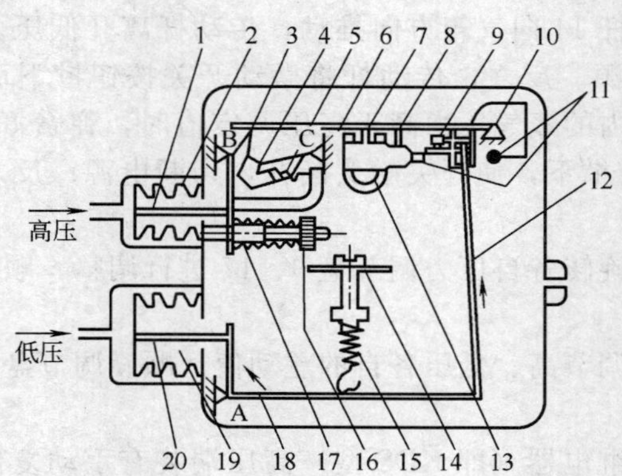

图 3-39　FP 型压力继电器工作原理示意图

1—高压顶针；2—高压气箱；3—高压杠杆；4—跳板；5—跳簧；6—动触头板；7—辅触头；8—主触头；9—低压差动调节螺钉；10—转轴；11—接线柱；12—拉杆；13—永久磁铁；14—低压调节螺钉；15—低压弹簧；16—高压调节螺母；17—高压弹簧；18—直角杆；19—低压气箱；20—低压顶针

高压杠杆 3 向逆时针方向绕支点 B 旋转，杠杆推动跳簧 5 向上拉，使跳板 4 绕刀口支点 C 顺时针向上突跳，撞击动触头板 6，使动、静触头断开而切断电源。当排气压力下降时，同理使动触头板复位，动、静触头又闭合而接通电源。高压压力范围的调节，可旋转高压调节螺母 16 来实现。

图 3-40 所示为 KD 型压力继电器的结构原理图。它也是高、低压力控制部分合装一体，采用一组微动开关做触点，并有常开、常闭组。

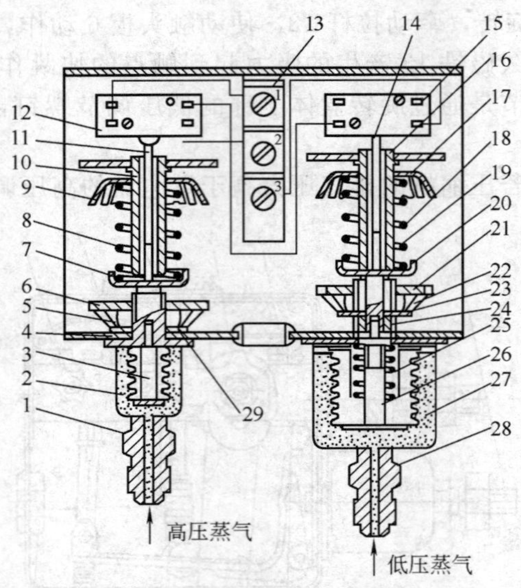

图 3-40 KD 型压力继电器结构原理图

1—高、低压接头；2—高、低压气箱；3—顶力棒；4—压差调节座；5—碟形簧片；6—压差（差动）调节盘；7—弹簧座；8—弹簧；9—压力调节盘；10—螺纹柱；11—传动杆；12—微动开关；13—接线柱；14—传动杆；15—微动开关；16—螺纹柱；17—压力调节盘；18—弹簧；19—传力杆；20—弹簧座；21—压差（差动）调节盘；22—碟形簧片；23—簧片垫板；24—压差调节座；25—复位弹簧；26—顶力棒；27—高、低压气箱；28—高、低压接头；29—簧片垫板

其工作原理是：①低压部分。当气箱内的蒸气压力低于低压调定值时，弹簧 18 的张力大于气箱的顶力，将传动杆 14 向气箱方向推动，传动杆离开低压微动开关的按钮，使微动开关的触点分离而切断电源。反之，传动杆将微动开关按钮揿下而使触点闭合，又接通电源。②高压部分。当气箱内的蒸气压力高于高压调定值时，弹簧 8 的张力小于气箱的顶力，传动杆 11 将微动开关按钮揿下，使开关触头断开，切断电源；反之，开关触头闭合，又接通电源。

高、低压力的调节可旋转各自压力调节盘 9、17 进行调整。顺旋为压紧弹簧；反旋则放松弹簧。

压差调节盘 6、21 是调节高、低压各自的差动值。顺旋调节盘时，碟形弹簧受压缩，差动值增加；反之则减少。

型号中带有 S 字母的继电器（即 KDS 型）高压端装有手动复位手柄。而 KD 型无此复位手柄。

另外还有一种 YWK 系统压力继电器，其外形与 KD 型相似，但内部调整控制部分不同。YWK 型系统中，有专用于控制高压压力或专用于控制低压压力以及高、低压合装在一起等三种型式。

上述各种型号压力继电器的技术参数如表 3-1 所示。

表 3-1　各型号压力继电器技术参数（表压力值）

型　号	高　压		低　压		开关触点容量	适用介质
	压力调节范围/MPa	压力差额范围/MPa	压力调节范围/MPa	压力差额范围/MPa		
FP-214	0.6～1.4	0.2～0.4	550mmHg～0.38	0.04～0.15	AC220V、300VA DC115V、50VA	氟、水、空气、油
FP-217	1.0～1.7	0.2～0.4		0.04～0.15		
KD-155	0.6～1.5	0.3±0.1	550mmHg～0.38	(0.05±0.01)～0.05	AC220V/380V、300VA DC115V/230V、50VA	氟、水、空气、油
KD-25	0.7～2.0	0.3±0.1		(0.05±0.01)～0.15		
YWK-22	0.6～2.0	0.3	600mmHg～0.40	0.05～0.2	—	氟、空气
YWK-11 高压控制器	0.6～2.0	0.1～0.4	—	—	—	氟、空气
YWK-12 低压控制器	—	—	0.05～0.6	0.03～0.1	—	氟、空气

2）压力继电器的检测　压力继电器的作用是当高压端压力超过额定值，或低压端压力低于额定值时能使压缩机自动停车，起到安全保护和控制作用的保护电器。所以在实际检修过程中主要检查压力继电器的动、静触头是否能灵活启闭。

如果压力继电器的高、低压弹簧调整不当，或压力继电器的动、静触头频繁启闭，产生的火花就会使触点烧毁而发生粘连现象，导致冷库不能正常运行。

检测方法：用一电工螺丝刀撬动压力继电器的高、低压杠（拉）杆，目测压力继电器的动、静触头启闭情况。如触点发生粘连现象，应用高目砂布打磨动、静触头或更换压力继电器。如发生动作的压力与设计压力差别较大，应调整高、低压调节螺钉，使发生动作的高低压力与系统设定的高、低压保护压力一致。

（2）温度调节器

1）WT 型压力式温控器　WT 型压力式温控器与电冰箱中的感温囊式温控器一样，也是属于蒸气压力式结构，它广泛地用于冷藏箱（柜）、小型冷库、空调房间内进行温度控制。其中最常见的是 WT-1226 型，其结构如图 3-41 所示。

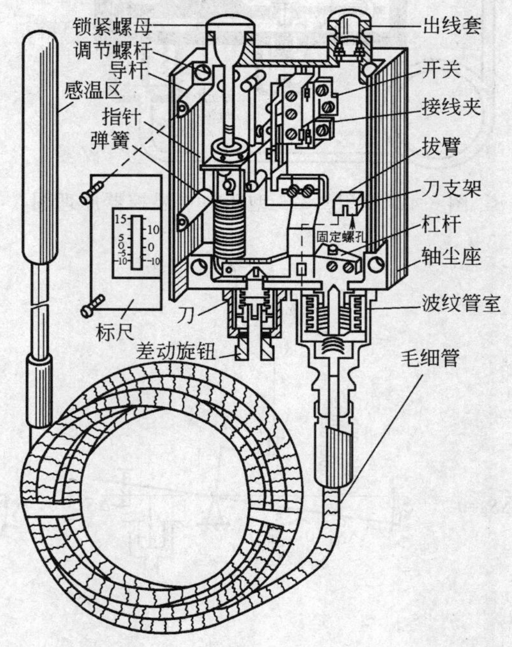

图 3-41　WT-1226 型压力式温控器结构图

图 3-42 所示 WT-1226 型压力式温控器的工作原理图。温控器中的触点为两位控制式，即有两个静触头。其中 1，2 接点与控制电路相连。工作原理如下：当感温包感受的温度降到调定的下限值时，气箱室内的蒸气压力降低，使波纹管的顶力矩小于主弹簧的拉力矩，杠杆绕刀口支点以顺时针方向转动，并带动拔臂和跳簧片使动触头与静触头 2 断开（静触头 3 接通），切断控制电源，使压缩机电机停转。当杠杆转动使动触头动作后，因制动螺钉触及底板而限制了杠杆的转动角度，杠杆呈水平状态，如图 3-43（a）所示。此时螺钉与差动弹簧座离开，如图 3-43（b）所示。此张力矩在箱（柜）内温度升至调定的上限值时，杠杆将转至角度 ψ_2，带动拔臂与跳簧片，将动触头 2 闭合（与静触头 3 断开），于是压缩机电机又恢复运转制冷，如图 3-43（c）所示。

调节螺杆用以调节主弹簧的拉力大小，以调整被控制温度的高低。如标尺标定的温度数值为－25～0℃，则此温控器的温度调节范围为－25～0℃。

调节差动器的差动旋钮可以微调温控器触头的通断温差值。例如将温控器的温度调定在－15℃，而差动值调至 3℃（有效期内可调范围为 3～5℃时），则当感温包感应温度在－16.5℃时，温控器动触头即动作断开，而当感温包感应温度在－13.5℃时，动触头又动作闭合。

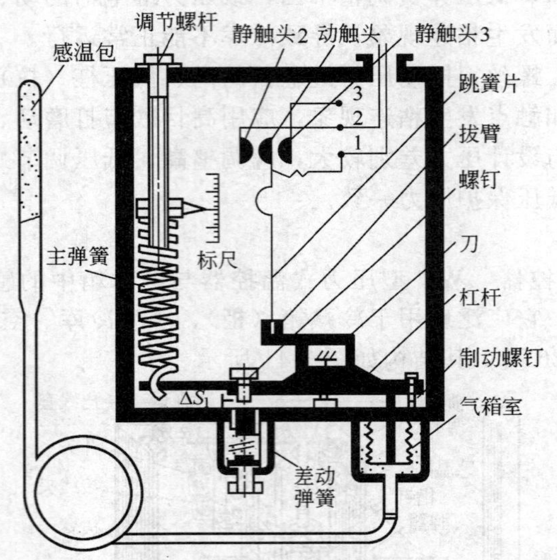

图 3-42 WT-1226 型压力式温控器原理图

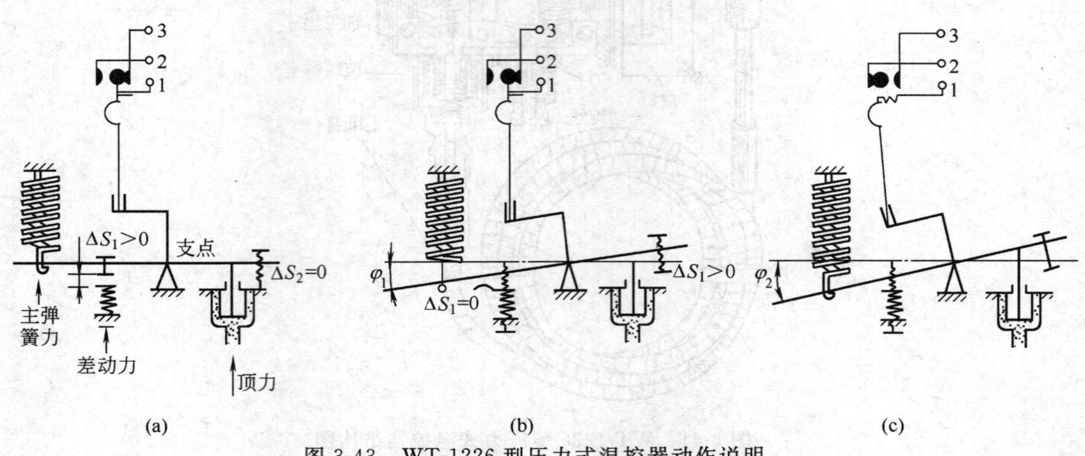

图 3-43 WT-1226 型压力式温控器动作说明

WT-1226 型压力式温度控制器的规格和技术参数如表 3-2 所示。适用于制冷设备的温控器序号有 1，2，3，4 等四种规格。

表 3-2　WT-1226 型压力式温控器技术参数　℃

序号	温度调节范围	差动可调范围	允许指示误差	允许动作误差
1	−60～−30	3～5	±4	±1
2	−40～−10	3～5	±2	±1
3	−25～0	3～5	±2	±1
4	−15～+15	3～5	±2	±1
5	60～100	3～5	±3	±1.5
6	80～120	3～5	±3	±1.5
7	110～150	3～5	±3	±1.5
8	130～170	3～5	±3	±1.5

WT-1226 型压力式温控器的感温管有 1m，3m，5m，8m，10m 等不同长度规格，应根据温控器体与控制部位的距离选定，避免因过长而引起外界温度对控温精度产生影响。另外，温控器的触点动作时，常闭变常开，而常开变接通，故可根据控制目的，充分利用触点组。

2）电接点压力式温度计　电接点压力式温度计也属于蒸气压力式，它是一种温度指示兼做控制用的仪表。它的结构与弹簧管式压力表相似，压力转换为位移的元件是弹簧弯管。其结构如图 3-45 所示，感温包、毛细管与弹簧弯管互相连通，并组成一个密闭的感应和传送信号动力的系统。根据不同的温度控制范围，系统内充注不同的低沸点感温剂，如氯甲烷、乙醚、丙酮等。表盘刻度板上以温度标示，即指针的指示值为饱和压力下的饱和温度值。表盘上装有两个可用专用钥匙调节的上限和下限定位指针，作为所控制温度范围的上下限触点。这三个指针相互绝缘，并引出三个电接点与控制电路相连接，接线如图 3-44 所示。当温度上升至调定上限温度时，指针与上定位指针接通；反之，即与下定位指针接通。

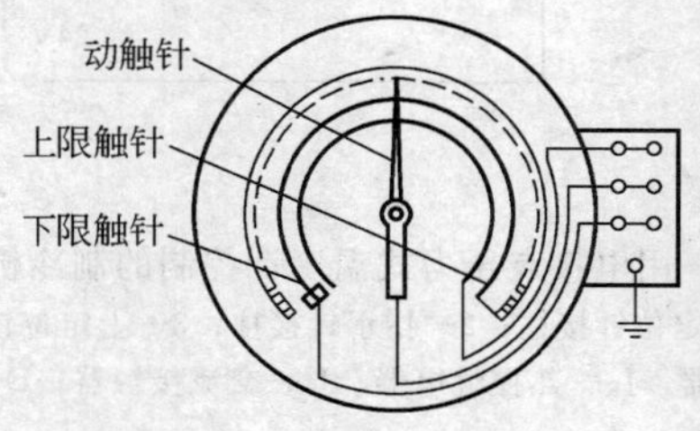

图 3-44　电接点压力式温度计接线图

特别需要注意的是电接点压力式温度计的指针电接点容量很小（只有 10VA），故安装时不应直接与控制压缩机的交流接触器线圈相连接，而应采用中间继电器的间接控制方式，如图 3-46 所示。另外，感温包应夹持在所控温度区域，禁止贴靠在蒸发盘管上。表头应垂直安装，并应避免振动。

3）温度调节器的检测

① 压力式温度调节器的检测

a. 检测触点的接触电阻。在常温下用万用表 $R\times1\Omega$ 挡，测量动触头和静触头 2 的电阻值，正常值应为 0，否则说明该触点已氧化或触点已被烧蚀或感温包内充注的气体已泄漏。

b. 将压力式温度调节器的感温包安放在正常运行的冷库低温间内，当库内温度低于压力式温度调节器设定值以下时，或用一电工螺丝刀向上撬动压力式温度调节器的杠杆（右

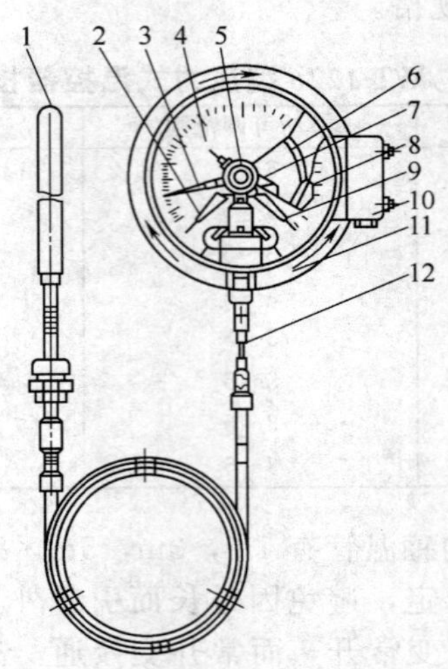

图 3-45　电接点压力式温度计结构

1—感温包；2—下限定位指针（接点）；3—示值指示针；4—表盘（指示板）；5—调定值拨杆孔；6—弹簧弯管；7—扇齿轮；8—传动杆；9—上限定位指针（接点）；10—接线盒；11—外壳；12—感温管

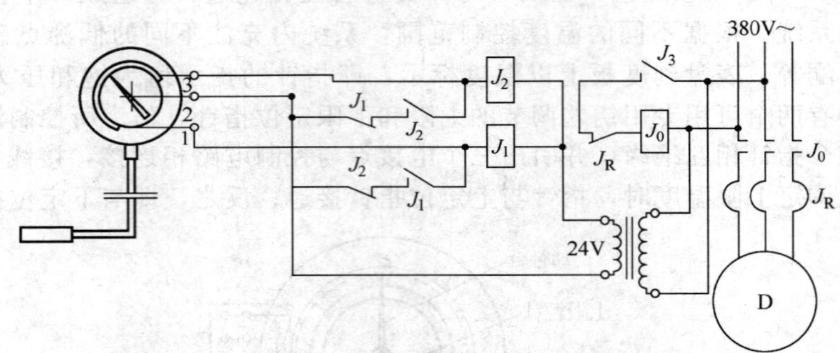

图 3-46　用电接点压力式温度计控制的制冷机电路图

1—下定位针接柱；2—指示针接柱；3—上定位针接柱

$J_1J_2J_3$—中间继电器；J_R—热控继电器；J_0—交流接触器；D—压缩机用电动机

侧）时，目测压力式温度调节器动、静触头的启闭情况。同时用万用表 $R\times1\Omega$ 挡测量动触头和静触头 3 的电阻值，正常值也应为 0，否则说明该触点已氧化或触点已被烧蚀；用万用表测量动触头和静触头 2 的电阻值，正常值也应为无穷大，否则说明该触点已打火粘连。

② 电接点压力式温度计的检测　由于电接点压力式温度计的电接点容量很小，其中间继电器控制电压采用 36V 低电压（或 24V），正常情况下其触点很少被烧蚀。所以电接点压力式温度计的检测内容主要是感温包内充注的气体是否有泄漏或感温毛细管有无断裂现象。

检测电接点压力式温度计感温包内充注的气体是否有泄漏或感温毛细管有无断裂的方法同压力式温度调节器的检测，这里不再赘述。

实训项目三：接触器、热继电器等电器元件的检测

1. 实训目的

通过该项目的实训，要求学生了解接触器、热继电器等电器元件常见故障的原因，熟悉接触器、热继电器等电器元件常见故障的检测方法。

2. 实训需要的设备和材料

① CJ10-20 交流接触器、JZ7-44 中间继电器、JR0-20 热继电器各一件

② 万用表、常用维修工具一套

3. 实训操作（检测）内容或步骤

(1) 交流接触器与中间继电器

1) 交流接触器与中间继电器的结构和工作原理

① 交流接触器　其作用是在按钮或其他继电器的控制下接通或断开负载的主电路，供频繁启动和控制电动机或电器用。

交流接触器的外形如图 3-47 所示。其内部结构和工作原理如图 3-48 所示。

它主要由电磁系统和触头组成。电磁系统由吸引线圈，动、静铁心和弹簧组成。其触点一般有三对主触头和四对辅助触头（两对常开和两对常闭）。主触头用来控制电动机的三相电源，辅助触头接在控制电路中。

当吸引线圈接入额定电压后产生磁场，动铁心在磁力吸引下，克服弹簧的张力，将动铁心吸合，动铁心带着动触头下移与静触头接触，使常开的主触头与辅助常开触头闭合，主电路被接通。在静铁心的两侧扼铁上嵌入铜制的短路环，它的作用是当交流电流过零时产生自感磁场，以保持铁心的吸合状态。

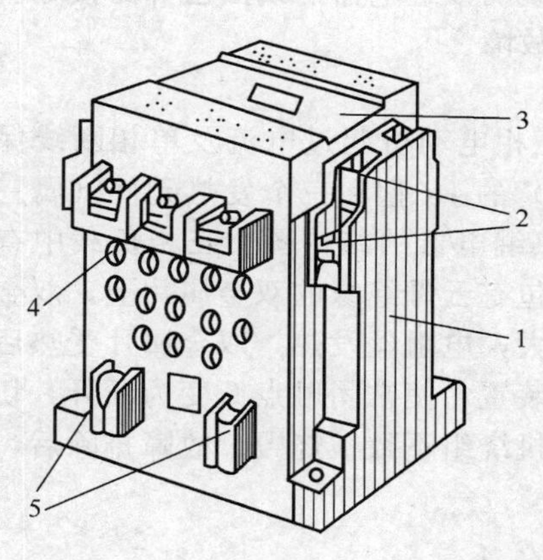

图 3-47　交流接触器外形图
1—外壳；2—辅助触点；3—灭弧装置；
4—主触点；5—线圈接柱

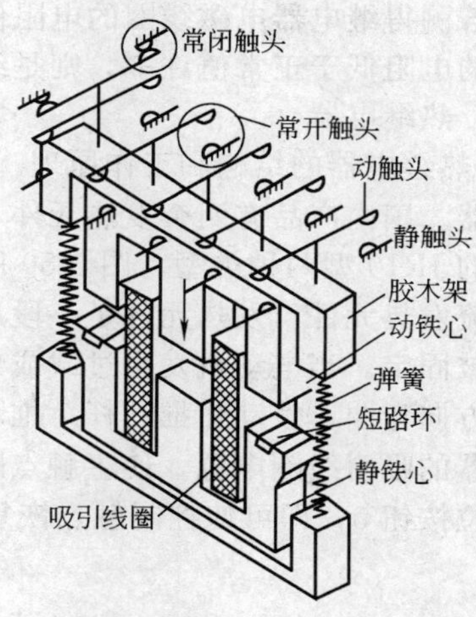

图 3-48　交流接触器的结构
和工作原理示意图

小型冷库或冷藏集装箱等制冷设备中常用的交流接触器有 CJ0 和 CJ10 两类。

② 中间继电器　它在自动控制中主要用做辅助控制器件，也可在小功率电动机的主电路中作为接触器使用。其工作原理与交流接触器相同，所不同的是其触点的容量较小，只能用于 5A 的电路电流，如 JZ7 或 JZ8 系列等。图 3-49 所示为 JZ7 中间继电器结构，其触点形式为四对常开四对常闭。吸引线圈的工作电压为 36 V，220V，380V。

2) 交流接触器与中间继电器的检测

① 检测触点的接触电阻　用万用表 $R\times1\Omega$ 挡，测量继电器常闭触点的电阻值，正常值应为 0。再将衔铁按下，同时用万用表测量常开触点的电阻值，正常值也应为 0。若测出某组触点有一定阻值或为无穷大，则说明该触点已氧化或触点已被烧蚀。

② 检测电磁线圈的电阻值　继电器正常时，其电磁线圈的电阻值为 25Ω～2kΩ。额定电

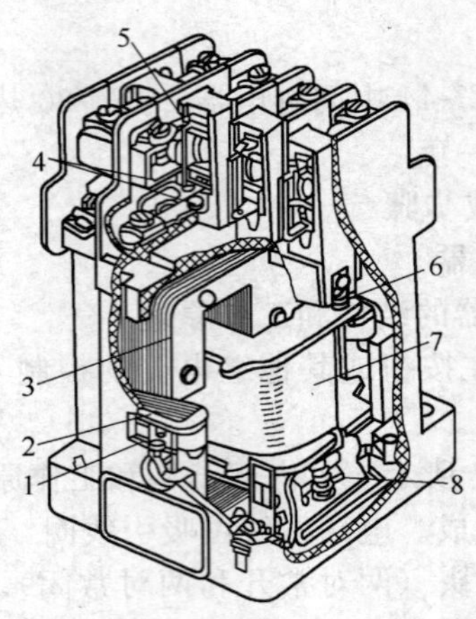

图 3-49 JZ7 中间继电器结构

1—静铁心；2—短路环；3—动铁心；4—常开触点；5—常闭触点；
6—复位弹簧；7—线圈；8—反作用弹簧（缓冲）

压较低的电磁式继电器，其线圈的电阻值较小；额定电压较高的继电器，线圈的电阻值相对较大。若测得继电器电磁线圈的电阻值为无穷大，则说明该继电器的线圈已开路损坏。若测得线圈的电阻低于正常值许多，则是线圈内部有短路故障。

（2）热继电器

1）热继电器的结构和工作原理　热继电器是对三相电动机起过电流及单相断线保护作用的电器。国内产品有两个发热元件（属两相式结构）的JR型和三个发热元件（属三相式结构）的JR10型两种类型。图3-50所示为JR10型热继电器的结构图。三相负载中有两相通过电流发热元件。发热元件是一段扁形电阻丝绕在包有云母绝缘的双金属片上，双金属片的上部被固定。当电动机发生过载或单相时，电流增大，电阻丝发热，双金属片受热后向控制触点方向弯曲，使动作推动杆7推动一个凸轮脱扣装置，使常闭触点6变为断开，切断交流接触器的吸引线圈电源，使主触点断开，保护了电机绕组不致被烧毁。故障排除后，只需按下复位按钮3，即可使控制触点恢复常闭。

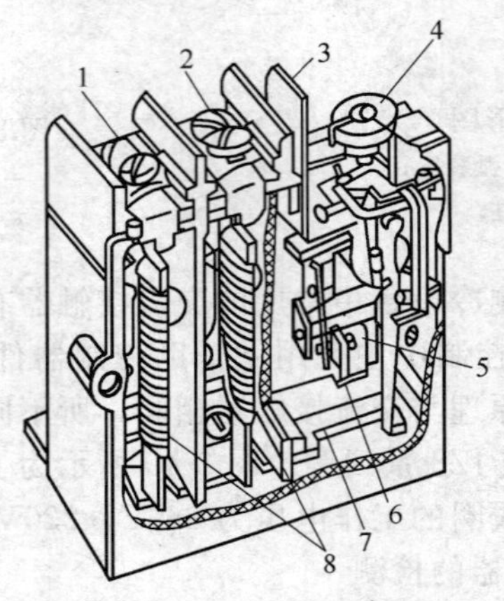

图 3-50 JR10 型热继电器结构

1—相电源线接柱；2—相电源线接柱；3—复位按钮；4—控制电流范围调速装置；
5—自动或手动复位调整螺钉；6—常闭触头；7—动作推动杆；8—主发热元件

控制电流范围高速装置 4 是用来调节整定电流大小的，可根据所控制电动机的功率和额定电流选定整定电流值。

2）热继电器的检测

① 检测常闭触点的接触电阻　用万用表 $R\times1\Omega$ 挡，测量热继电器常闭触点的电阻值，正常值应为 0。若测出其触点有一定阻值或为无穷大，则说明该触点已氧化或触点已被烧蚀，或刻度调整旋钮或螺钉在不合适的位置上，将触头顶开；触头烧坏或动触杆弹性消失，触头接触不上。

在日常维修实践中，热继电器经常发生拒绝动作的故障现象，导致此类故障发生的原因是热继电器选配不当；整定值偏大；热元件烧断或脱焊；动作机构卡住；导板脱出；触头接触不良。

如热继电器发生误动作，一般是由于整定值偏小；电动机拖动时间过长；操作频率过高；有强烈的冲击振动；连接导线太细；可逆运转，反接制动或密接通断；热继电器与电动机安装处温差太大

② 检测热继电器发热电阻丝　若测得热继电器发热电阻丝电阻值为无穷大，则说明该继电器热继电器发热电阻丝已烧断损坏或进出线脱焊、接线螺钉未制紧等。

实训项目四：小型冷库电器控制电路板的制作

1. 实训目的

通过该项目的实训，要求学生熟悉小型冷库电器控制电路工作原理，掌握小型冷库电器控制电路板的制作方法。

2. 实训需要的设备和材料

① 压缩机电动机一台（3kW）

② CJ10-20 交流接触器、JZ7-44 中间继电器、JRO-20 热继电器各一件

③ ZK-自动开关一件、DZ5-20/320 脱扣器额定的电流 4.5A

④ 控制变压器（220V/36V/6.3V）一件

⑤ 6.3V 红色、绿色指示灯各一个

⑥ 启动按钮、停止按钮各一个

⑦ 电磁阀、温度调节器、压力继电器各一件

⑧ 万用表（MF-47）一块、常用维修工具一套

⑨ 2.5mm^2 铝芯线黄、绿色的各 3m，红色的 6m

3. 实训操作（检测）内容或步骤

① 熟悉小型冷库电器控制电路原理图。

② 根据电动机的功率大小，选择符合要求的元器件，并检验器件品质。

③ 用胶木板制作尺寸合适的控制面板。

④ 根据图 3-1 所示的小型活动冷库电路原理图，确定各元件的安装位置，画出布线图合理布线，检查无误后正确连线。

⑤ 完成小型冷库电器控制电路制作后，进行通电测试。

实训项目五：压缩机不工作的故障分析与维修

1. 实训目的

通过该项目的实训，要求学生了解小型活动冷库制冷压缩机不能正常工作的常见原因，熟悉小型活动冷库制冷压缩机不能正常工作常见故障检测步骤，掌握小型活动冷库制冷压缩机不能正常工作的故障排除方法。

2. 实训需要的设备和材料

① 小型活动冷库（如不具备此设施，也可以模拟的形式制备）

② 常用活动扳手、方榫扳手各一套

③ 万用表（MF-47）一块、常用维修工具一套

3. 实训操作（检测）内容或方法

（1）接通电源并打开开关或按钮，电机不启动也没有任何声音。

这种情况主要反映在电源和控制线路上，如电源无电、熔断器烧断、电源缺相、过载保护器跳开未复位、压力继电器跳开、温控器断路、接触器线圈断路、控制线某线端脱落。

1）检查方法　首先用万用表交流电压500V挡检查电源是否有电压，电压是否正常，如电源无问题可将电源切断，用万用表$R\times10\Omega$挡测量接触线圈、中间继电器线圈，将万用表改为$R\times1\Omega$挡测量过载保护器、压力继电器、温控器，以及手动开关等是否通路，各部控制线路的线端有否脱落。

2）故障分析　熔断器的烧断以及过载保护器的跳开主要是电压过高或运行电流过大，或电机启动负载过高造成启动时间长或电机绕组有接地及短路现象。

压力继电器的跳开，主要是因为排气压力过高或吸气压力过低造成；排气压力高的原因有风冷凝器翅片内灰尘污物过多以致冷凝器通风不畅，水冷凝器水量不足或水冷凝器内水管中结有水垢以致水流减小散热不良。另外，系统内含有大量空气也会使排气压力增高；吸气压力过低，原因有系统内干燥过滤器污物堵塞，系统内有水分造成冰堵，再有制冷剂不足或有泄漏也会造成吸气压力低。

压差继电器的跳开，由于油压的过低会使压差继电器跳开、润滑油的减少、吸油过滤网的堵塞、油泵的故障都能使油压降低。一般来说油泵的压力比吸气压力应高0.15～0.3MPa为正常，油泵压力与吸气压力的差数低于压差继电器所调节的指数即会跳开。

温控器的断路，属于压力式的温控器多由于感温部位制冷剂的泄漏造成断路。属于电子控温器的，由于传感热敏电阻的失灵或短路、电子元件的失效造成触点断路。

3）解决措施　熔断器烧毁更新后试运转时，要检查电源电压、运行电流，以及运转时电机有否异常。

发现电源缺相，应检查缺相原因，排除后再运转试运行。

过载保护器在复位后要检查电机的运行电流是否正常，电机绕阻是否接地，如发现电机有问题应及时检修电机。

压力继电器及压差继电器复位后，应在制冷机运转时及时查吸排气压力、油压是否正常，水冷却机组的水流量及出水温度，风冷却机组的风量及冷凝器是否有灰尘影响通风情况。如发现其他都正常只是排气压力仍降不下来，则是系统内含有空气，应从排气阀将空气放出，放到排气压力正常为止。油压过低首先检查润滑油是否减少，如不是油量少则应将油压调压螺丝关小，再不行则应拆油泵检查。

温控器的断路无论压力式、电子式均不易修复，只能更换，如来不及更换，可将温控线路临时短路连接作为人工控制，待更换后再复原为自动。

接触器线圈烧毁或断路属质量问题，更换后即能运转。

如线端脱落或换线，重新压紧即可。

（2）接通电源接触器能吸合但电机有嗡嗡声而不运转，时间稍长过载保护器会自动跳开。

这种现象是主线路缺相、电机绕组短路或压缩机故障的反映。

1）检查方法　切断电源用万用表$R\times1\Omega$挡测量电机三相的电阻值是否均衡，如发现其中两相不通，或无电阻（直通）、或三相电阻不均衡，或用$R\times10k\Omega$挡测量电机绕组接地，

则均为电机故障。

如以上检查正常，可测量主线路有否缺相，如主线路与电机均正常则可认为是压缩机故障，很可能为压缩机抱轴卡缸。

2）故障分析　电机的绕组短路（三相阻值不均衡）、断路、接地均为绕阻绝缘受损受潮、老化被击穿所致；如果是主线路缺相，就可能属上述线路故障。

压缩机出故障不能转动时，可使电机同时不能转动。

3）解决措施　属于主线路故障可参照（1）的“解决措施”来解决。

属于电机故障或压缩机故障可拆下大修（可分别参见实训项目一和实训项目十一）。

实训项目六：小型冷冻冷藏设备的调试

1. 实训目的

小型冷冻冷藏设备的调试工作一般包括：吹污、试压、检漏、抽真空、加注制冷剂、加注润滑油、试运转（系统设备调试）等。通过该项目的实训操作，要求学生熟悉小型冷冻冷藏设备抽真空、检漏和加注制冷剂的方法，掌握其操作步骤。

2. 实训需要设备及材料

① 小型冷库（如不具备此设施，也可用模拟的形式制备）

② 常用活动扳手、方榫扳手一套

③ 多用接头、真空压力表、修理阀、扩（胀）口器、加注制冷剂用软管等

④ 冷冻机油、油杯、制冷剂、氮气（试压用）、D6 紫铜管

⑤ 磅秤、万用表、钳形电流表等

⑥ 真空泵

⑦ 氧气-乙炔纤焊设备一套

⑧ 皂液、卤素灯检漏仪（或电子检漏仪）

3. 实训操作步骤

（1）制冷系统的吹污　制冷设备在安装或大修以后的设备运转之前，制冷系统必须进行吹污。吹污的注意要点如下：

① 吹污应按设备和管路分段或按系统逐步进行；

② 排污口或排污阀应选在设备和管路的最低部位；

③ 氟里昂系统宜用氮气吹污，其工作压力一般不低于 0.6～1.2MPa；

④ 检查方法是用包着干净白布的平板对着排污口，当白布上看不见污物时为合格；

⑤ 吹污结束后，应对系统上的阀门进行清理，取出阀芯，清洗阀座、阀芯上的污物，然后重新装配；

⑥ 吹污操作时绝对不能使用氧气等可燃气体，排污口不能面对操作人员，以确保安全。

（2）制冷系统的试压　制冷系统的试压又称气密性试验，一般在系统吹污结束后进行。试压工作一般要求如下。

1）由于氟里昂系统对降低含水量要求非常高，氟系统的试压应尽量用氮气进行，而不宜用压缩空气。如条件不允许，当只能使用压缩空气的，在压缩空气进入系统前就应经过储气罐，以减少水气进入系统；严禁使用氧气或可燃性气体进行试压。

2）氮气钢瓶满瓶时的压力为 15MPa，试压时钢瓶口应装有减压阀，以控制充气压力，确保安全操作。

3）制冷系统的试验压力见表 3-3，试验时间为 24h，前 6h 因系统内气体冷却而允许下降 0.02～0.03MPa，以后 18h 当设备环境温度不变时以压力不降为合格，若环境温度有变化，可按下式进行校核计算，试验结束时实测值与计算值相符为合格。

表 3-3 制冷系统气密性试验的压力 MPa

制冷剂	高压系统	低压系统	制冷剂	高压系统	低压系统
R717、R22、R13	1.8	1.2	R12	1.6	1.0

$$p_2=p_1(273+t_2)/(273+t_1)$$

式中 p_1、p_2——分别为试验开始、试验结束时的压力，MPa；

t_1、t_2——分别为试验开始、试验结束时的设备环境温度，℃。

4）试压不合格时应全面检查制冷系统，找出漏点，加以修补，然后再次试压，直至合格为止。应注意先卸压，后补焊，切不可带压补焊，以免引起事故。

(3) 制冷系统的检漏 检漏工作一般和试压工作同步进行。常用的检漏方法如下。

1）皂液法检漏 在系统承受工作压力状态下，用肥皂液涂抹设备管路的焊缝、丝口、阀门等连接处，若有冒泡现象，即可认定此处泄漏。该方法简单方便，适用于系统初次检漏。

2）卤素灯检漏 卤素灯适用于已充注少量氟里昂制冷剂的系统检漏。卤素灯是以酒精为燃料的喷灯，氟里昂蒸气与喷灯火焰接触时，会分解出氟、氯元素气体，并改变火焰的颜色。使用时点燃卤素灯，火焰呈红色，将检查吸管放在被检查处缓慢移动，如遇氟里昂泄漏被吸管吸入，将使火焰由红色变成绿色，颜色越深，泄漏越严重。

3）卤素检漏仪（电子检漏仪）检漏 其工作原理是利用氟里昂电离而产生离子流，使微安表指针偏转并发出蜂鸣声提示。卤素检漏仪灵敏度较高，主要用于系统充入制冷剂后的精检，查找难以发现的漏点。

4）目测法检漏 查找氟里昂系统中，若发现某部位有渗油、滴油或有油迹现象时，即可断定该部位有氟里昂泄漏。目测法适用于已投入使用的氟里昂制冷系统。

5）充压浸水法检漏 将已充注了工作压力的设备或零部件整体浸入40℃的温水中，待水面平静后仔细观察，若有气泡逸出即说明有漏点。充压浸水法适用于单体零部件或小型制冷设备的检漏，简便实用，但如需补焊应在被测件释压、烘干后方可进行。

(4) 制冷系统的抽真空 制冷系统抽真空（亦称真空试验）是为了进一步检查系统在真空状态下有无泄漏现象，同时也排除系统内的空气和水分，为充注制冷剂作准备。抽真空一般在试压合格且压力放净后进行。氟里昂系统的真空度应达到绝对压力2.7～4.0kPa，并使系统保持24h，升压不超过0.7kPa为合格。抽真空度应采用真空泵进行操作，小型的开启式压缩机系统可用压缩机自身进行抽真空，大型制冷系统则可用压缩机先把系统中大部分空气抽走，然后用真空泵把剩余气体抽净。注意不可用全封闭式压缩机进行系统抽真空，否则会造成压缩机的损坏。用真空泵抽真空通常有低压侧抽真空和双侧抽真空二种方式。其中低压侧抽真空方式简单易行，双侧抽真空效率高、真空效果好。

低压侧抽真空的具体方法见图3-51所示，它是从压缩机低压吸气阀2的多用口进行，抽空时系统管路上所有阀都开启（如高压部分有制冷剂存留时，出液阀8必须关闭）。压缩机的高压排气阀5顺时针关闭，即关断压缩机与冷凝器的通路，而与多用口相通。拆掉压力继电器4连接两阀的连管，然后在高压排气阀的多用口接一段软管，将软管另一端插入油杯6中，再将低压吸气阀2调节至三通状态，并在其多用口接一块真空压力表3，同时将压力继电器的开关触点暂时短接。在开机抽真空前，先用手转动压缩机的皮带轮数圈，当看到有气体从软管排出后即可开动压缩机，开始抽真空，此时可看到气体不断从软管口排出。如果在抽真空过程中出现喷油过多现象，可开一会停一会再起动，反复几次后就不再喷油了。当抽空到油杯内不再出现气泡为抽空结束，此时的真空度靠近760mmHg，停机后保持8小时，以真空度不回升为合格。如出现真空度回升的现象，则说明系统中仍有泄漏的地方，需

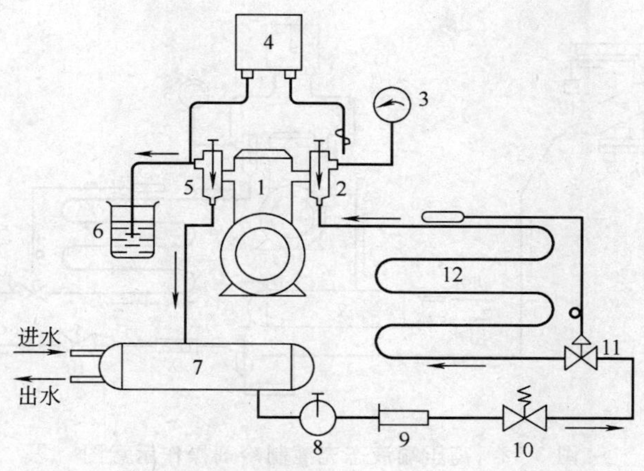

图 3-51　压缩机回收制冷剂及自身抽真空操作示意图

1—压缩机；2—低压吸气阀；3—真空压力表；4—压力继电器；5—高压排气阀；6—油杯；7—冷凝储液器；8—出液阀；9—过滤器；10—电磁阀；11—热力膨胀阀；12—蒸发器

认真检查并排除泄漏，重新抽真空。

利用系统中的压缩机抽真空时应注意下列事项。

① 采用压力润滑方式的压缩机，在真空条件下工作时，油压应保持在 0.05MPa 以上，压力过低时可暂时停机，待油压回升后再开机，一般应间断进行抽真空，直至达到要求为止。

② 系统中如装有油压差保护器，抽真空时应先将其电路断开，以免触点动作无法开机。

③ 抽真空时应先关闭压缩机排气阀，打开排气阀的多用通道或排空气阀，并安装一临时排气管用于检查抽真空情况，压缩机启动后应缓慢打开吸气阀，以防止出现排气压力过高甚至打坏阀片等事故。

④ 抽真空不尽时，可利用各阀门分别对压缩机和各段管路进行分段检查，找出漏点并排除后再进行系统的抽真空。

(5) 充注制冷剂　制冷系统经过吹污、试压、抽真空和检漏合格后，方可正式充注制冷剂。

充注制冷剂的方法有以下两种方法。

1) 高压端液态制冷剂充注法　高压端充注制冷剂时，其管路连接如图 3-52 所示。制冷剂钢瓶要倒置于一个磅秤上，用加液管把制冷剂钢瓶与储液器（或冷凝储液器）出液阀多用口连接起来，先不要拧紧加液管连接出液阀多用口端的接头，先短时开启制冷剂钢瓶阀门，用制冷剂气体将加液管内空气顶出。冲毕，将加液管连接出液阀多用口端的接头拧紧，同时把储液器（或冷凝储液器）出液阀拧到底（关闭），并开启钢瓶阀门。检查磅秤指示读数，然后减去应充注量后定位（此时磅秤杆上翘）。启动机组进行制冷剂液体充注。充注制冷剂时，随时观察磅秤和压力表，当达到充灌量时，立即关闭制冷剂钢瓶阀门，同时将储液器出液阀逆时针旋到头（使多用口与外界不通）。在运行时观察蒸发器盘管结霜情况，可适当调整膨胀阀，待运行正常后即可拆去连接管，拧上螺塞。如加注制冷剂时压力继电器动作而无法进行加注时，需短接压力继电器的触点。在高压端充注制冷剂的特点是可以加注制冷剂液体，缩短加注制冷剂的时间。

2) 低压端气态制冷剂加注法　如图 3-53 所示，低压段充注时制冷剂钢瓶要正立，钢瓶口向上，放在磅秤上。加注前先将压缩机的吸气阀反时针旋转，关闭旁通孔，装上 T 形锥

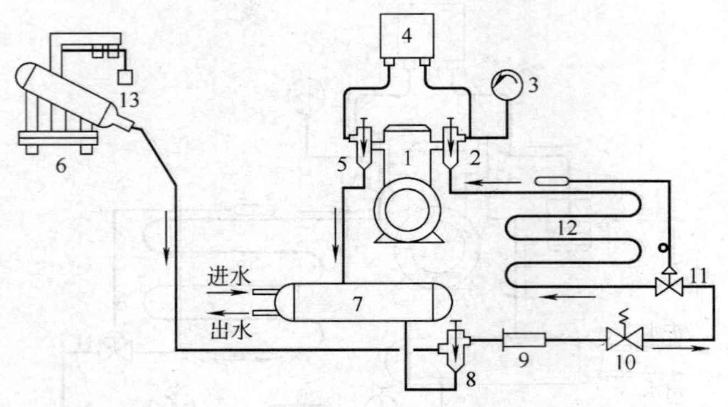

图 3-52　高压端液态充灌制冷剂操作示意图

1—压缩机；2—低压吸气阀；3—真空压力表；4—压力继电器；5—高压排气阀；6—磅秤；7—冷凝储液器；8—出液阀；9—过滤器；10—电磁阀；11—热力膨胀阀；12—蒸发器；13—制冷剂钢瓶

头和低压表。将制冷剂钢瓶竖放在磅秤上，用加液管把压缩机的旁通接头和制冷剂钢瓶连接起来。

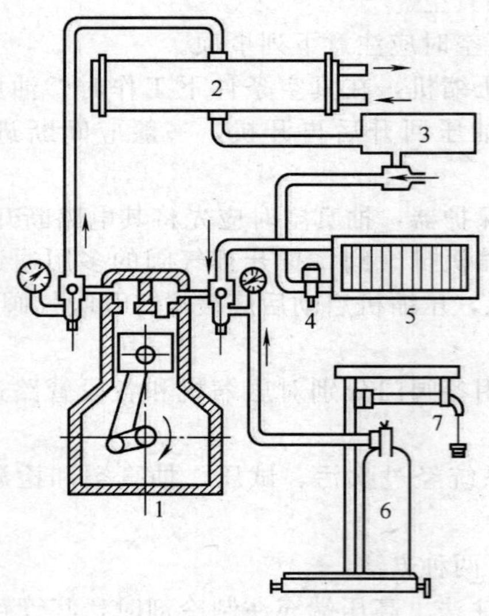

图 3-53　低压端加注制冷剂示意图

1—压缩机；2—冷凝器；3—储液器；4—膨胀阀；5—蒸发器；6—制冷剂钢瓶；7—磅秤

为了把加液管内的空气赶出去，应短时间用钢瓶内的制冷剂气体冲气，即将钢瓶阀门开启，空气从加液管连接压缩机的吸气阀处排出，当制冷剂气体冲出后，立即将阀旋紧。

记下磅秤的钢瓶重量，然后准备开启制冷压缩机（开机前要先将冷却水阀开启使冷凝器冷却，风冷式冷凝器使风扇启动运转冷却），并检查一下排气阀是否打开。

启动制冷压缩机，顺时针旋转吸气阀杆 1～2 周，将旁通孔接通，制冷剂气体即可进入压缩机内。

加注制冷剂时，压缩机的吸、排气阀及冷凝器出液阀的多用口位置结构见图 3-4，图3-4（a）为阀杆逆时针旋到头，制冷系统和外界不通状态；图 3-4（b）为阀杆在中间位置，阀门处于三通状态，即阀在开启情况下同外界相通；图 3-4（c）为阀杆顺时针旋到底，阀路处在关闭状态。在操作时可根据具体需要，把阀杆设置在一定的位置，实现不同的操作要求。

充氟过程中，制冷剂钢瓶表面会逐渐结露甚至结霜，若用手摸铜管，会感到发凉。同时注意观察磅秤，当充够量时，先将钢瓶的阀关闭，再将压缩机的吸气阀旁通孔关闭，拆下铜管。在低压端充注制冷剂时以加注制冷剂气体为合适，以防止液击事故发生而损坏压缩机。

以上两种充氟方法适用于中、小型的开启式压缩机制冷系统。

充注制冷剂的一般要求如下。

① 向制冷系统充注的氟里昂制冷剂的含水量不得超过 25×10^{-6}。

② 第一次向制冷系统充注制冷剂时，系统的真空度必须达到抽真空的合格要求值。氟里昂系统的真空度要求达到绝对压力 133～400Pa（1～3mmH_2O），以确保系统运转正常。

③ 充注时要防止空气和水分进入系统，可用少量制冷剂排除接管内空气后再充注。

④ 新系统的第一次充注量应按设计值的 60%进行充注，然后在系统运转调试时随时补充。

⑤ 制冷剂的充注量就根据设备制造厂提供的产品说明书来确定。如无此资料时，氟里昂系统也可参照表 3-4 进行估算。

表 3-4　制冷系统中设备的制冷剂充注量

<table>
<tr><th colspan="2">设备名称</th><th>充注量占设备容积/%</th><th colspan="2">设备名称</th><th>充注量占设备容积/%</th></tr>
<tr><td colspan="2">冷凝器</td><td>15</td><td rowspan="2">冷风机</td><td>上进下出</td><td>40～50</td></tr>
<tr><td colspan="2">储液器</td><td>70</td><td>下进上出</td><td>60～70</td></tr>
<tr><td rowspan="2">排管</td><td>上进下出</td><td>25</td><td colspan="2">液体管路</td><td>100</td></tr>
<tr><td>下进上出</td><td>50～60</td><td colspan="2"></td><td></td></tr>
</table>

（6）加注润滑油　压缩机运转时需要足够的润滑油。如果发现曲轴箱油位低于规定油位，应及时加注润滑油。向压缩机加注润滑油的方法有以下两种。

① 用真空泵将压缩机内部抽成真空，利用大气压力将润滑油压入。此法常用于全封闭式压缩机的加油，但必须注意掌握好加油量。

② 用压缩机自身将曲轴箱抽真空进行加油。具体步骤为：关闭压缩机吸气阀，开启排气阀，启动压缩机，使曲轴箱压力降到表压 0MPa，再缓慢开启曲轴箱加油阀或吸气阀的多用通道，通过加油管吸入润滑油。应注意油管内不得有空气，油管口不得露出油面，以免吸入空气。当加油量达到要求时，关阀、停机、结束操作。

（7）试运转（系统设备调试）

1）开机前的准备工作　开机前应做好以下检查工作。

① 检查压缩机　曲轴箱油位应符合要求，油质清洁；油三通阀应处于运转位置；有能量调节装置或卸载装置的压缩机应处于最小负荷位置；自动保护装置指针应调整到所要求的刻度上；用手盘动联轴器或带轮应无过重感觉。

② 检查系统管路上的阀门　系统管路上各设备的截止阀和压力表、安全阀、电磁阀前的截止阀均应开启。

③ 检查其他设备　冷却水塔、水泵、冷风机等设备的运转应正常；与制冷系统相配合的冷却水系统、通风系统和电气控制系统均应处于正常状态。

2）压缩机的开机、停机操作　由于小型号冷冻冷藏设备的自动化程度都很高，其开机、停机操作非常简单，只需按启动按钮和停止按钮。但在试运转期间应注意以下事项。

① 电磁阀是否正常动作。

② 检查压缩机的排气压力和排气温度，通常排气压力 R12 不超过 1.27MPa，R22 不超

过1.62MPa。

③ 听压缩机运转的声音是否正常，听膨胀阀内是否有制冷剂流动声。

④ 分别对油压差控制器、高低压控制器、能量调节装置等保护和控制器件进行检查，看动作是否正常。

⑤ 根据蒸发器及回汽管道的结霜情况，调整膨胀阀的开启度大小。

⑥ 仔细检查整个系统的管路和阀件，看是否存在泄漏处。

实训项目七：小型冷冻冷藏设备制冷系统故障分析与判断

1. 实训目的

通过该项目的实训，要求学生能熟练分析和判断小型冷冻冷藏设备制冷系统常见故障发生的原因，掌握小型冷冻冷藏设备制冷系统常见故障的排除方法。

2. 实训需要的设备和材料

① 小型活动冷库（如不具备此设施，也可用模拟的形式制备）

② 常用活动扳手、方榫扳手一套

③ 多用接头、真空压力表、修理阀、加注制冷剂用软管等

④ 制冷剂

⑤ 皂液、卤素灯检漏仪（或电子检漏仪）

⑥ 克垢（除垢剂）；清洗用煤油

⑦ 硅胶（干燥剂）

⑧ 压缩机易损件：吸、排气阀片；活塞环；冷库库门封条等

3. 实训操作（检测）内容或故障排除方法

1）制冷剂加注不足。

现象与处理方法：现象是库内温度下降困难，蒸发器末端结霜不完全。查蒸发器盘管的结霜情况，确定制冷剂欠缺程度，查漏后视制冷剂缺少程度从低压吸气阀的多用口补充适量制冷剂。加注方法见实训项目一：充注制冷剂。

2）制冷剂加注过多。

现象与处理方法：制冷剂充入过多时冷凝器上下全热，蒸发器盘管上只结一层“雪花”样虚霜，手指一触即化，或蒸发器排管冰凉而不结霜。此时，可将膨胀阀口调小，若效果不佳可将总节门调小或从低压排气阀的多用口放掉适量制冷剂。

3）冷凝器散热效果差。

现象与处理方法：若冷凝器过脏，积尘太厚，会导致冷凝器散热不良，造成高压过高，系统制冷系数变差，库温下降困难。出现这些情况应及时清洗冷凝器；若环境温度过高，应改善通风冷凝条件；对水冷式冷凝器使用1～2年以后，必须除垢，若水流量过小，应保证足够的水流量。

冷凝器的除垢方法通常有手工清洗、机械清洗、电子除垢和化学清洗四种。

4）制冷系统有堵塞现象。

现象与处理方法：现象是干燥过滤器发凉甚至结露结霜，热力膨胀阀整体结霜。制冷系统中的干燥过滤器、热力膨胀阀和储液器的供液阀都可能被脏物部分堵塞从而导致制冷剂的流量减少，进而使系统的制冷量下降，库温度下降缓慢。维修时应先将储液器（或冷凝器）出液阀关闭，再启动压缩机，将制冷系统所有管道中的制冷剂都回收到储液器中。再拆下过滤器和膨胀阀，清洗过滤网，对干燥过滤器还需要换干燥剂。

5）制冷系统内混有空气。

现象与处理方法：由于系统抽真空不彻底、加注制冷剂时不遵守操作规程或系统负压运

行而使空气进入系统。而系统一旦混入空气就会出现高压排气管烫手，冷凝器上下都热、膨胀阀无霜，蒸发器结虚霜或结露，吸、排气压力均较高。

排除方法如下。

① 首先关闭冷凝器出液阀，并进行制冷剂回收，当手摸高压排气管不热，低压段接近抽真空（观察低压真空表）停车。

② 回收制冷剂 15～30min 后，打开压缩机高压排气阀的多用通道口螺帽，并将排气阀旋至三通状态，此时系统中的空气便由多用口排出，若手感不到凉爽，而只有吹风感时，排出的是空气；若手感凉爽或有油滴时，排出的已不是空气，而是制冷剂，此时迅速向逆时针方向拧动排气阀的阀杆，关闭多用口，旋上螺帽。

③ 开启冷凝器出液阀，并启动压缩机。

④ 观察蒸发器盘管的结霜情况，若蒸发器盘管结霜不全，则说明系统内制冷剂偏少，应补充适量的制冷剂（此方法也适用于分体式空调器的排空操作）。

6）压缩机的吸气或排气阀片磨损或密封性能差引起效率降低。

现象与处理方法：压缩机由于长期运转，压缩机的吸气或排气阀片和其他易损件磨损严重，配合间隙增大，密封性能会相应下降，运行时汽缸盖发烫，吸气压力下降困难，压缩机的输气系数也随之降低，制冷量将减少。

可通过观察压缩机的吸、排气压力大致判断压缩机的制冷能力。检查时将压力表接在吸、排气阀的多用口上，测试停车后的高、低压压力。当压缩机运转至排气压力为 1MPa 时停车，10min 后若高、低压力平衡了，则说明阀板有泄漏。若压缩机的制冷能力下降，常用的方法是更换压缩机的易损件（吸、排气阀片、汽缸套和活塞环等）。在日常操作管理过程中，要经常对制冷压缩机进行维护保养，实行定期的小、中、大维修制度，应对效率低的压缩机进行检修或更换，保证制冷压缩的制冷效率。

7）膨胀阀失调，制冷剂流量过大或过小。

膨胀阀调节不当，会直接影响到进入蒸发器的制冷剂流量。当节流阀开启度过大时，制冷剂流量偏大，蒸发压力和蒸发温度也随之升高，库房温度下降速度将减缓；同时，当节流阀开启度过小时，制冷剂流量也减小，系统的制冷量也随之减小，库内温度下降速度同样将减缓。

处理方法：一般可通过观察压缩机吸气压力及吸气管的结霜情况来判断节流阀制冷剂流量是否合适。制冷系统运行过程中，白霜结不到吸气管的低压吸气阀处，表示制冷剂流量过小。如系统在运行过程中，整个压缩机缸盖都结满霜，说明供液太多。此时应拧下阀帽，用扳手逆时针旋转调节杆（每次转动 1～1/2 圈）至适宜位置。

8）蒸发器及冷凝器管路内有油膜，影响传热。

现象与处理方法：有些氟里昂能与冷冻油互相溶解，因此，系统里的制冷剂在循环流动时，就免不了会有冷冻油残留于各部件上。冷冻油残留在蒸发管内就会影响热交换。如果结构设计或安装不合理，冷冻油就会只进不出，或进得多出得少，使蒸发器里残留的冷冻油越来越多，严重影响蒸发器的热交换，进而使制冷系统的产冷量不足。

判断蒸发器内留有较多的冷冻油的办法是：从蒸发管上所结的白霜状况来确定，如果所结的白霜是稀稀拉拉的结得不完全，并且呈浮霜，又无其他故障，就很可能是蒸发管内留存有较多的冷冻油的缘故。

清除蒸发器内冷冻油，必须将它拆下来，进行吹洗再烘干。对排管式蒸发器，因拆卸很不方便，可将蒸发器的进口用压缩空气吹，然后，用喷灯烘蒸发管。

9）蒸发器排管结霜太厚。

结霜原因及处理方法：蒸发器排管结霜太厚原因是由于制冷系统长时间没有进行除霜操作而导致蒸发器表面霜层过厚过多引起的。由于冷库蒸发器的表面温度低于0℃，而库房湿度相对较高，空气中的水分极易在蒸发器表面结霜，甚至结冰，影响蒸发器的传热效果。如不及时除霜，霜层会越积越厚，产生热阻。冰霜的热导率仅有不到蒸发器钢壁热导率的1/80，因此，霜层的存在将明显影响蒸发器的传热系数。致使制冷系统制冷量减少，耗功增大，冷库降温困难。特别是翅片管蒸发器，霜层的影响更加明显，它不仅增加导热热阻，而且使翅片管的传热面积减少，翅片间空气流动受阻，管外一侧的放热系数降低。根据有关试验，当蒸发器管内外温差 $\Delta t=10$℃时，装置如果没有采取任何除霜措施，一个月后，蒸发器的传热系数大约只有原来的70%。所以及时除霜，保证蒸发器有高的传热系数，才能保证冷库正常运转。

为防止蒸发器的表面霜层过厚，需定期对其进行除霜。除霜应选择在空库或库房存货较少时进行，采用热汽除霜和人工除霜相结合的方法，尽可能缩短除霜时间，以免库温回升过高而引起冷库围护结构的破坏。在除霜时如库内有存货，则应在货物的上面用篷布遮盖，以防融霜水污染货物。

10）冷库保温结构损坏或库门密封不严，漏冷严重。

由于库房隔热外墙、制冷工艺管道、中低压设备等的隔热保温层厚度不够，或者其防潮层破坏而引起隔热和保温效果不良。引起的主要原因是设计时隔热保温层厚度、材质选择不当或施工质量差所导致的。如在施工过程中，由于保温材料施工前保护不当而导致保温材料受潮、变形，甚至腐烂；施工不规范，冷桥处理不合要求；防潮层施工质量达不到设计要求，其隔热保温性能就大为下降，库房冷量损耗随之增大，库温下降明显减缓。

导致库房冷量损耗大的另一重要原因是冷库门密封性能由于老化而变差，有较多的热空气从漏气处侵入库房。一般若在库房门的密封条或管道穿墙密封处出现了结露现象，则说明该处密封不严密。

另外，如果库房管理制度不完善，频繁开关库房门或较多的人一起进入库房，也会加大库房冷量损耗。所以在没有进出货的情况下，应尽量避免打开库门，防止大量热空气进入库房。当然，库房进出货频繁或进货量太大时，热负荷急剧增大，要降温至规定温度一般需要较长时间。

处理方法：检查冷库围护墙体的保温结构和库门封条是否因密封不严而造成漏气。如果漏气，就维修或更换门封条。

11）冷凝器出液阀或储液器供液阀开得过小。

由于操作不注意，在维护过程中没有把储液器（或冷凝储液器）出液阀开足，就会影响系统制冷剂的循环量，因此同样会影响制冷系统的制冷量。

处理方法：将冷凝器出液阀或供液阀开至足够大。

12）温度调节器调整不当。

处理方法：将温度标度调至需要的刻度要求，或检查感温包位置是否适当。

实训项目八：小型冷冻冷藏设备制冷系统堵塞的维修

1. 实训目的

通过该项目的实训，要求学生熟悉小型冷冻冷藏设备制冷系统发生冰堵、脏堵现象的原因，了解小型冷冻冷藏设备制冷系统发生冰堵、脏堵现象的不同特点，熟练掌握排除小型冷冻冷藏设备制冷系统冰堵、脏堵故障的步骤和方法。

2. 实训需要的设备和材料

① 小型活动冷库（如不具备此设施，也可用模拟的形式制备）

② 常用活动扳手、方榫扳手一套

③ 硅胶（干燥剂）

④ 皂液、卤素灯检漏仪（或电子检漏仪）

3. 实训操作（检测）内容或故障排除方法

制冷系统的堵塞视其堵塞原因分冰堵和赃堵两种。

造成冰堵的原因是制冷系统中水含量超标。由于部分氟里昂制冷剂不溶于水，因而当系统中混有水分时，在膨胀阀或过滤器处容易结冰而造成系统堵塞。

当系统出现冰堵时，表现为开始时制冷系统能正常运转，过一段时间后，膨胀阀体结霜以后便出现周期性制冷和不制冷现象。在产生冰堵期间，吸气压力表指示为真空状态（即出现负压）。判断冰堵的方法是用酒精灯烘烤一下膨胀阀，烘烤片刻后即可听到蒸发器盘管内出现突发的气流声，同时吸气压力指示也立刻上升，制冷系统恢复制冷，这就证明为发生了冰堵现象。如果热力膨胀阀经酒精灯烘烤，亦不出现上述现象，即说明故障原因可能为热力膨胀阀或其他部件出现脏堵所致。

排除冰堵的方法是对制冷剂进行吸潮处理。具体方法（参见图 3-54 所示）：应先将储液器（冷凝储液器）的出液阀 7 关闭，再启动压缩机，将制冷系统所有管道中的制冷剂都回收到冷凝储液器中。再拆下过滤器 8 和膨胀阀 10，将失效的硅胶倒掉，并用四氯化碳（或汽油）适当清洗过滤器滤网和膨胀阀滤网，在过滤器中先装入吸潮快、吸水效果好的无水氯化钙。恢复运转前必须抽空管道内的空气，抽空的方法是用压缩机自身抽空。具体方法是见实训项目六 3“（4）制冷系统的抽真空”。当抽空结束后，即可将高压排气阀拧至开启状态（即压缩机与冷凝器通）后停车。把系统管路上的阀门打开后就可以恢复运行。使用 24 小时后，再换上变色硅胶，并装入制冷系统即可。

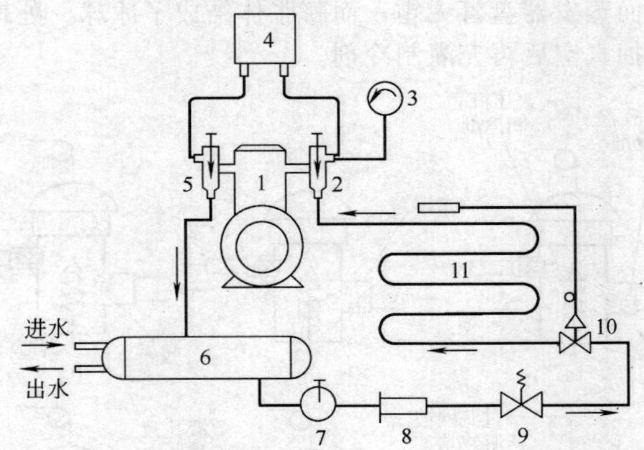

图 3-54　制冷系统排除冰堵、脏堵示意图

1—压缩机；2—低压吸气阀；3—真空压力表；4—压力继电器；5—高压排气阀；6—冷凝储液器；7—出液阀；8—过滤器；9—电磁阀；10—热力膨胀阀；11—蒸发器

如制冷系统在制造或维修过程中，把异物滞留在系统中而出现脏堵，开机后即出现不制冷或制冷效果差的现象，干燥过滤器发凉甚至结露（结霜），热力膨胀阀阀体结霜。在用酒精灯烘烤膨胀阀或过滤器也不能消除不正常现象。

排除脏堵的方法同上。维修时应先将储液器（或冷凝器）出液阀关闭，再启动压缩机，将制冷系统所有管道中的制冷剂都回收到储液器中。再拆下过滤器和膨胀阀，清洗过滤网。重新安装结束后，抽尽管道内的空气后立即可恢复正常运行。

实训项目九：根据膨胀阀阀体表面出现的现象判断并排除膨胀阀故障

1. 实训目的

要求学生通过观察膨胀阀阀体表面出现的不同现象，了解膨胀阀故障的原因，掌握排除膨胀阀故障的方法。

2. 实训需要的设备和材料

① 小型活动冷库（如不具备此设施，也可用模拟的形式制备）

② 常用活动扳手、方榫扳手一套

③ 清洗用煤油

④ 皂液、卤素灯检漏仪（或电子检漏仪）

3. 实训操作（检测）内容或故障排除方法

图 3-55（a）所示阀体表面下半部结霜，该现象表明膨胀阀调节适当，此时蒸发器盘管结霜正常，降温速度快。图 3-55（b）所示为整个阀体表面结霜，这种现象说明膨胀阀的阀孔开度过小。应顺时针每次半扣地拧动调节杆，适当增大阀孔开度。图 3-55（c）所示整个阀体表面不结霜，只有阀体的接低压管处部分结霜。这一现象若还伴随有蒸发器盘管结虚霜或只结露不结霜，制冷性能差，则表明膨胀阀的阀孔开度过大。应逆时针每次半扣地拧动调节杆，以减小阀孔开度。图 3-55（d）为整个阀体无霜，但接高压液管处有少量结霜（正常时此处不应结霜），而蒸发器盘管不结霜。这种现象大多是膨胀阀内的过滤网被脏物堵塞所致。图 3-55（e）所示现象为整个阀体一点霜也不结，甚至手摸阀体也不凉，蒸发器不制冷，这种现象大多是阀孔被脏物堵死。排除上述两种故障的方法是关闭总节门后先对制冷系统进行回收制冷剂，然后拆下膨胀阀，解体后进行清洗。图 3-55（f）的现象为整个膨胀阀体呈冰球状，这一现象是由于制冷剂严重泄漏或制冷剂严重不足所致。因为极少量的制冷剂使膨胀阀成了小蒸发器，故而蒸发器盘管无霜，而膨胀体结成了冰球。处理的方法是查找制冷剂泄漏故障，打压查漏，抽真空后再充灌制冷剂。

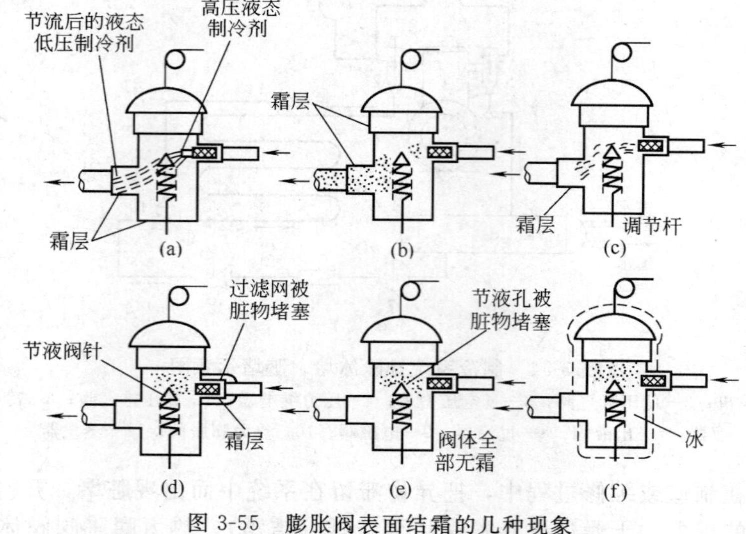

图 3-55 膨胀阀表面结霜的几种现象

实训项目十：压缩机的拆装

1. 实训目的

通过该项目的实训，要求学生了解压缩机的基本构造和工作原理，熟练掌握制冷压缩机的拆装方法。

2. 实训需要的设备和材料

① 6AW—12.5、2F6.3 制冷压缩机各一台

② 常用活动扳手、套筒扳手及梅花扳手各一套

③ 拆卸压缩机专用工具一套

④ 清洗用煤油、棉纱及干净白布若干

⑤ 冷冻油

⑥ 2000mm×1200mm 工作台

3. 实训操作（检测）内容或故障排除方法

(1) 压缩机的拆装应注意的问题

① 在拆卸与系统连接的压缩机之前，必须做好回收制冷剂、关闭压缩机与高、低压系统连接的有关阀门，切断电源、放油等工作。

② 拆卸压缩机要有步骤进行，一般先拆部件，再由部件拆成零件，由外到内，由上到下，防止碰砸。

③ 拆卸压缩机零件时，用力不宜过大，当零件拆不下来时，要找出原因，采取适当措施拆卸，防止损坏零件。

④ 对拆下来的零件，要按零件上的编号（如无编号，要自行编号打印）有顺序的放置到专用支架或工作台上，切不可乱堆乱放，以免造成零件表面的损伤。

⑤ 对静配合零件，拆卸时要注意方向，要用铜锤或垫上软金属垫片才能敲打，防止击坏零件。

⑥ 对体积小的零件，拆卸清洗后，可装在主要零件上，防止丢失。

⑦ 拆完后要及时清洗、涂油、用布盖好，防止锈蚀和落尘。

⑧ 拆下的水管、油管、汽管等，清洗后要用木塞或布条塞住孔口，防止进入污物。

⑨ 对于固定位置与不可改变方向的零件，都应划好装配记号，以免装错，造成事故。

(2) 压缩机的拆装步骤和方法

1) 压缩机主要零件的拆卸

① 拆汽缸盖　把汽缸盖螺母松开，在松动螺母时，两边同时进行将汽缸盖螺母均匀拆下，拆卸螺丝时，要用专用工具，防止损坏螺母的棱角。

② 拆卸排汽阀座　汽缸盖拆下后，接着取出假盖弹簧。检查弹簧尺寸变形情况，是否合乎要求。并注意检查有无裂纹和掉落的碎片。若有裂纹和掉落的碎片，应将裂纹和脱落的碎片位置记录下来，碎片当即取出，并保存起来。然后取出排汽阀和吸汽阀片，注意其编号，连同弹簧放在一起，便于检查和以后重装。

取出排汽阀时，先检查外阀座与汽缸口的密封线有无损伤，内阀座底部有无被活塞碰击的痕迹，用煤油检查排汽阀是否密封，如泄漏煤油，应记上待修记号。

小型压缩机的吸排汽装置比较简单，其吸排汽阀片安装在一阀板上。在拆卸阀板时，应先在汽缸盖和阀板上做好记号。

③ 拆卸曲轴箱侧盖　拆卸侧盖前，应先将曲轴箱的油放出。拧下螺母，即可将侧盖拆下。如侧盖与垫片粘牢，可在两螺栓的中间位置用薄錾子剔开，应防止将垫片錾破或将螺丝打毛。若曲抽箱处于真空状态，侧盖拆不下来，可向曲轴箱内放入空气，待压力平衡后再拆。取下侧盖时，要注意人的面部不应对着侧盖缝隙，以免余氨跑出冲人。取下侧盖后，应检查曲轴箱润滑油里有无脏物或金属屑等。

④ 拆卸活塞连杆部件　首先用钢丝钳取出防松铁丝或开口销。然后将活塞转到适当位置，拧松连杆螺栓，再将曲轴转到上死点位置，拿下下瓦。用专用吊栓拧进活塞顶部的螺

孔，轻轻地把活塞拿出来。应避免连杆大头碰伤汽缸套内壁。取出活塞连秆部件后，再将下瓦合上，防止下瓦的号码弄错，以影响装配间隙。

取出的活塞与它配合的汽缸套，应是同一编号，要按次序放在吊架上并且用布盖好。

平剖式活塞连杆组，和汽缸一起拆出。若太紧拆不下来，可用木棒轻轻敲击汽缸的底部即可卸出。

⑤ 拆卸汽缸套　用两只专用吊栓拧进汽缸套顶部吸汽阀座的螺孔内，借助吊栓拉出汽缸。如果太紧，可用木棒轻轻敲击汽缸底部，即可拉出。拉出时要注意汽缸套的调整垫片，防止损坏。

⑥ 拆卸卸载装置　先拆卸油管接头，再拆机体上的法兰。拆卸法兰时，应对角均匀地将螺母拧出。因法兰里面有弹簧，为防止弹出法兰伤人，应先对角拧下两只螺栓，然后用手推住法兰，再将留下的两只螺栓拧下，即可拆下法兰和油活塞。若油缸取不出时，可在机器吸入腔用木棒敲击油缸即可将油缸、弹簧、拉杆成套取出。

每台 6AW-12.5 机器有二套卸载装置。而四列汽缸对机体侧面的距离不同。因此，拉杆长度也不向。拆卸时要注意做好标记，以免装错。

取出拉杆便可检查其两个凸缘是否有碰伤或磨损和油缸、油活塞是否有磨损。

⑦ 拆滤油器部件　拆下滤油器与三通阀之间的连接管，然后拧下滤油器与油泵的连接螺栓，取下滤油器部件。

⑧ 拆油泵　滤油器拆下后，即可取出油泵。

⑨ 拆三通阀　拧下三通阀与机体的连接螺栓，拆下三通阀，同时取出网状油过滤器。要注意其中垫片层数。

⑩ 拆吸汽过滤器　将法兰螺丝拧松，并将两只拧下，用手推住法兰，再将另两只法兰拧下，以防压紧弹簧弹出。

⑪ 拆联轴器　拆下螺母，用锤敲击活塞销，将塞销和弹性圈取出。移开电动机，拧松压缩机轴头上两只压板螺栓，但不能拆下。然后用两根撬棒，在压缩机法兰面上向外撬动，联轴器松动后，再将两只压板螺丝拆下来，然后拆下联轴器，并将键放好。撬动联轴器时，下面应放有垫木，以防掉下来伤人。

⑫ 拆密封器　均匀松开压盖螺母，对角留两只螺母暂不拧下来。其余螺母均可拧下。用手推住压盖，慢慢拧松两只螺母，当螺母即将拿下时，应将压盖推牢，防止弹簧弹出。从曲轴端拿出端盖和密封器零件时，注意不要损伤活动环和固定环的摩擦面。

⑬ 拆后轴承座　拆下连接油管及与机体连接的螺栓。用方木在曲轴箱内把曲柄垫好，并将曲柄销用布包好，防止碰伤。将两根 ϕ10mm 的专用螺栓分别拧进后轴承座的螺孔内，把轴承座顶开，然后用撬棍慢慢撬出。两边用力要均匀，防止用力过猛将曲轴带出或卡住拉不出来，并注意垫片不要损坏。

⑭ 拆卸曲轴　将曲轴从后轴承座孔取出。取曲轴时，后轴颈端应缠布条，以防移动时滑脱。曲轴前端顶部有两个螺孔，分别用两只长螺栓拧进，再套上适当长度的圆管，以便抬曲轴用。在曲轴中部，可用方木穿过曲轴箱来做抬扛。这样曲轴前、中、后三处都做好移动的准备。分别安排人力，协同一致，慢慢将曲轴移动抽出。注意曲拐部分不要碰伤后轴承座孔。

若前轴承座没有损伤，可以不拆。

⑮ 拆卸油分配阀　拆卸油管后，将油分配阀从仪表盘上拆下。

⑯ 其他　拆卸安全阀、压力表，吸入和排出截止阀等。

2）几个主要部件的拆卸　在拆卸主要部件时，要注意各零件的编号和方向，避免把零件搞错。

① 吸、排汽阀组　取出汽阀弹簧时，不能硬拉，以免变形。如果过紧，先用手轻扭，收紧弹簧使直径稍微变小，然后取出。拆钢碗时，注意汽阀螺栓是否松动，拆下阀盖和外阀座连接的螺钉，检查内、外阀座上的密封线是否完整无损，并将密封面向下，放于平台的布上，避免碰伤密封线。

② 活塞连杆组　用尖嘴钳把活塞销孔内的钢丝挡圈拆下，垫上软金属垫后，用木锤轻击，或用铜棒将活塞销敲出。如销子过紧可用专用工具拉出，参见图 3-56。

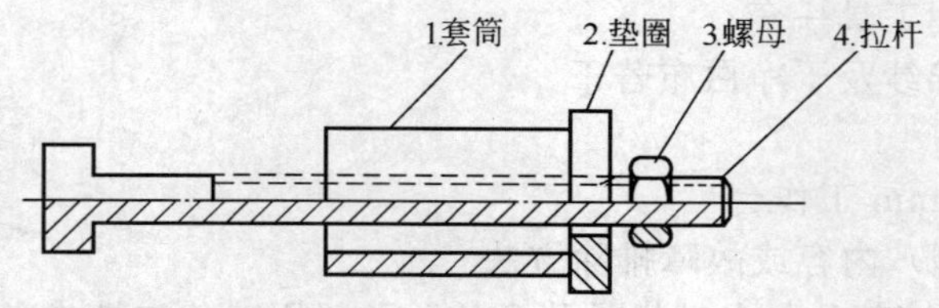

图 3-56　拆活塞销的专用工具

若用专用工具拉出困难时，可将活塞浸在 80℃左右的热水中几分钟，使活塞膨胀，然后再用专用工具拉出。

③ 油环和汽环的拆卸　拆卸油环和汽环有三种方法。

a. 用两块布条套在环的咬口上，两手拿住布条，轻轻地向外扩张，把环取出。

b. 用三四根 0.75～1mm 厚、10mm 宽的铁片（或用锯条磨去锯齿），垫在环与槽中间，便于环均匀滑动拆出，见图 3-57。

c. 用专用工具拆卸汽环和油环，见图 3-58。

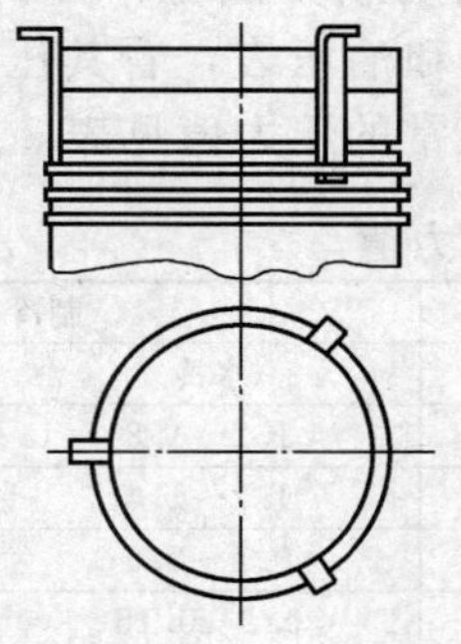
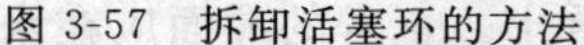

图 3-57　拆卸活塞环的方法

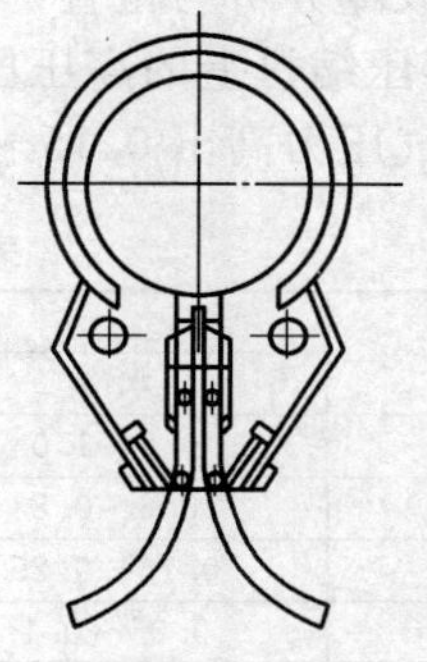

图 3-58　拆卸活塞环的专用工具

④ 密封器的拆卸　密封器的固定环贴紧端盖时，可用螺丝刀在非密封面侧的孔隙处轻轻地撬开，固定环便可拆下。注意摩擦面和橡胶圈是否完整，有无磨损、拉痕、老化、掉块等。

⑤ 油泵的拆卸　拆卸时先用手转动一下泵轴，看转动是否灵活，然后将螺钉拧开，注意主动轮、被动轮、泵轴及轴套是否磨损。

⑥ 汽缸套的拆卸　汽缸套上的零件，包括有定位销、卸载顶杆、动环和弹簧圈。拆卸时应注意顶杆高度是否相同，高低不等易将吸汽阀片顶歪或使吸汽阀片工作时产生转动，加速磨损和损坏，同时检查顶杆弹簧是否完好。

⑦ 油过滤器的拆卸　在拆卸螺丝之前，先转动一下枢轴，如果转不动，说明内部有脏物或梳片卡住，这时应拆卸清洗，检查梳片是否有损伤，如有加以修理。

实训项目十一：开启式压缩机的检修

1. 实训目的

通过该项目的实训，要求学生了解开启式压缩机的检修内容，掌握开启式压缩机的检修方法。

2. 实训需要的设备和材料

① 6AW—12.5、2F6.3 制冷压缩机各一台

② 常用活动扳手、套筒扳手及梅花扳手各一套

③ 拆卸压缩机专用工具一套

④ 清洗用煤油、棉纱及干净白布若干

⑤ 冷冻油

⑥ 2000mm×1200mm 工作台

3. 实训操作（检测）内容或故障排除方法

开启式压缩机的压缩部分与电动机是分开的，一般用三角皮带或联轴器相连接，以传递动力。

压缩机的零部件依其作用可分为六个部分。

运动部分：活塞、连杆、曲轴、联轴器（或皮带轮）。

机体部分：壳体、汽缸、曲轴箱、缸套、缸盖等。

密封部分：活塞环、轴封、垫片、填料等。

气阀部分：阀座、阀板、阀片、升高限位器、弹簧及坚固件等。

润滑部分：润滑油泵、滤油器、油压调节阀、回油管等。

调节及安全部分：压盖、压盖弹簧、安全阀、能量调节装置等。

(1) 压缩机故障分析与检查　活塞式压缩机的故障分析方法有：看、听、摸。

1) 看　观察压缩机上的高压压力表、低压压力表和油压表，看其压力是否正常。一般油压压力宜比吸气压力高出 0.15～0.3MPa。压缩机正常的压力值见表 3-5 所示。

表 3-5　压缩机正常压力值　MPa

压力表	工况类别	制冷剂 R12		制冷剂 R22	
		水冷	风冷	水冷	风冷
排气（高压表）	空调	0.8～1.0	1.0～1.2	1.2～1.8	1.6～2.2
	标准	0.6～0.8	0.8～1.0	1.2～1.4	1.2～1.6
吸气（低压表）	空调	0.15～0.25	0.15～0.25	0.4～0.6	0.4～0.6
	标准	0.05～0.1	0.05～0.1	0.1～0.15	0.1～0.15

润滑油的量适当与否可从曲轴箱上的视油镜上看出，正常的油面应在水平线附近，小型压缩机油面处于曲轴中心线附近，若油面不到指示线，表明缺油。

当制冷系统内混有不凝性的气体（如空气）时，压力表的指针会急剧摆动，高压力也升高。

压缩机的壳体或缸体盖上结霜，表明制冷剂充注过多。

2) 听　正常的压缩机运转声是均匀而轻微的喳喳声，阀片是轻微而均匀的嘀嘀声。

压缩机液击时会发出不正常的通通声。

压缩机轴封干摩擦时发出吱吱声。

压缩机飞轮键槽配合松动后的撞击声是咚咚声。

压缩机内部金属撞击时发出嗒嗒声

皮带打滑或损坏发出啪啪声。

3）摸 用手摸压缩机及管路的温度可判断制冷系统和压缩机本身的内部故障。

压缩机运转时，汽缸盖左右两侧因内部高、低压力的不同而温度有所差异，高压侧热，低压侧凉。如果缸盖左右两侧无温差，则表明内部纸垫损坏，高低压串通。

压缩机运转时，前后轴承盖的温度一般在70℃左右。若用手摸发烫不可触，表明温高。

压缩机的吸、排气管的冷热度：吸气管结霜或结露、发凉，排气管用手摸是热的，否则就是不正常。

（2）压缩机检修

1）压缩机检修周期的确定

小修：压缩机运转累计1000小时以后。

中修：压缩机运转累计3000小时以后。

大修：压缩机运转累计在3000小时以上。

2）压缩机损坏的原因

① 压缩机零部件的损坏主要表现

a. 机械磨损。包括均匀磨损、不均匀磨损及刮纹、凹痕。

b. 热—化学损伤。包括变形、腐蚀等。

c. 事故损伤。由于维修不当引起的破裂、刮纹、弯曲、扭曲或折断等。

② 产生上述损坏的原因

a. 零件在机械摩擦下的磨损、在压力和冲击下的磨损；

b. 零件在磨料作用下的磨损；

c. 零件在化学腐蚀下的损坏及材料本身金属疲劳造成的磨损等。

例如：汽缸套内落入铁屑、砂粒而使活塞与汽缸套的表面深度划痕（拉毛）、高温或制冷剂不纯使阀片结炭、镀铜等，这些都是上述原因造成的。

3）压缩机检修内容

① 小修

阀：拆洗阀片，轻微炭化的可研磨，裂纹损伤严重者更换，并对阀片进行气密性试验，对截止阀应检漏。

汽缸：清洗并检查汽缸表面的光洁度，检查卸载机构的严密性及灵活性。检查汽缸的余隙容积。

连杆：检查大头轴瓦连杆螺栓及开口销。

机体：检查各连接面是否严密，皮带或联轴器连接情况，地脚螺钉是否松动等。

润滑油系统：更换曲轴箱内的冷冻油，清洗曲轴箱及油过滤器，疏通油路，调节油压等。

② 中修（在小修的基础上进行）

阀：检查并调整阀片的升程，检查吸、排气的阀座，更换阀簧和已损坏的阀片。截止阀应检漏，必要时更换阀芯。

活塞：测量活塞环锁口间隙，以及活塞轴向、径向间隙，必要时更换活塞环。检查活塞销的间隙及两端固定卡簧的可靠性。

连杆及大头轴瓦：检查结合部，测量配合间隙，必要时进行调整刮研。

轴封：检查并调整零件间的配合，清洗轴封，更换橡胶圈。

卸载机构：检查并更换顶杆，将卸载机构与油量分配阀之间的油管对换，以使汽缸摩擦磨损均匀，并试验其灵活性。检查油活塞和油缸的间隙。

润滑系统：清洗润滑系统，检查油活塞和油泵配合间隙。

机体：检查皮带轮，更换联轴器的弹性圈。

③ 大修（在中修的基础上进行）

汽缸与活塞：测量活塞的磨损程度，必要时更换新活塞或加大活塞及活塞环；修复活塞销，更换连杆大小头轴瓦，检查汽缸或汽缸套的椭圆度、圆锥度或更换缸套，

阀：检查修复或更换阀组。安全阀定压加铅封；修理吸气截止阀、旁通阀、油压阀。

连杆大小头轴瓦：检查连杆大小头轴瓦孔的平行度，若有问题应予以修复；检查连杆大头轴瓦磨损情况或重新浇注巴氏合金。

曲轴及轴承：测量曲轴销的偏摆度、平行度、主轴颈的椭圆度、圆锥度及裂纹、沟槽等情况，以便修复更换；轴承有问题时，可修复更换或重新浇注巴氏合金。

轴封：检查动、静密封环和橡胶密封圈与轴封弹簧性能，并对密封面研磨或更换。

卸载机构：检查或更换顶杆，更换顶杆小弹簧和开口销，检查油活塞及其弹簧，并试其灵活性和严密性。

润滑油系统：修复或更换油泵齿轮轴与油泵腔配合间隙，必要时更换油泵齿轮。

其他：检修或更换压力表、温度计，清除汽缸套的水垢，检查所有阀门并试压等。

活塞式压缩机检修内容见表 3-6 所示。

表 3-6 活塞式压缩机检修内容

主要部件名称	小修的工作内容	中修的工作内容	大修的工作内容
排气阀组、安全弹簧与阀	检查和清洗阀片、内外阀座，更换已损坏的阀片及弹簧，调整其开启度，试验密封性	检查安全弹簧是否有斑痕或裂纹现象。检查余隙，并进行调整。修理或更换不严密的阀	检查修理和校验控制阀和安全阀，更换阀的填料，重浇合金阀座或更换塑料密封圈
汽缸套与活塞	检查汽缸套与吸气阀片接触密封面及与阀座面是否良好，检查汽缸壁的粗糙度，并清洗污垢	检查活塞环与油环的锁口间隙、环与槽的高度、深度间隙，以及弹力是否符合要求。若不合要求，则应更换新的。检查活塞销与销座的间隙及磨损情况	测量汽缸套与活塞的间隙，以及汽缸套和活塞的磨损情况。若超过极限尺寸，应更换汽缸套或活塞（包括活塞环和油环）
连杆体和连杆大头轴瓦	检查连杆螺栓和开口销或防松铅丝有无松脱及折断现象	检查连杆大头轴瓦径向和轴向间隙，以及小头衬套的径向间隙和磨损情况，如超过极限尺寸，应更换新的	依照修复后的曲拐轴径配大头轴瓦，或重浇轴承合金；修复后的连杆大头孔应配大头轴瓦；测量活塞销的连杆大头与小头孔的两个方向的平行度，以确定连杆是否弯曲
曲轴和主轴承		测量各轴承的径向和轴向间隙，需要时应修整	测量曲轴主轴颈与曲拐轴径的平行度，或各轴颈的磨损度（椭圆度和圆锥度），以便修整或更换曲轴；修整主轴承或重浇轴承合金
轴封		检查调整轴封的各零件配合情况，若密封性良好，待大修时进行拆卸	检查静环和动环的密封面是否良好，内、外弹性圈是否老化，弹簧性能是否符合要求，若不合要求，则应更换新的
润滑系统	清洗曲轴箱及粗滤油器，更换润滑油	检查和清洗油三通阀以及润滑油系统。检查卸载装置是否良好，否则进行修理或更换新的	检查油泵齿轮的配合间隙，或更换齿轮和泵轴轴衬；检查和清洗精滤油器；检查和清洗油分配阀，若弹性圈老化，则应更换新的
其他	检查卸载装置的灵活性，检查油冷却器是否有漏水现象，清除污垢，检查和清洗吸汽过滤器	检查电动机与压缩机传动装置的倾斜度和轴心的同轴度；检查压缩机基础螺栓和联轴器的坚固情况，以及塞销或橡胶套的磨损情况	检查和校验压缩机的压力表、控制仪表和安全装置；检查和清洗回油浮球阀，或进行修理；清洗汽缸盖水套的污垢

（3）压缩机零部件的测量　将压缩机的零部件拆下后进行各种测量，主要零部件的配合间隙见表 3-7 和表 3-8 所示。

表 3-7　国产系列压缩机部件间隙　mm

序号		间隙(＋)或过盈(－)			
		70 系列	100 系列	125 系列	170 系列
1	环部		＋0.33～＋0.43	＋0.35～＋0.47	＋0.37～＋0.49
	裙部		＋0.15～＋0.21	＋0.20～＋0.20	＋0.28～0.36
2	活塞上止点间隙(直线余隙)	＋0.6～＋0.12	0.7～＋1.3	＋0.9～＋1.3	＋1.00～－1.6
3	吸气阀片开启度	1.2	1.2	2.4～2.6	2.5
4	排气阀片开启度	1	1.1	1.4～1.6	1.5
5	活塞环锁口间隙	＋0.28～＋0.43	＋ 0.3～＋0.5	＋0.5～＋0.65	＋0.7～＋1.1
6	活塞环与环槽轴向间隙	＋0.02～＋0.06	＋0.038～＋0.055	＋0.05～＋0.095	＋0.05～0.09
7	连杆小头衬套与活塞销配合	＋0.02～＋0.035	＋0.03～＋0.062	＋0.035～＋0.061	＋0.043～0.073
8	活塞销与销座孔	－0.015～＋0.017	－ 0.015～＋0.017	－0.015～＋0.016	－0.018～0.018
9	连杆大头轴瓦与曲柄销配合	＋0.04～＋0.06	＋0.03～＋0.12	＋0.03～＋0.0175	＋0.05～＋0.015
10	连杆大头端面与曲柄轴向间隙	6 缸 8 缸 —	6 缸 8 缸 —	4 缸 6 缸 8 缸	6 缸 8 缸 —
11	主轴颈与主轴承径向间隙	＋0.03～＋0.10	＋0.06～＋0.11	＋0.08～＋0.148	＋0.10～＋0.162
12	曲轴与主轴承轴向间隙	＋0.6～0.9	＋0.6～1.0	＋0.8～＋2.0	＋1.0～＋2.5
13	卸载装置油活塞环锁口间隙			＋0.2～＋0.3	—

表 3-8　氟里昂制冷压缩机部件间隙　mm

配合部位	间隙(＋)或过盈(－)				
	2F4.8	2F6.5	3FW5B	4FS7B	4F10
汽缸与活塞	＋0.025～＋0.045	＋0.03～＋0.09	＋0.13～＋0.17	＋0.14～＋0.20	＋0.16～＋0.20
活塞上止点间隙（直线余隙）	＋0.4～＋0.9	＋0.6～＋1.0	＋0.8～＋1.0	＋0.5～＋0.75	＋0.5～＋0.75
吸汽阀片开启度	$0.45^{+0.05}_{-0.05}$	$2.6^{+0.2}_{-0.1}$	$2.2^{+0.1}_{-0.1}$	1.10～1.28	$1.2～^{+0.1}_{-0.1}$
排汽阀片开启度	2	$2.5^{+0.2}_{-0.1}$	$1.5^{+0.5}_{-0.5}$	1.10～1.28	$1.5^{+0.5}_{-0.5}$
活塞环与锁口间隙	＋0.1～＋0.3	＋0.1～＋0.25	＋0.2～＋0.3	＋0.28～＋0.48	＋0.4～＋0.6
活塞环与环槽轴向间隙	＋0.038～＋0.058	＋0.02～＋0.045	＋0.038～＋0.065	＋0.018～＋0.058	＋0.038～＋0.058
连杆小头衬套与活塞锁配合间隙	＋0.015～＋0.025	＋0.015～＋0.035	＋0.01～＋0.025	＋0.015～＋0.03	＋0.01～＋0.03
活塞销与销座孔间隙	－0.15～＋0.025	－0.15～＋0.005	－0.017～＋0.005	－0.02～＋0.03	－0.01～＋0.019
连杆大头轴瓦与曲柄销间隙	＋0.03～＋0.06	＋0.035～＋0.065	＋0.05～＋0.08	＋0.052～＋0.12	＋0.05～＋0.08
主轴颈与轴承径间隙	＋0.02～＋0.05	＋0.035～＋0.065	＋0.04～＋0.065	＋0.06～＋0.12	＋0.05～＋0.08
曲轴与电机转子间隙	—	—	0.01～0.054	0.04～0.06	—
电机定子与机体间隙	—	—	0.04 用螺钉一只	0～0.03	—
电机定子与电机转子间隙	—	—	0.50	0.5～0.75	—

1）汽缸余隙测量　汽缸与活塞上死点之间的余隙可用下面方法测量：将适度的保险丝放置在活塞顶部（均匀4点放置），然后装好阀组、安全压板弹簧，盖好汽缸盖，转动飞轮1～2圈，再取出保险丝，用外径千分尺测量其厚度（取4个平均值），与产品说明书或表3-7、表3-8的间隙相比较，求出偏差。

2）活塞与汽缸间隙的测量　在汽缸与活塞配合面的上、中、下三个部位用塞尺测量其间隙，并将活塞环全部取出。再作一次测量，记下数据。

汽缸（或缸套）的椭圆度和圆锥度可用内径千分尺表，分上、中、下三个部位测量。

3）活塞环的测量　用塞尺直接测量活塞环与槽的轴向间隙，将活塞环放入相当于汽缸公称直径的量规中，用塞尺测量活塞的锁口间隙。

4）连杆大小头轴瓦与曲柄销中心线的平行度的测量　用千分表测量活塞销的最高位置和最低位置的倾斜度以判断中心线之平行度。其平行度 $C<0.03/100$mm。

连杆小头孔与端面的不垂直度 $B<0.5/100$mm，连杆螺栓孔的不平行度 $C<0.02/100$mm，连杆大小头孔轴线不平行度 $A<0.05/100$mm。

连杆大头轴瓦与曲轴销的间隙测量，可用压铅法，小型压缩机用千分表直接测量。

5）气阀的测量　用深度尺检查阀片的开启度，用煤油渗漏法检查阀片的气密性，用橡皮碗检查阀片、阀座的气密性。

6）曲轴的测量　曲柄销轴线与主轴颈轴线不平行度 $C<0.02/100$mm（以主轴颈两端中心孔为基准在车床上测量）。

主轴颈不允许有圆锥度（用外径千分尺测量），主轴颈表面对轴线的跳动量应小于0.03mm，曲柄销比标准尺寸磨损不超过0.25～0.30mm。

7）轴封的测量　两个摩擦面平行度偏差不超过0.02mm，轴封漏油量不允许超过10滴/h。

橡胶圈老化、干缩变形、无弹性和密封能力应更换。

8）卸载装置的测量　测量检查汽缸套转动环的顶杆是否滑动灵活，转动环锯齿形斜面有无凹形磨损，顶杆有无严重磨损。转动环推杆比原尺寸不可少0.5mm。

测量检查弹簧有无弹性。

9）润滑装置的测量检查　用内外千分尺测量齿轮油泵的径向间隙，用压铅法检查油泵齿轮端面间隙；

检查齿轮的齿廓工作面是否剥蚀变形；

检查齿轮与泵体及泵盖之间的间隙是否过大；

检查油压调节阀阀针是否磨损。

10）其他　检查压力表、温度表是否失灵或损坏。

（4）压缩机零部件的修理

1）阀片的修理　检查阀组，若发现阀片和阀座的密封线及密封面上有磨损应进行研磨，研磨粉及研磨液的配制分别见表3-9和表3-10所示。阀片可手工研磨（采用8字形方法），也可用磨床研磨（必要时可制作一个卡具）。

组装后的气阀应进行气密性试验，小型压缩机阀片可用橡皮球或橡皮碗对准吸、排气阀口，以吸得往并能维持10s左右为合格，大中型压缩机，可充入50℃的煤油作渗漏试验。

小型压缩机阀片研磨时，可在平铁板或厚板上进行，先粗磨（100～280号研磨砂）最后用1200号研磨粉或**W**40～**W**50精磨粉研磨光。

2）轴封的修理　轴封有波纹管式和弹簧式两种。

因氟里昂制冷剂对橡胶有腐蚀作用，所以轴封的橡胶密封圈易发胀、老化、剥落，摩擦环的密封面也易磨损。波纹管式的轴封波纹管破裂或焊口开焊也会造成制冷剂泄漏。

表 3-9　研磨粉的配制表

名称	符号	成分	颜色	硬度	应用	适用材料
碳化硅	T	95%～97%Si_2C	黑	比刚玉硬	粗磨	铸铁、铜
碳化硼	TP	85%～95%B_4C	灰黑	很硬	粗磨　精磨	硬质合金不锈钢
金刚石	120/180 400/500	C	灰黄	最硬	粗磨　精磨	硬质合金

表 3-10　研磨液的配制表

类别	研　磨　液	类别	研　磨　液
粗磨	煤油	特精磨	10# 机油
精磨	25%的 10# 机油＋75%的煤油		

摩擦环磨损可用研磨的方法修复。研磨方法与研磨阀片相同。用力要均匀。表面粗糙度值达到 $R_a0.1$ 以后，再精磨。

装配时，摩擦面上涂一层油。波纹管式轴封更换波纹管时，焊接摩擦环和底板要用专用工具定位，焊完后要充入 0.6MPa（等于 $6kgf/cm^2$）的压缩空气在水槽内检漏（浸水试压检漏）。

3）汽缸的修理

① 拉毛的修复　汽缸因缺油被烧后，缸内壁会发生伤痕或毛刺即拉毛。

一般轻微的拉毛，可用细油石搅拌煤油进行研磨，当磨出镜面之后，用标准活塞推入汽缸找着色点，不合格时需重磨。如用磨石在钻床上研磨更好。

当汽缸壁毛刺及伤痕达到 0.3mm 深度时，应予以更换。

② 椭圆度及锥度不合格的修复　用千分尺检查椭圆度和锥度超过允许值时，先用镗缸机床或车床进行精加，然后进行研磨。

4）活塞的修理　活塞可能出现因缺油和进入异物而导致的拉毛和划痕，轻微的可进行修复。

用细油石研磨可将拉毛、划痕修理平整。若损伤严重（痕深或擦伤面大），应予以更换。

5）活塞环的修理　活塞环有气环和油环两种。气环的作用是密封蒸汽，油环的作用是将缸壁的冷冻油刮下。

气环的切口形式有直切、斜切和搭切等，图 3-59 为气环外形图。刮油环有简单形和复杂形两种，分别见图 3-60、图 3-61 所示。

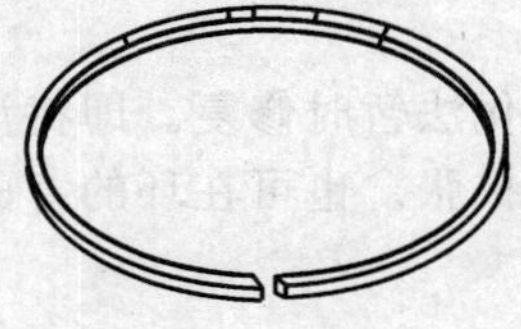
图 3-59　气环

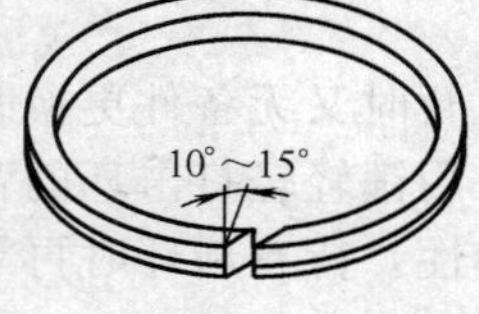

3-60　简单的刮油环

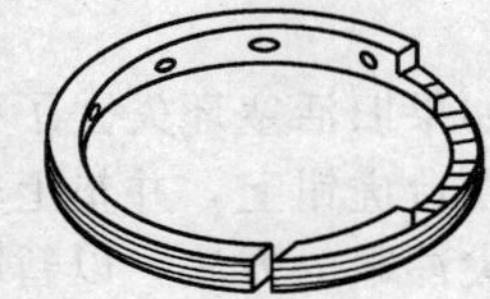
图 3-61　常用的刮油环

活塞环可能有断裂、密封面严重擦伤等损伤或磨损，一般不修复，而是更换新的。若间隙超过标准也要更换新的。

活塞环装配时要注意锁口间隙，可稍微小一些，应满足热胀间隙的要求。

有多个活塞环和油环时，重新装配时各环的开口应沿活塞圆周均匀错开分布：二个环的开口应成 180°，三个环的开口之间应为 120°。

① 活塞环的修复　活塞环磨损后，会造成压缩机制冷能力下降，而耗油量增加。

活塞环一般的损坏现象为弹性的丧失和间隙的增大。磨损后的活塞环常常出现飞边或毛刺，可用砂纸打光。如果活塞环出现下列情况之一，就应换新品：

a. 活塞厚度磨损（径向磨损）达 0.5mm；

b. 活塞环高度磨损（轴向磨损）达 0.1mm；

c. 活塞环与环槽的轴向间隙超过正常间隙（0.06～0.1mm）一倍以上；

d. 活塞环外表面与汽缸镜面不能保持应有的紧密贴合，配合间隙的总长超过汽缸圆周的 1/3；

e. 活塞环失去弹性，或重量减轻了 10％；

f. 活塞环的锁口间隙超过正常间隙的 2～3 倍。

由于高压高温及在此情况下润滑条件的恶化等原因，会促使接近活塞顶部的第一道环磨损特别严重。在换环时，如果备件不足，可从表面磨损较少的活塞环调作上部第一道环，而将新环换在下面使用。若备件足够，最好一个活塞上的所有环全部更换。

② 活塞环的更换　在更换新环时，应将环放在缸套内，观察环与缸壁的接触情况，如圆周的漏光度，不超过周长的 1/3，光隙不超过 0.04mm（旧环不超过 0.02mm）时即为合格，见图 3-62。同时将更换的新环用塞尺测量其锁口间隙。若锁口间隙过小，可用细锉锉削环的端面，以达到规定要求（见表 3-8）。用塞尺检查环与环槽的轴向间隙，见图 3-63。若间隙过小，说明环的轴向厚度大，可在平板上用研磨砂进行研磨，直到间隙符合要求，环在环槽内用手转动灵活即为合格。换新环还应做弹性检查。

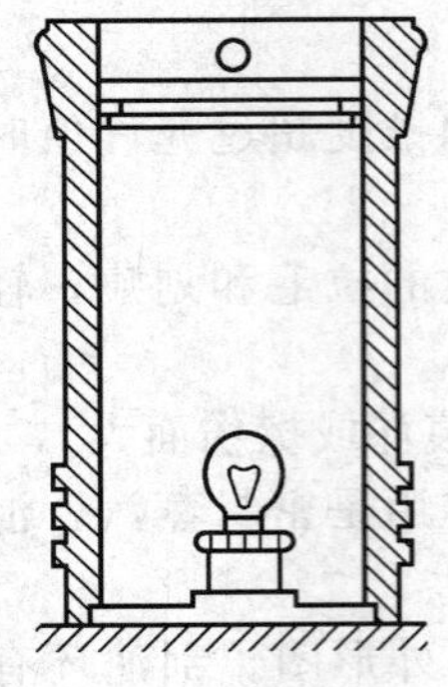
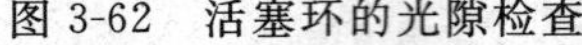

图 3-62　活塞环的光隙检查

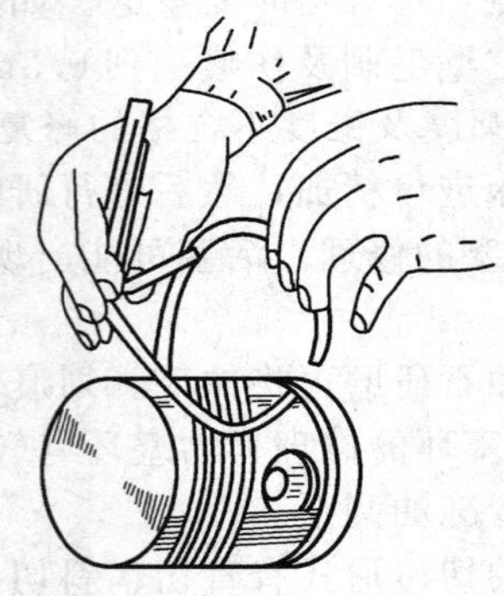

图 3-63　环槽与环高径向间隙的检查方法

如果旧活塞环失去了弹性要求，暂时又无备件更换时，可用硬化法暂时修复。即将活塞环放在台虎钳上，并垫上软金属块，用锤轻轻打击环的背面，使其扩张。也可在环的背面打小的尖冲眼等方法，以暂时恢复其弹性，待有新环时再予更换。

6）曲轴的修理

① 轴颈擦伤修理　轴颈轻度的擦伤是由于压缩机抱轴或杂质进入轴瓦造成的，可采取研磨的方法修复；研磨后应抛光。

② 轴颈椭圆度和锥度修理　不合格的椭圆度和锥度大于 0.1mm，应进行研磨。手工研磨时可用细锉去除不合格的椭圆度和锥度，然后用磨光夹具，手工研磨。曲轴手工研磨工具见图 3-64 所示。

③ 曲轴弯曲修理　压缩机发生卡缸、液击、连杆螺栓拉断等均可使曲轴弯曲。修复时，在车床上顶住曲轴上原有的顶针孔，用千分表放在车刀架上进行检查。根据弯曲的方向和尺

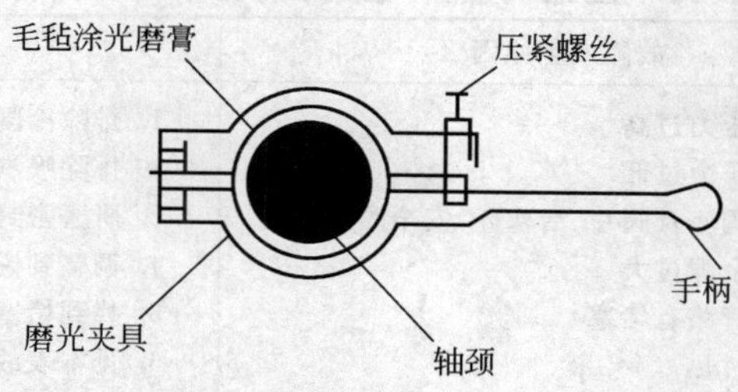

图 3-64　曲轴研磨工具

寸，用手动压力机进行矫正即可。

7）主轴承的修理　主轴承有滑动轴承和滚动轴承两种，广泛使用的是滑动轴承。

轴承磨损后一般应更换新的轴承。轻微的磨损可以进行如下修复：采用以刮为主的研磨，刮研时要着色找点，两端的点要密，中间点子略疏，在接触面达到要求后，压入铅垫（或保险丝）找出间隙。

采用锡磷青铜的铜套轴承，在拆装时要注意不可用手锤敲击装配，其卸装方法见图3-65所示。

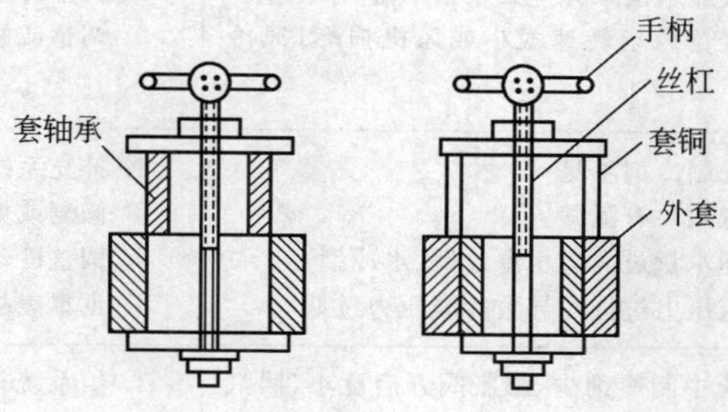

图 3-65　铜套轴承拆卸方法

8）连杆大小头轴瓦的修理　连杆大头是连杆与曲轴连接的一端，中型压缩机多采用剖分式。连杆小头是连杆与活塞连接的一端，一般都是不剖分的整体式，见图 3-66 所示。连杆小头与活塞销相配合的摩擦内圆面，通常都用青铜合金、锡磷青铜、铁基粉末合金等材料制成。

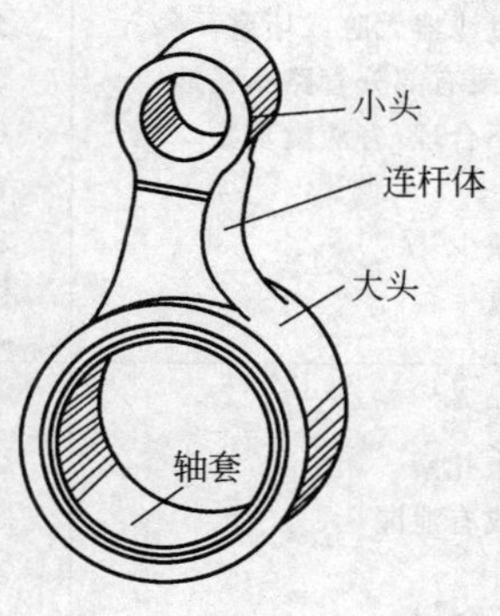

图 3-66　整体式连杆

表 3-11　压缩机吸排气故障的分析与排除方法

故障	故障发生原因	故障排除方法
1. 压缩机排汽温度过高	1. 冷凝压力过高 2. 吸汽压力过低 3. 排汽阀座及阀片、活塞环、安全阀等泄漏 4. 机器余隙过大 5. 回汽管路有堵塞 6. 吸汽过热	1. 排除冷凝压力过高的故障 2. 排除吸汽压力过低的故障 3. 研磨密封面，更换损坏零件 4. 调整到说明书规定的范围 5. 找到堵塞位置排除 6. 见本表故障 5 的故障排除方法
2. 压缩机排汽温度过低	1. 压缩机湿冲程 2. 压缩比过小	1. 排除湿冲程故障 2. 调整运行的压缩机器配置，使压缩比适当
3. 压缩机排汽压力过高	1. 排汽管路中的阀门未开全 2. 排汽管路有局部堵塞 3. 排汽管路设计不合理 4. 系统中有空气 5. 系统中制冷剂加注过量 6. 制冷剂不纯，如 F12 系统中混有 F22 7. 冷凝器污垢积聚太多 8. 冷凝器水阀未开全或水量不足(水冷型) 9. 冷凝器风扇转速太小或风机损坏(风冷型)	1. 开足排汽管路中的有关阀门 2. 清除排汽管路中的污物 3. 改进排汽管路设计 4. 对系统进行排空 5. 转移系统中部分制冷剂至合适 6. 抽尽系统中制冷剂，重新加注合格的制冷剂 7. 对冷凝器进行清污 8. 调整冷凝器水阀，保证水量 9. 调整或修复风扇电机
4. 压缩机排汽压力过低	1. 系统制冷剂不足 2. 排汽阀片有泄漏 3. 冷却水量过大或水温过低(水冷型) 4. 吸入压力过低而导致冷凝压力过低	1. 补充系统制冷剂至适量 2. 修复或更换排汽阀片 3. 调整冷却水量 4. 见本表故障 6 的故障排除方法
5. 压缩机吸汽温度过高	1. 系统中制冷剂少，膨胀阀开启度小，回汽过热 2. 回汽管道保温层损坏 3. 压缩机吸汽阀片泄漏或损坏	1. 给系统补充制冷剂至适量，调整膨胀阀开启度 2. 修复回汽管道保温层 3. 修复或更换压缩机吸汽阀片
6. 压缩机吸汽压力过低	1. 回汽管路中的阀门未开全 2. 膨胀阀关得过小，或膨胀阀冰(脏)堵 3. 膨胀阀感应包中充填剂有泄漏 4. 压缩机的吸汽过滤器太脏或堵塞 5. 吸汽管道太脏，或有部分管路不畅通 6. 回汽管道焊接不合理，有液囊现象 7. 回汽管道太细 8. 系统中制冷剂缺少 9. 蒸发器结霜严重	1. 开足回汽管路中的有关阀门 2. 调整膨胀阀开启度，或排除膨胀阀的冰(脏)堵 3. 修复或更换膨胀阀 4. 清洗压缩机的吸汽过滤器，或排除其堵塞 5. 清洗吸汽管道或吹污 6. 改进回汽管道设计 7. 更换回汽管道 8. 补充系统中制冷剂至适量 9. 对蒸发器进行除霜
7. 压缩机吸汽压力过高	1. 膨胀阀开启过大 2. 膨胀阀感应包未扎紧 3. 吸汽阀片断裂或有泄漏 4. 系统中有空气 5. 系统中制冷剂加注过量 6. 阀板的高低压纸柏垫被打击穿	1. 调整膨胀阀开启度 2. 检查膨胀阀感应包并扎紧 3. 修复或更换吸汽阀片 4. 排除系统中的空气 5. 转移系统中部分制冷剂至适量 6. 修复阀板的高低压纸柏垫

在与曲轴相配合的连杆大头内孔里装有轴瓦，常用的材料有锡基铂合金、高锡铝合金等。

连杆本体一般为工字形截面，在拆装过程中不能重击和受压，否则会变形。

连杆大小头轴瓦因磨损而进行修理，主要是刮研，用三角刮刀，刀口与刮面呈 30°角，从轴瓦对剖分面边缘向中心刮削。刮研中要求吃刀不可太深，刮研均匀（25mm×25mm 的面积上有 20 个点)。刮研后，调整垫片厚度（小于 0.03mm)，装于曲轴销上，旋紧螺母。当从上面轻轻放下，连杆能缓慢向下转动，到最低位置无太大摆动时即为良好。

为使刮研合格，采用着色法，即在摩擦面上涂以显示剂（氧化铁粉)，装在曲轴上研磨，局部接触点即可暴露，可用刮刀刮低。

9）卸载机构的修理　卸下卸载机构再新装配时，它与汽缸组合件之间的位置关系不能弄错或颠倒，油活塞推杆的长度不一样，转动环缺口要与油活塞推杆凸圆对准，不可搞混。用螺钉从油活塞外盖上的油孔旋入，推动卸载机构油活塞，观察顶杆上升、下降是否灵活。不灵活时应重新装配。

顶杆与转动环磨损要修复，可用钢锉将因吸气阀座研磨而使顶杆变长的部分锉短。顶杆过短不可再用。

实训项目十二：压缩机吸排气故障的分析与排除

1. 实训目的

通过该项目的实训，要求学生了解压缩机吸排气故障的原因和现象，掌握压缩机吸排气故障的排除方法。

2. 实训需要的设备和材料

① 6AW—12.5、2F6.3 制冷压缩机各一台

② 常用活动扳手、套筒扳手及梅花扳手各一套

③ 拆卸压缩机专用工具一套

④ 清洗用煤油、棉纱及干净白布若干

⑤ 冷冻油

⑥ 2000mm×1200mm 工作台

3. 实训操作（检测）内容或故障排除方法

制冷压缩机的吸排气故障，可借助仪表结合实践技能加以分析，一般常见的故障及产生的原因和排除方法见表 3-11。

参考文献

[1] 戈兴中主编．制冷空调装置安装、维修及管理．北京：化学工业出版社，2002.
[2] 肖凤明编著．空调器的电路分析与维修．北京：新时代出版社，2002.
[3] 肖凤明等编著．新品牌空调器微电脑控制电路分析与速修技巧．北京：机械工业出版社，2003.
[4] 郑兆志编著．家用空调器原理及其安装维修技术．北京：人民邮电出版社，2003.
[5] 李援瑛主编．空调器维修技术入门．北京：机械工业出版社，2005.
[6] 赵春云编著．空调器原理、安装及维修实用技术．北京：电子工业出版社，2006.
[7] 林钢编著．空调器原理与维修．北京：机械工业出版社，2003.
[8] 张国东主编．制冷设备维修工．北京：化学工业出版社，2006.
[9] 实用空调制冷设备维修大全．北京：电子工业出版社，1999.
[10] 李佐周等．制冷与空调设备原理及维修．北京：高等教育出版社，1994.
[11] 王世良主编．机械制冷冷藏集装箱与运输．北京：人民交通出版社，2005.
[12] 岳帮贤，陈兆元．制冷工．北京：化学工业出版社，2004.
[13] 罗世伟，于洋．小型制冷、空调设备原理与维修．北京：电子工业出版社，2004.
[14] 杨学民，冯海波．三相异步电动机几种故障分析及检测处理方法．防爆电机，2001.